Das Buch

Vom Dezember 1942 bis zu seinem Selbstmord im Führerbunker am 30. April 1945 war Traudl Junge Hitlers persönliche Sekretärin. Sie war vor Ort, als am 20. Juli 1944 das Attentat auf ihn verübt wurde. Und sie war es, der er sein »politisches« und »privates« Testament diktierte. Das einfache Mädchen aus München war innerhalb kürzester Zeit in das Zentrum der braunen Macht geraten.

1947 schrieb sie ihre Erlebnisse in Hitlers engstem Kreis auf – das Gesamtmanuskript blieb jedoch unveröffentlicht. Die renommierte Autorin Melissa Müller hat sich an die Herausgabe dieses einzigartigen historischen Dokuments gemacht und versieht Traudl Junges Aufzeichnungen mit einer biographischen Einleitung und einem ausführlichen Nachwort auf Grundlage persönlicher Gespräche. Darin schildert sie auch Traudl Junges spätere Sicht auf ihre Vergangenheit, die wie ein Schatten über ihrem Leben lag, und beschreibt das Entsetzen angesichts der Erkenntnis ihrer Schuld und Naivität.

Zurzeit wird »Bis zur letzten Stunde« von Bernd Eichinger verfilmt.

Die Autorinnen

Traudl Junge wurde 1920 als Tochter eines Bierbrauermeisters in München geboren. Nach dem Krieg geriet sie in russische Gefangenschaft, wurde aber bald freigelassen. Traudl Junge starb im Februar 2002 kurz nach Erscheinen dieses Buches.

Melissa Müller, 1967 in Wien geboren, schreibt als freie Journalistin für deutschsprachige Kultur- und Nachrichtenmagazine. Ihr Buch *Das Mädchen Anne Frank* erregte großes internationales Aufsehen. Melissa Müller lebt in München.

Von Melissa Müller ist in unserem Hause bereits erschienen:
Das Mädchen Anne Frank. Die Biographie.

Traudl Junge

Bis zur letzten Stunde

Hitlers Sekretärin erzählt ihr Leben

Unter Mitarbeit
von Melissa Müller

List Taschenbuch

Besuchen Sie uns im Internet:
www.list-taschenbuch.de

List Verlag
List ist ein Verlag der Ullstein Buchverlage GmbH.
Sonderausgabe zum Welttag des Buches April 2004
© 2002 by Traudl Junge und Melissa Müller
Umschlagkonzept: HildenDesign, München – Stefan Hilden
Umschlaggestaltung: Hauptmann und Kampa Werbeagentur,
München – Zürich
Titelabbildung: Walter Frentz
Satz: Franzis print & media GmbH, München
Druck und Bindearbeiten: Ebner & Spiegel, Ulm
Printed in Germany
ISBN 3-548-60470-6

»Wir können unsere Biographie nicht im Nachhinein korrigieren, sondern müssen mit ihr leben. Aber uns selbst können wir korrigieren.«

Reiner Kunze: Am Sonnenhang. Tagebuch eines Jahres.

INHALT

VORWORT

Von Traudl Junge

Dieses Buch ist keine späte Rechtfertigung. Keine Selbstanklage. Ich will es auch nicht als Lebensbeichte verstanden wissen. Vielmehr ist es ein Versöhnungsversuch, nicht mit meiner Umwelt, sondern mit mir selbst. Es bittet nicht um Verständnis, aber es will verstehen helfen.

Ich war zweieinhalb Jahre Hitlers Sekretärin. Abgesehen davon ist mein bisheriges Leben unspektakulär verlaufen. 1947/48 habe ich meine damals noch sehr lebhaften Erinnerungen an mein Leben in unmittelbarer Nähe von Adolf Hitler zu Papier gebracht. Das war zu einer Zeit, als »wir alle« nach vorne schauten und das Erlebte – übrigens erstaunlich erfolgreich – verharmlosten und verdrängten. Damals ging ich recht unbefangen ans Werk und wollte die wichtigsten Ereignisse und Episoden aus jener Zeit festhalten, bevor Details, die später einmal von Interesse sein könnten, verblassten oder ganz in Vergessenheit gerieten.

Als ich mein Manuskript mit Abstand von mehreren Jahrzehnten wieder las, erschreckte und beschämte mich die Kritik- und Distanzlosigkeit, mit der ich damals ans Werk gegangen war. Wie konnte ich nur so naiv und leichtsinnig gewesen sein? Das ist aber nur einer der Gründe, warum ich mich bisher davor scheute, das Manuskript zur Veröffentlichung in meiner Heimat freizugeben. Ein anderer ist, dass mir mein Schicksal und meine Beobachtungen angesichts der Flut von Literatur über Adolf Hitler und sein »Tausendjähriges Reich« nicht bedeutsam genug erschienen. Hinzu kommt, dass ich

Sorge vor Sensationsgier und Beifall aus der falschen Ecke hatte.

Ich habe meine Vergangenheit niemals verheimlicht, doch meine Umwelt machte es mir in den Nachkriegsjahren sehr einfach, sie zu verdrängen: Ich sei zu jung gewesen und zu unerfahren, um meinen Chef zu durchschauen, hinter dessen biederer Fassade sich ein Mann mit verbrecherischer Machtlust verbarg. Das meinte nicht nur die Entnazifizierungskommission, die mich als »jugendlichen Mitläufer« entlastete. Das meinten auch alle meine Bekannten, mit denen ich über meine Erfahrungen sprach, nicht nur jene, die selbst im Verdacht der Mittäterschaft standen, sondern auch vom Regime Verfolgte. Ich habe diesen Freispruch nur zu gern angenommen. Schließlich hatte ich gerade erst meinen 25. Geburtstag gefeiert, als das nationalsozialistische Deutschland zusammenbrach, und wollte vor allem eins: leben.

Erst Mitte der sechziger Jahre begann ich langsam, mich ernsthaft mit meiner Vergangenheit und meinen wachsenden Schuldgefühlen auseinander zu setzen. Dies wurde im Lauf der vergangenen 35 Jahre zu einem immer quälenderen Prozess; der aufreibende Versuch, mich selbst und meine damaligen Motivationen zu verstehen. Ich habe gelernt dazu zu stehen, dass ich 1942, 22 Jahre jung und abenteuerlustig, von Adolf Hitler fasziniert war, dass er ein angenehmer Chef und väterlicher Freund war, dass ich die warnende Stimme in mir, die ich durchaus vernahm, absichtlich überhörte und die Zeit bei und mit ihm fast bis zum bitteren Ende genoss. Nach den Enthüllungen über die Verbrechen dieses Mannes werde ich bis zu meiner letzten Stunde mit dem Gefühl der Mitschuld leben.

Vor zwei Jahren lernte ich die Autorin Melissa Müller kennen. Sie suchte mich auf, um mir, der Zeitzeugin, ein paar Fragen über Adolf Hitler und seine künstlerischen Vorlieben zu stellen. Aus einem Gespräch wurden viele, in denen es um mein Leben und die Langzeitwirkung ging, die die Begegnung mit Hitler auf mich hatte. Melissa Müller gehört zur zweiten Nachkriegsgeneration, ihr Blick ist durch ihr Wissen über die Verbrechen im Dritten Reich geprägt. Sie gehört aber nicht zu denen, die hinterher alles besser wissen. So einfach macht sie es sich nicht. Sie hört zu, was wir Zeitzeugen, die wir einst im Bann des Führers standen, zu erzählen haben, und unternimmt den Versuch, den Wurzeln des Geschehens nachzuspüren.

»Wir können unsere Biographie nicht im Nachhinein korrigieren, sondern müssen mit ihr leben. Aber uns selbst können wir korrigieren.« Reiner Kunzes Zitat aus seinem »Tagebuch eines Jahres« ist in meinem Leben zu einem bedeutenden Leitsatz geworden. »Nur erwarte man nicht immer den öffentlichen Kniefall«, heißt es dort weiter. »Es gibt stumme Scham, die beredter ist als jede Rede – und zuweilen ehrlicher.« Melissa Müller konnte mich schließlich davon überzeugen, mein Manuskript trotzdem zur Veröffentlichung freizugeben. Wenn es mir gelingt, so dachte ich, *ihr* verständlich zu machen, wie leicht es war, Hitlers Faszination zu erliegen, und wie schwer es ist, mit der Erkenntnis, einem Massenmörder gedient zu haben, zu leben, müsste es auch gelingen, es den Lesern verständlich zu machen. Das jedenfalls ist meine Hoffnung.

Im vergangenen Jahr hat Melissa Müller mich mit André Heller bekannt gemacht, der für mich nicht nur ein außergewöhnlich interessanter Künstler, sondern auch ein sehr engagierter, moralisch-politisch standhafter Mensch ist. Intensive Gespräche mit ihm waren ein weiterer, unendlich wertvoller Anstoß, mich mit dem Mädchen Traudl Humps, mit dem ich so lange auf Kriegsfuß stand, auseinander zu setzen. Ein wesentlicher Teil unserer Gespräche fand vor laufender Kamera statt. André Heller und Otthmar Schmiderer gestalteten aus den Aufnahmen die Filmdokumentation »Im toten Winkel«, die parallel zu diesem Buch erscheint.

Aus dem vorliegenden Buch spricht einmal die junge und einmal die alte Junge. Die junge Junge hat sich, gleichsam posthum, vom immer noch wachsenden Interesse an sogenanntem Insiderwissen über das Naziregime zur Herausgabe ihrer frühen Aufzeichnungen motivieren lassen, und hofft, dass sie mit ihrem Text Aufklärung leisten kann. Die alte Junge will zwar kein Moralapostel sein, hofft aber trotzdem, einige Gedanken weitergeben zu können, die keineswegs so banal sind, wie sie im ersten Moment klingen mögen: Schöne Fassaden täuschen oft, der Blick dahinter lohnt sich immer. Der Mensch soll auf die Stimme seines Gewissens hören. Es braucht nicht annähernd so viel Mut, wie es scheint, um Fehler zuzugeben und aus ihnen zu lernen. Der Mensch ist auf der Welt, um sich lernend zu wandeln.

Traudl Junge   im Januar 2002

Eine Kindheit und Jugend in Deutschland

Von Melissa Müller

Zwischen den Zeiten. München 1947. Aus der »Hauptstadt der Bewegung« ist eine Trümmerstadt geworden. Die Menschen sind erschöpft von Hunger und Kälte, zugleich stehen sie am Anfang. Ein krasses Nebeneinander von erbärmlicher Not und exzessiver Lebenslust. Traudl Junge ist 27 Jahre alt, eine heitere, lebenshungrige Frau. Sie gilt als »entlastet«, schon aufgrund ihres Alters, das hat ihr die Entnazifizierungskommission bescheinigt. Sie arbeitet als Sekretärin, wechselt häufig die Stellung. Man lebt von einem Tag auf den anderen. Traudl Junge gilt als gute Kraft, »besonders hervorzuheben«, heißt es in einem Arbeitszeugnis aus der Zeit, seien »ihre rasche Auffassungsgabe, guter Briefstil und ihre weit über jedem Durchschnitt stehenden Leistungen in Maschinenschreiben und Stenographie«. Abends ist sie Stammgast in den Kabaretts und Kleinkunstbühnen der Stadt, die wie Pilze aus dem Boden schießen. Geld und Lebensmittel sind knapp, auch Zigaretten. Freunde und Nachbarn halten zusammen und teilen, was sie haben. Traudl Junge hat ihr Leben vor sich und – so hofft sie – auch die ganz große Liebe und das ganz große Glück. Konkrete Vorstellungen hat sie nicht von der Zukunft, aber sie glaubt daran.

Schnitt.

München 1947. Aus der »Hauptstadt der Bewegung« ist eine Trümmerstadt geworden. Traudl Junge ist 27 Jahre alt und seit drei Jahren Witwe. Ihr letzter Arbeitgeber, der »angenehmste, den ich bislang hatte«, wie sie sagt, ist tot, viele ihrer engsten Kollegen aus Kriegstagen gelten als verschollen. Ob sie in russische Lager verschleppt worden sind oder Selbstmord verübt haben – sie weiß es nicht. Sie selbst hat mehrere Monate in russischer Gefangenschaft, eine langwierige Diphtherie-Erkrankung und eine abenteuerliche Flucht von Berlin nach München überlebt. Sie ist mit gemischten Gefühlen zurückgekommen, in der Angst, an den Pranger gestellt oder gemieden zu werden. Sie verheimlicht nicht, dass sie zweieinhalb Jahre Hitlers Privatsekretärin war, und stellt erleichtert fest, wie wenig man sich für ihre Vergangenheit interessiert. Nicht einmal ihre Mutter will Näheres wissen. Die sensationslüsterne Frage: *Sag, ist der Hitler auch wirklich tot?* hört sie zwar öfter, Details scheinen jedoch niemanden zu interessieren, geschweige denn irgendwelche Erklärungs- oder Rechtfertigungsversuche. Ihre diffusen Selbstvorwürfe, einem Völkermörder gedient zu haben und damit an seinen Verbrechen mitschuldig zu sein, nimmt man ihr. *Du warst doch noch so jung* … Das Vergessen hat 1947 längst begonnen; Selbstschutz für Täter, Mitläufer und Opfer gleichermaßen.

Eine Hauptdarstellerin, zwei Szenarien – beide treffen zu.

Traudl Junges Leben in den ersten Nachkriegsjahren ist gespalten. Auf der einen Seite die belastenden Erinnerungen an die unbeschwerte Zeit im Kreis Adolf Hitlers und an ihr dramatisches Ende, mit denen sie allein gelassen ist. Auf der anderen Seite der Trümmeralltag mit seinen unmittelbaren Nöten und Freuden, die sie mit anderen – Freunden, Bekannten, Mutter und Schwester – teilen kann.

Traudl Junge gelingt es früh, in ihrer Erinnerung sogar unmittelbar nach Zusammenbruch des Dritten Reichs, sich von Hitlers Anziehungskraft zu befreien. Das mag daran liegen, dass sie zwar jene, wie sie sagt, charmante, väterlich-freundliche Facette seiner Persönlichkeit verehrte, die sie zweieinhalb Jahre aus nächster Nähe erlebte, dem nationalsozialistischen Regime aber stets mit Gleichgültigkeit, ja Desinteresse gegenüberstand und sich mit seinen ideologischen Konstrukten und Unmenschlichkeiten nicht auseinander setzte. Ihre Vergangenheit ist eine unverarbeitete Mischung aus guten persönlichen Erinnerungen und schrecklichen Erkenntnissen, die sie nach dem Krieg langsam und bruchstückhaft gewinnt, aber erst viel später an sich heranlassen wird. Traudl Junge ist durch Zufall in Hitlers Dunstkreis geraten, und ihre Wahrnehmung war – aus heutiger Sicht kaum nachvollziehbar, auch für sie selbst nicht – äußerst reduziert. Sie geriet in den Sog von Hitlers Einfluss, fühlte sich geschmeichelt, und was sie nicht persönlich betraf, erreichte sie nicht. Naivität? Ignoranz? Eitelkeit? Bequeme Gutgläubigkeit? Anerzogenes Mitläufertum? Falscher Gehorsam? 1947 stellt sie sich diese Fragen nicht. Sie hat überlebt, nun beginnt sie – mit der Kraft der Jugend, wie sie sagt – buchstäblich über ihre Vergangenheit hinwegzuleben. Erst in den sechziger Jahren werden sie die Fragen zu quälen beginnen. Qualen, die bis heute andauern.

1947 lernt Traudl Junge durch Vermittlung ihres damaligen Freundes Heinz Bald dessen Förderer, einen wohlhabenden Unternehmer, kennen. Er ist fasziniert von ihrer Vergangenheit und regt sie an, ihre Erinnerungen an die Zeit mit »dem Führer« niederzuschreiben. Seine ehemalige Frau – sie ist deutschstämmige Jüdin, lebt seit der von ihm forcierten Scheidung in den dreißiger Jahren in den USA, steht aber in gutem Kontakt mit ihm – werde den Text einer amerikanischen Tageszeitung anbieten. Traudl Junge gefällt die Idee, und sie macht sich schon bald an die Arbeit. Sie hatte, sagt sie rückblickend, auch selbst das Bedürfnis, diese für sie so entscheidende Zeit festzuhalten, bevor die Erinnerungen verblassen. Eine weitere Motivation sind die wilden Spekulationen um Hitlers Tod, mit denen sie laufend konfrontiert wird. Für den Fall, dass sie erneut verhört werden sollte, könne sie dann auf ihren Text verweisen.

Etwa 170 Manuskriptseiten tippt sie in den folgenden Monaten, an den freien Abenden und an den Wochenenden – das Schreiben macht ihr Freude. Veröffentlicht wird der Text schließlich doch nicht, weil »die Leser an derartigen Geschichten kein Interesse hätten«, wie es 1949 heißt. Traudl Junge empfindet die Beschäftigung damit jedoch als eine Art Katharsis. Zwar finden sich nur wenige Momente der reflektierenden

Aufarbeitung ihrer Erlebnisse, sie kaschiert aber auch nichts, versucht sich nicht zu rechtfertigen. Sie archiviert lediglich Ereignisse, Episoden, subjektive Eindrücke, danach zieht sie einen vorläufigen Schlussstrich unter diesen Teil ihrer Vergangenheit; und ihre Aufzeichnungen bleiben lange Zeit unbeachtet.

Tatsächlich ist Traudl Junges Verhältnis zu Adolf Hitler – so jedenfalls liest sich ihr Manuskript – in diesen ersten Nachkriegsjahren noch unentschieden. Den heutigen Leser muss ihr Text deshalb stellenweise schockieren. Als sie ihn selbst Jahrzehnte nach der Niederschrift wieder liest, erschüttert und beschämt sie die Distanzlosigkeit und Naivität, die über weite Strecken aus ihm sprechen. Er sei banal, sein Tonfall zum Teil unverantwortlich flapsig, sagt sie. Sie kann seinen zeitgeschichtlichen Wert nicht erkennen, seine Unmittelbarkeit und Unverfälschtheit irritieren sie nun. Dass gerade ihre scheinbar harmlosen Beschreibungen von Hitlers biederem Alltag in der Wolfsschanze oder am Berghof ein wichtiger Beleg für Hannah Arendts vielzitierte These von der Banalität des Bösen sind, sieht sie nicht. Dass sie damit jenen Menschen, die Hitler und seine engsten Helfer zu Monstern ohne menschliche Züge stilisieren und sich damit selbst beruhigen, erhellende Einblicke gewähren kann, ist ihr ein schwacher Trost. Für sie sind sie vor allem Zeugnis einer unbedacht erlebten Zeit, eine Art Abschluss ihrer arglos gelebten Jugend in einem gar nicht harmlosen Umfeld.

Gertraud Humps, genannt Traudl, kommt am 16. März 1920 in München zur Welt. Einen Monat vor ihrem Geburtstag, am 24. Februar, verkünden Adolf Hitler und Anton Drexler, der Gründer der Deutschen Arbeiterpartei (DAP), im Rahmen der ersten großen Massenversammlung der NSDAP im Münchner Hofbräuhaus ihr fremdenfeindliches Parteiprogramm. Das ist deshalb erwähnenswert, weil die Kundgebung sich »An das notleidende Volk!« richtet.

Tatsächlich ist die soziale Lage breiter Bevölkerungskreise miserabel und provoziert Unfrieden und politisches Protestverhalten. Die Zahl der Arbeitslosen der Stadt steigt allein von

Dezember 1918 bis Mitte Februar 1919 von 8000 auf etwa 40 000, es fehlt an Wohnungen, an Lebensmitteln und an Heizmaterial.

Traudls Vater Max Humps, Jahrgang 1893, ist Braumeister und Leutnant der Reserve, er gilt als »charmanter Luftikus« und »für die Ehe nicht unbedingt geeignet«. Mutter Hildegard, geborene Zottmann, ist drei Jahre jünger und Generalstochter, sie heiratet unter Stand. Das junge Paar zieht in eine kleine Mansardenwohnung in Schwabing, unmittelbar nach Traudls Geburt verliert der gebürtige Niederbayer aus Regen allerdings seine Stelle bei der Löwenbrauerei, die wirtschaftliche Not lässt die beträchtlichen charakterlichen Unterschiede der Eheleute vorzeitig zum Problem werden. Hildegard ist eine schwerblütige, aber sehr gefühlsgebundene Frau mit einem starren Weltbild und einem strikten Moralkodex, Max ist ein Durchlavierer, nimmt das Leben leicht und mit sehr viel Humor – das macht es zwar schwer, ihm böse zu sein, aber unmöglich, auf ihn zu bauen.

Der orientierungslose Max Humps, der seinen Kreis von Kameraden und so genannten Sportsfreunden ohnehin der vermeintlichen Familienidylle vorzieht, schließt sich – wie viele Arbeitslose in diesen Tagen – dem »Freikorps Oberland« an, einem jener politisch rechts außen stehenden Verbände, in denen antirepublikanische, nationalistische und antisemitische Strömungen zusammenkommen. Ein straff organisierter Wehrverband – deutschnational und völkisch – mit vielen Mitgliedern aus dem bayerischen Oberland, der im April 1919 gegründet wurde, um gegen die Münchner Räterepublik vorzugehen. Er wirbt intensiv um Mitglieder und findet in der tief verunsicherten Männerwelt dieser Zeit großen Zuspruch. Die militärische Niederlage und das Tauziehen um den Versailler Vertrag, die durch den Krieg geförderte Emanzipation der Frauen und ihr neu erworbenes Wahlrecht, die wirtschaftliche Not – all dies wollen die Männergruppen, die sich hinter Uniformen verstecken und ihre Waffen und Orden demonstrativ zur Schau stellen, kompensieren. Bayern ist Anziehungspunkt rechter Verbände, denn die neue, nach rechts tendierende bayerische Regierung toleriert diese Gruppierungen in hohem Maß.

Nach dem Einmarsch in München im Mai 1919 zum Sturz der Räterepublik kämpft das Freikorps im April 1920 gegen kommunistische Aufstände im Ruhrgebiet und von Mai bis August 1921 gegen Polen im oberschlesischen Grenzkrieg. Max Humps ist bei der gewaltsamen Erstürmung des Annaberges in Oberschlesien dabei, durch die das Freikorps in konservativen Kreisen großes Ansehen erlangt. Frau und Tochter werden von seinem Schwiegervater, dem General, versorgt, er selbst ist selten anwesend. Als die Alliierten im Sommer 1921 die Auflösung aller Wehrverbände erzwingen, gründen Teile des »Freikorps Oberland« den »Bund Oberland« mit Hauptsitz in München. Seine Satzung propagiert einen »Kampf gegen den inneren Feind« und richtet sich ausdrücklich gegen die Republik. Der neue Leiter, Friedrich Weber, bahnt eine enge Zusammenarbeit mit der NSDAP an. Am 1. Mai 1923 gehen bewaffnete »Oberland«- und SA-Formationen auf dem Münchner Oberwiesenfeld gegen demonstrierende Sozialdemokraten und Kommunisten vor. Im September wird der »Bund Oberland« Mitglied des neu gegründeten, von Adolf Hitler angeführten »Deutschen Kampfbundes«.

Am Hitlerputsch vom 8./9. November 1923 nimmt der »Bund Oberland« mit mehreren Kompanien teil, auch Max Humps marschiert mit und wird für seinen Einsatz mit dem Blutorden der NSDAP ausgezeichnet. Danach wird der Bund verboten, jedoch unter dem Namen »Deutscher Schützen- und Wanderbund« weitergeführt.

Ob Max Humps Hitlers Putschversuch aus politischer Überzeugung unterstützt oder nur mangels sinnvollerer Beschäftigung, ob er Hitler tatsächlich zutraut, einen Wirtschaftsaufschwung herbeizuführen, ist nicht klar. Seine Tochter hält ihn jedenfalls für einen patriotischen Landsknechttyp, dem es gelegen kam, in der Horde seiner Kumpels, darunter auch der spätere Chef der Leibstandarte-SS, Sepp Dietrich, mitzulaufen und deutschnationale Phrasen zu schmettern. Er wird nach dem gescheiterten Putsch nicht verhaftet, dazu spielt er eine zu unwesentliche Rolle. Eine geregelte Arbeit findet er jedoch nach wie vor nicht, Frau und Kinder – einen Monat nach dem Putschversuch, im Dezember 1923, wird die zweite Tochter

Inge geboren – sind in echter Not, die Mutter weiß oft nicht, was sie am nächsten Tag auf den Tisch bringen soll. 1925 setzt Humps sich in die Türkei des späteren Kemal Atatürk, Mustafa Kemal Pascha, ab. Das sich an Europa annähernde Land braucht das praktische Wissen westlicher Fachkräfte, Max Humps arbeitet endlich wieder in seinem Beruf als Braumeister. Die Familie lässt er in München zurück – spätestens jetzt ist Hildegard Humps' Geduld mit dem Ehemann zu Ende. Sie will nichts mehr mit ihm zu tun haben und kehrt – eine andere Möglichkeit sieht sie als Hausfrau und Mutter ohne Einkommen nicht – mit den Kindern in ihr Elternhaus zurück. Als Max Humps es in der Türkei zu einigem Ansehen gebracht hat und mehrere Versuche unternimmt, seine Familie nach Smyrna, dem heutigen Izmir, nachzuholen, weigert Hildegard sich, ihm zu folgen, und fordert stattdessen die Scheidung.

Traudl ist fünf Jahre alt, als ihr Vater sie verlässt. Zwar erfüllte er auch vorher nicht die klassische Vater-, sprich Beschützerrolle, in den raren Momenten, die er präsent war, erlebte sie ihn jedoch als liebevollen Kumpel und einfallsreichen Spielkameraden.

1926 wird sie eingeschult. Dass man sie in die Simultanschule in der Münchner Luisenstraße schickt, in die Kinder aller Konfessionen zugelassen sind, hat wohl weniger mit der Aufgeschlossenheit der Mutter zu tun als mit der Nähe zur großelterlichen Wohnung in der Sophienstraße am Alten Botanischen Garten – Traudl ist evangelisch getauft, wächst aber ohne Verbundenheit zur Kirche auf, oft schwänzt sie den sonntäglichen Kindergottesdienst.

In der fast herrschaftlichen Fünfzimmerwohnung in der Sophienstraße gibt Großvater Maximilian Zottmann, geboren 1852, den Ton an. Traudl empfindet ihn als gestrenge Autoritätsperson und Pedanten, der seinen Tagesablauf auf die Minute festlegt, größten Wert auf Disziplin und Ordnung legt und wenig Spaß versteht. Er kann den Vater nicht ersetzen. »Erzieh deine Fratzen besser«, muss die Mutter sich regelmäßig anhören, wenn Traudl und Inge auch nur um ein kindliches Dezibel zu laut lachen. Solange die Großmutter lebt, ist die Kinderwelt trotzdem in Ordnung – Agathe Zottmann wirkt versöhnend auf die Hausbewohner ein. Traudl vergöttert die geborene Leipzigerin, die ihren Mann bei einem Kuraufenthalt in Bad Reichenhall kennen lernte, später beschreibt sie ihre Großmama als ungeheuer verständnis- und liebevolle Frau. Begeistert lauscht Traudl den Erzählungen von ihrer Jugend in Leipzig, und als sie in der Schule einen Aufsatz zum Thema »Das Reiseziel meiner Träume« schreiben muss, wählt sie, im Unterschied zu ihren Kameradinnen, die von Hawaii und dem Himalaja schwärmen, natürlich Leipzig.

1928 stirbt Agathe – der Verlust trifft die achtjährige Traudl schwer. In der Folge entpuppt sich der Großvater mehr denn je als Haustyrann und als Geizhals dazu. Er gefällt sich als später Junggeselle und »sugar-daddy« der jungen Tänzerin Thea und lässt die Tochter, die ihm den Haushalt führt, bei jeder Gelegenheit wissen, dass sie und die Kinder ihm auf der Tasche liegen. Als Traudl 1930 auf das Luisenlyzeum für Mädchen wechselt, sucht die Mutter um Schulgeldermäßigung an, denn aus dem knappen Haushaltsgeld – 4,50 Mark pro Tag für vier Esser – kann sie die volle Gebühr nicht bezahlen. An Schulausflugstagen muss Traudl sich häufig krank melden, weil die Mutter die 2,70 Mark Unkostenbeitrag nicht auftreiben kann. Trotzdem empfindet Traudl ihre Kindheit und frühe Jugend keineswegs als unglücklich: So bedrückend die Situation für Mutter und Kinder auch ist, sie schweißt die drei zusammen. Hildegard Humps ist zwar keine besonders zärtliche Frau – schmusen und herzen kann man sie nicht –, trotz dieses Defizits fühlen die Kinder sich aber geliebt und durchaus auch verstanden. Die Mutter gibt ihnen Sicherheit, ihr Erziehungsmodell enspricht den Idealen der Zeit: Ihr sollt »anständige« Menschen werden, nicht lügen, hilfsbereit, ehrlich und bescheiden sein, nachgeben und Rücksicht nehmen und euch nicht in fremde Angelegenheiten mischen.

In der Tugend des Rücksichtnehmens müssen die Mädchen sich auf besondere Weise üben, als der jüngere Bruder der Mutter bei der Familie einzieht. Hans ist ein künstlerisch hoch begabter junger Mann mit abgeschlossenem Architekturstudium, aber er leidet an Schizophrenie. Sein Verfolgungswahn und seine spinösen Ideen amüsieren die Kinder zumeist, manchmal setzen sie ihnen aber zu. Als sie mitbekommen, wie sehr die Mutter unter den wahnwitzigen Ideen und Anschuldigungen des Bruders zu leiden hat, wächst ihr Unbehagen. Mitte der dreißiger Jahre wird Hans Zottmann – wie mindestens 360 000 Deutsche mit vermeintlichen Erbschäden – zwangssterilisiert. Die Familie hinterfragt den Eingriff nicht, sondern nimmt ihn als notwendiges Übel hin. Hans als Familienvater wäre wirklich unverantwortlich, sagte man sich.

Das Mädchen Traudl freut sich am Leben. Sie liebt die Natur und Tiere, ein Hund oder Katzen gehören immer zum Haushalt. Und sie geht gern in die Schule, nicht etwa, weil sie besonders bildungshungrig ist, sondern weil sie sich in der Klassengemeinschaft wohl fühlt und gern mit ihren Freundinnen zusammensteckt. Rückblickend beschreibt sie sich als Herdentier, nicht fürs Alleinsein bestimmt, keine, die durch individuelle, querdenkerische Ideen auffällt, sondern Sicherheit, Geborgenheit und Anerkennung in der Gemeinschaft sucht und ein ausgeprägtes Harmoniebedürfnis hat. Ihre schulischen Leistungen sind gutes Mittelmaß, ihre Lieblingsfächer Zeichnen und Turnen, auch Deutsch und Englisch liegen ihr. Sie gilt als lebhaftes Kind, und wenn sie den Großvater oder die Mutter mit ihrem Temperament wieder einmal überfordert, schickt sie am Abend ein durchaus ehrlich gemeintes Stoßgebet gen Himmel: »Bitte, lass' mich brav sein.« Vor allem der Mutter will sie nicht wehtun, denn deren persönliches Unglück entgeht ihr nicht. Trotzdem fehlt es ihr nicht an Unbeschwertheit. Auf Zurechtweisungen wie: »Ach Traudl, wenn du doch nicht so wild wärest«, kontert sie bereits als Sechsjährige mit einem schelmischen: »Ach schau, wenn es doch der liebe Gott so haben will.« – Dieser Satz wird in der Familie zum geflügelten Wort. Kleine Höhepunkte ihres jungen Lebens sind die seltenen Kinobesuche – der Eintritt ins Bogenhausener Kino kostet 70 Pfennig, Traudl und Inge gehen je eine gute Stunde zu Fuß von Schwabing hinauf nach Bogenhausen und wieder zurück – oder die Sommerferien im bayerischen Alpenvorland, dort, wo der Großvater seine Jagd gepachtet hat: Das ist lange Zeit in Aschau, dann in Seeon und zuletzt am Ammersee, wo er im Alter von achtzig Jahren seinen letzten Rehbock schießt.

1933 ist in mehrfacher Hinsicht ein einschneidendes Jahr für die mittlerweile dreizehnjährige Traudl. Da wird zum einen die Machtergreifung Hitlers in der Schule als großes, festliches Ereignis gefeiert und auch von Traudl als Signal für den Umbruch und unmittelbar bevorstehenden Aufschwung verstanden. Die Bilder von den armselig, irgendwie verdächtig aussehenden Männern mit den finsteren Gesichtern, die in Scharen auf dem Sendlinger-Tor-Platz herumlungern, sind ihr noch Furcht erregend präsent. Lauter Arbeitslose, hat man ihr erklärt. Das soll sich jetzt ändern ...

1933 taucht außerdem Max Humps wieder auf. Als Verbündeter der »Kampfzeit« und Blutordensträger schanzt man ihm eine Stelle in der Verwaltung der NSDAP zu. Welche Position er dort bekleidet, interessiert seine Tochter nicht, denn sie hat längst keine Beziehung mehr zu ihrem Vater. Sie besucht ihn 1934 oder 1935 – ein einziges Mal, denn die Mutter zeigt sich über den Kontakt nicht begeistert – in seinem Büro in der Barer Straße. Im Haus Nummer 15 befinden sich die »Reichsorganisationsleitung«, die Zentrale der »NS-Betriebszellenorganisation« sowie das »Hauptamt für Kriegsopfer« und das »Hauptamt für Volksgesundheit«. Die SA-Führung residiert zu dieser Zeit in den beiden ebenfalls in der Barer Straße gelegenen Hotels »Marienbad« und »Union«.

Max Humps bemüht sich mit Leckereien und ähnlich gearteten Liebesbeweisen um Traudls Zuneigung, doch sie bleibt auf Distanz und pflegt ihre Vorurteile gegen den Vater. Im Dezember 1932 wurde – in Abwesenheit des Vaters – das Scheidungsurteil verkündet, Traudl entging nicht, wie sehr ihre Mutter unter dem entwürdigenden Prozess litt. Max Humps hatte zunächst wenig Skrupel und erstaunliche Phantasie bewiesen, um die Schuld an der Trennung seiner Frau zuzuschieben. General Maximilian Zottmann hielt es für gesellschaftlich absolut unvertretbar, eine – nach damals gültigem Eherecht – schuldig geschiedene Frau zur Tochter zu haben, sie musste deshalb einem faulen Kompromiss zustimmen und ihrem Ehemann anbieten, auf ihren Unterhaltsanspruch zu verzichten, wenn er nur alle Schuld auf sich nähme. So blieb sie also auch weiterhin auf die Almosen des Vaters angewiesen. Vertreten

durch einen jüdischen Anwalt hatte sie bei der Auseinandersetzung schlechtere Karten als Blutordensträger Max. Der Verdacht lag nah, dass der mit dem Fall befasste Richter klare
Sympathien hegte oder vorauseilend gehorsam war – die
NSDAP war seit Ende Juli 1932 zumindest vorübergehend
stärkste politische Kraft im Land.

Das Urteil festigt jedenfalls Hildegard Humps' Überzeugung, »dieser Hitler« habe – bereits 1923 – ihre Ehe zerstört.
Das äußert sie nach dessen Machtergreifung häufig und verärgert damit die junge Traudl. Die hält das Urteil der Mutter
für undifferenziert, nimmt »den Führer« in Schutz und träumt
den Backfischtraum, ihm eines Tages das Leben zu retten.
Ruhm durch Opferbereitschaft. Einmal bekommt sie ihn in diesen Jahren leibhaftig zu Gesicht, als er in seinem Wagen zum
»Braunen Haus« in die Brienner Straße chauffiert wird – ein
erhebendes Gefühl, selbst in der Erinnerung. Ihren Eindruck
von Hitler fasst die etwa Fünfzehnjährige in den schlichten
Gedanken: Der Führer muss etwas ganz Großes sein … Sie ist
stolz auf Deutschland und das deutsche Volk, beeindruckt von
der hehren Idee von der »Volksgemeinschaft«. »Einer für alle.
Alle für einen.« Sobald das Deutschlandlied erklingt, steigen
ihr Tränen der Ergriffenheit in die Augen. Eine politische Bildung erhält sie weder zu dieser Zeit noch später, weder in der
Schule noch zu Hause. Die Lehrer im Luisenlyzeum halten sich
bedeckt, Traudl muss keine propagandistischen Schulaufsätze
schreiben, wie sie eifrige Lehrer an vielen Schulen auf die
Unterrichtspläne setzen. Die Nürnberger Gesetze, Begriffe wie
»Judenfrage« oder »Rassenhygiene« und »Rassenschande«
werden freilich abgehandelt – als Fakten. Und auch als solche
hingenommen. Und dass der Bolschewismus der größte Feind
der zivilisierten Welt ist, Sitte und Kultur durch ihn vom Unter-
gang bedroht sind, verinnerlicht sie als ebenso Furcht erregen-
de wie unumstößliche Tatsache. Völkisches Schrifttum, wie es
der Nationalsozialismus fördert, erreicht sie nicht, auf ihrem
Nachtkästchen liegen *Trotzkopf* und *Nesthäkchen*, später
Novellen von Storm oder Agnes Günthers Bestseller *Die Heilige und ihr Narr*.

Zu Hause werden weder der Nationalsozialismus noch

andere weltanschauliche Fragen thematisiert. Die Mutter pflegt zwar ihre persönliche Wut auf Hitler, seine politischen Maßnahmen interessieren sie jedoch nicht. Auf dem Schreibtisch des Großvaters steht ein Bildchen des Prinzregenten Luitpold mit einem persönlichen Grußwort zum 60. Geburtstag, datiert 1912, ein Andenken an frühere Zeiten. Bessere? Maximilian Zottmann äußert sich nicht, für ihn ist die regierende Obrigkeit die anzuerkennende, und das nationalsozialistische System stellt für ihn wie für die meisten »gewöhnlichen Deutschen« keine reale Bedrohung dar. Er ist Abonnent des Lesezirkels, die einzige Zeitschrift, die er liest, ist *Der deutsche Jäger*, mit Büchern kann er nichts anfangen. Die *Münchner Neuesten Nachrichten* kommen täglich ins Haus, damit man keine Folge des aktuellen Fortsetzungsromans versäumt. Auf dem Detektorenempfänger hört die Familie Wunschkonzerte, am Abend sitzt sie mit Kopfhörern und Textbuch um den Tisch und lauscht der über die Telefonleitung direkt übertragenen Aufführung aus der Oper. Der Großvater bricht jedesmal in Wut aus, wenn ein Anruf für eines der Mädchen die Ausstrahlung stört.

1933 ist für Traudl Junge vor allem deshalb ein einschneidendes Jahr, weil sie ihre Leidenschaft für das Tanzen entdeckt. Durch ihre Schwester Inge lernt auch sie das Geschwisterpaar Erika und Lore Klopfer kennen, zwei Mädchen »aus besserem Hause«, der Vater Rechtsanwalt bei BMW, die Wohnung in der Arcisstraße hochherrschaftlich mit standesgemäßem Hauspersonal. Mutter Klopfer fördert den Umgang ihrer, wie sie sagt, »etwas verzärtelten Kinder« mit der handfesten Inge. Und als sie die beiden bei der Kindertanzschule Lola Fasbender anmeldet, wo sie vor allem Haltung und Gewandtheit lernen sollen, bezahlt sie auch einen Kurs für Inge, deren außergewöhnliches Talent nicht zu übersehen ist. Traudl drückt sich während der Tanzstunden die Nase an der Glastür platt, damit ihr nur ja keine Lektion entgeht. Als die Lehrerin Erbarmen mit ihr hat und sie zum Mitmachen einlädt, ist ihr, als ob sich die Tür zum Paradies öffnet, und sie beginnt, die rhythmische Gymnastik für sich zu entdecken.

Dass Erika und Lore Jüdinnen sind, nehmen Traudl und

Inge erst 1936 wahr, als die beiden nach New York emigrieren. Das mag daran liegen, dass die Freundinnen es vorher selbst nicht wussten. Ihre Eltern haben sie protestantisch taufen lassen, erzählt Erika Stone, geborene Klopfer, Religion sei im Herzen, hörten sie von der Mutter. Die reagiert zwar verhalten auf die Begeisterung der Kinder »über den Prunk und Pomp der nationalsozialistischen Massenpropaganda, über das Marschieren und die Lieder«, von ihren jüdischen Wurzeln und der Gefahr für Juden in Deutschland erzählt sie den vom Abschiedsschmerz geplagten Mädchen aber erst unmittelbar vor der Abreise.

Traudl entgeht in den drei Jahren der Freundschaft, dass Vater Klopfer Berufsverbot erhält, dass die Familie ihre Hausangestellten entlässt und in eine deutlich kleinere Wohnung in der Tengstraße umzieht. Sie beneidet die Mädchen jedoch um die abenteuerliche Reise nach Amerika ... und diese sie um ihre BDM-Uniform.

Seit etwa 1935 ist Traudl beim Bund Deutscher Mädel, die braune »Kletterweste«, die zur Uniform gehört, spart die Mutter sich mühsam vom Haushaltsgeld ab, und als Traudl das velourne Objekt der Begierde endlich trägt, ist sie ungeheuer stolz. Sie leitet eine Gruppe von sechs Mädels aus ihrer Klasse – »sechs Grazien« nennen sie sich. Sie exerzieren auf der Terasse des Lyzeums – rechts um, marsch – , und schmettern die Sieg-Heil-Parole. Sieg, ruft Traudl. Heil, schreien ihre Schützlinge zurück. Sieg! – Heil! – Sieg! – Heil! Sonst bleibt ihr von den BDM-Aktivitäten wenig in Erinnerung, nur langweilige Heimabende, Spalierstehen bei verschiedenen Veranstaltungen, das Einweihungsfest für die erste Arbeitersiedlung in Ramersdorf, bei dem sie und ihre Kameradinnen Volkstänze aufführen, Sammelaktionen für das Winterhilfswerk, die Ausflugsfahrt nach Wolfratshausen mit Lagerfeuer und Zelten – und Herta. Das ist ihre Gruppenführerin, als Traudl sechzehn oder siebzehn Jahre alt ist und bereits auf die Handelsschule geht. Sie bringt den Mädchen nahe, was das Dritte Reich unter Kunst und Literatur versteht, musiziert mit ihnen und zeigt ihnen idyllische Wanderwege. Traudl eifert ihr nach. Als sie einmal allein bei ihr zu Gast ist, umarmt Herta sie zum

Abschied und küsst sie auf den Mund. Traudl, deren Interesse an der Männerwelt noch nicht erwacht ist, die sich jedoch nach Zärtlichkeit sehnt, beeindruckt so viel Warmherzigkeit zutiefst.

1938 verliert sie die verehrte Führerin aus den Augen, denn da bietet sich mit einem Mal Interessanteres: Traudl tritt in die Organisation »Glaube und Schönheit« ein, eine Neugründung innerhalb des BDM für die achtzehn- bis einundzwanzigjährigen »arischen« Frauen im Reich. »Die Aufgabe unseres Mädelbundes ist, Mädel zu Glaubensträgerinnen Nationalsozialistischer Weltanschauung zu erziehen. Mädel, die eine Harmonie bilden von Körper, Seele und Geist, die durch die Gesundheit des Körpers und die Ausgeglichenheit ihres Wesens jene Schönheit verkörpern, die offenbart, dass der Mensch eine Schöpfung des Allmächtigen ist«, nennt Jutta Rüdiger, ab 1937 Leiterin des BDM, die Ziele der Vereinigung. »Wir wollen Mädel formen, die stolz sind, damit sie einmal Kämpfer zum Schicksalsgefährten erwählen. Wir wollen Mädel, die bedingungslos an Deutschland und den Führer glauben und diesen Glauben einst in das Herz ihrer Kinder legen; dann wird der Nationalsozialismus und dadurch Deutschland für immer bestehen.«

Bei »Glaube und Schönheit« wird kaum über Politik gesprochen, ebenso wenig wie in den meisten anderen Jugendorganisationen des Dritten Reichs. Es wird vor allem anmutig geturnt und getanzt, um mit der bewusst gepflegten »weiblichen Linie« einer »Verbengelung« oder »Vermännlichung« der Mädchen entgegenzuwirken. Tatsächlich geht es auch bei der tänzerischen Gymnastik um eine Funktionalisierung der jungen Frauen für die Ziele von Partei und Staat – das sagt man ihnen natürlich nicht in solcher Deutlichkeit, und das hört auch Traudl Junge erst Jahrzehnte nach dem Krieg zum ersten Mal. Ihr künstlerisches Engagement soll die Mädchen dieser Altersgruppe zur »gemeinschaftsgebundenen Persönlichkeit« erziehen und von einem vorzeitigen Rückzug in die Rolle der Mutter und Ehefrau abhalten. Stattdessen sollen sie sich weiterhin »Führer, Volk und Vaterland« verpflichten. Schließlich dient »Glaube und Schönheit« auch der Qualifizierung eines Teils des weiblichen Nachwuchses zur Führerschaft, also für

Funktionen im BDM, in der NS-Frauenschaft oder im Reichs-
arbeitsdienst.

Mit den Themen »Lebensführung und -gestaltung« oder
»politisch-geistige Bildung«, die laut Satzung auch zum »Glaube und Schönheit«-Unterricht gehören, wird Traudl nicht
behelligt, jedenfalls kann sie sich heute nicht daran erinnern.
Faszinieren lässt sie sich vom Dritten Reich durch seine spek-
takulären kulturellen Großveranstaltungen – die »Hauptstadt
der Bewegung« ist die Stadt der Festzüge. Der Pomp, mit dem
im Juli 1937 und in den beiden Folgejahren der »Tag der Deutschen Kunst« mit seinem mehr als drei Kilometer langen
Umzug »Zweitausend Jahre Deutsche Kultur« begangen wird,
begeistert sie, ebenso die »Nacht der Amazonen« im Nym-
phenburger Schlosspark, die zwischen 1936 und 1939 jährlich
stattfindet. Das Konzept der Nazis von der emotional und welt-
anschaulich verbindenden Selbstdarstellung geht auf. Hinzu
kommt, dass Traudls Schwester am Rahmenprogramm zum
»Tag der Deutschen Kunst« mitwirkt: Sie tanzt bei der Aufführung des »Raubs der Sabinerinnen« auf der Seebühne des
Kleinhesseloher Sees im Englischen Garten. Auch Traudl ist am
Rande an den kulturellen Bemühungen der Nazis beteiligt. Sie
ist Statistin bei der »Nacht der Amazonen«, und sie steht – bereits als Fünfzehnjährige – dem Schweizer Bildhauer und Ma-
rionettenschnitzer Walter Oberholzer Modell, der eine Brun-
nenfigur modellieren soll. Das bronzene Mädchen, das einem
wasserspeienden Faun einen Ball zuwirft, hat Traudls wohlge-
formten Körper, jedoch nicht ihr Gesicht. 1937 wird das
Ensemble im Haus der Deutschen Kunst ausgestellt.

Die Einstellung der Heranwachsenden zum Dritten Reich in
ein klares Pro oder Contra zu fassen, ist so unmöglich wie
wahrscheinlich beim Großteil der deutschen Bevölkerung und
erst recht der Jugend dieser Zeit. So sehr Traudl sich von der
Ästhetik der Großveranstaltungen betören lässt, so sehr sie in
den Jubel über die Triumphe der deutschen Sportler bei den
Olympischen Spielen oder über Hitlers außenpolitische Erfolge einstimmt, so abstoßend findet sie die derben Seiten der
kommunalen Parteipolitik. Das »übertriebene Nazitum an der
Basis« und ihre »Bonzenmachenschaften« kommen ihr, wie sie

heute sagt, »proletarisch« und »spießig« vor, die Regierung deshalb in Frage zu stellen, liegt ihr jedoch so fern wie den meisten ihrer Altersgenossen. So sehr sie über die kursierenden Hitler-Witze lachen kann, so fremdartig und widerlich sie den *Stürmer* mit seinen antisemitischen Karikaturen auch findet, so wenig realisiert sie, wie existentiell die Bedrohung für politische Gegner und Juden ist. Im Lyzeum hat sie drei jüdische Mitschülerinnen. Während der gemeinsamen Schulzeit, also bis 1936, seien sie sowohl von den Lehrern als auch von den Schülern gleichberechtigt behandelt, ihr Judentum wenn überhaupt, so nur als ihr religiöses Bekenntnis erwähnt worden. Danach verliert sie die drei aus den Augen, die eine, kommt ihr zu Ohren, wandert mit ihren Eltern aus, was aus den anderen beiden wird, weiß sie bis heute nicht. Vom Novemberpogrom 1938, von der »Vergeltung an den jüdischen Ladengeschäften, denen größtenteils sämtliche Fenster eingeschlagen wurden«, wie die *Münchener Neuesten Nachrichten* am Tag danach berichten, von den brennenden Synagogen und den willkürlichen Verhaftungen hunderter jüdischer Männer bekommt die Achtzehnjährige kaum etwas mit. Was sie und ihre Freunde in den Tagen danach über die Brutalität hören, mit der die Nazis vorgegangen sind, missfällt ihnen zwar, sie beruhigen sich jedoch damit, dass es sich um ein einmaliges Ereignis handeln muss. Und es betrifft sie letztlich ebenso wenig wie alle anderen Schikanen gegen die Juden, der erste vom Staat angeordnete Judenboykott am 1. April 1933, die Schilder mit der Aufschrift »Für Juden verboten«, die völlige »Entjudung« der Wirtschaft ab Anfang 1939 oder die Kennzeichnung der Juden mit dem gelben Stern ab September 1941. An eine einzige Begegnung mit einer so gebrandmarkten Frau will sie sich erinnern können – ein flüchtiger Eindruck, über den sie nicht weiter nachdenkt. Und ein Hinweis, wie gut die Verdrängung funktioniert.

Traudl lebt ein von Politik unbelastetes Leben – wie viele deutsche Jugendliche ihrer Zeit. So empfindet sie es jedenfalls, und das bestätigt – einmal mehr – zwei sich nur scheinbar widersprechende Tatsachen: einerseits, wie geschickt die Taktik des Regimes zum Aufbau einer linientreuen »Staatsjugend«

war, andererseits, dass es natürlich Freiräume gab, in denen sich »unbetroffene« Jugendliche wie Traudl ungezwungen und – wie sie meinten – ganz und gar unbeobachtet bewegen konnten.

Traudls Interessen konzentrieren sich in jenen Jahren auf die rhythmische Gymnastik, ihr Traum und immer dringenderer Wunsch ist es, das Tanzen, wie ihre jüngere Schwester, zu ihrem Beruf zu machen. Einen anderen, handfesteren Berufswunsch hat sie nicht. 1936 ist sie mit der Mittleren Reife vom Lyzeum abgegangen – ungern, aber sie muss schleunigst Geld verdienen und die Mutter unterstützen. Geh doch ein Jahr auf die Handelsschule, dann kannst du als Sekretärin in einem Büro arbeiten, rät man ihr. Die Freundin einer Freundin arbeite bei der Allianz, sie könne ihr eine Anstellung mit Pensionsberechtigung verschaffen – eine albtraumhafte Vorstellung für die quirlige Traudl. Zur Allianz will sie gewiss nicht, lustlos bringt sie die Handelsschule hinter sich, widerwillig lernt sie blind auf der Maschine zu schreiben – »Andere haben vielleicht die Begabung dafür, Mutti, ich bestimmt nicht!« Stenographieren und Buchführung fallen ihr leichter. Nach dem Schulabschluss sucht sie eine Arbeit, an die sie vor allem eine Anforderung stellt: Sie muss ihr genügend Zeit zum Tanzen lassen. Schließlich tritt sie eine Stelle als Kontoristin bei der Münchner Vertretung der Vereinigten Deutschen Metallwerke an, verwaltet schon bald das Bohrerlager und macht regelmäßig die Inventur – durchaus eine Herausforderung, wäre da nicht der Chauffeur des Hauses, der ihr ins Lager folgt und pornographische Bilder vors Gesicht hält. Traudl weiß sich nicht anders zu helfen als – unter Vorschützung falscher Gründe, denn den wahren traut sie sich ihrem Chef nicht zu nennen – zu kündigen. In der Folge arbeitet sie vorübergehend im Notariat des alten Hofrat Dillmann, 1939 wechselt sie zum Rundschau Verlag in die Ohmstraße und wird Assistentin des Chefredakteurs bei *Die Rundschau*, einer Fachzeitung für das Schneiderhandwerk. Als der stellvertretende Chefredakteur eingezogen wird, übernimmt sie dessen Aufgaben und erledigt sie gewissenhaft und manchmal sogar mit Freude, jedoch in der Überzeugung, dass sie ohnehin kündigen werde, sobald sie die abschließende Tanzprüfung bestanden hat.

Für Traudl ist ihre Arbeit Mittel zum Zweck, mehr nicht. Sie lebt für die freie Zeit im Kreis ihrer Freunde – sie gehen gemeinsam ins Kino und im Sommer ins Schwimmbad, unternehmen Landpartien und feiern, sooft sich die Gelegenheit bietet, lustige Feste. Die meiste Zeit widmet sie zwischen 1938 und 1941 jedoch ihrer Tanzausbildung. Ihre Lehrerin bei »Glaube und Schönheit« hält sie für begabt genug, sich intensiver mit der tänzerischen Gymnastik zu beschäftigen und fordert sie auf, sich in ihre Schule, die Herta-Meisenbach-Schule in der Münchner Franz-Joseph-Straße, einschreiben zu lassen. Weil Traudl die Kursgebühr nicht aufbringen kann, bietet die Lehrerin ihr eine Assistentenstelle an. Aber auch wenn sie gerade selbst nicht tanzt, verkehrt Traudl in Künstlerkreisen. Seit Mitte der dreißiger Jahre lebt der bedeutende Ballettmeister Helge Peters-Pawlinin in München und baut eine Ballettkompanie auf. In der Tanzschule Lola Fasbender hat er Traudls zu dieser Zeit vierzehnjährige Schwester Inge entdeckt und bildet sie zur Spitzentänzerin aus. Inge wird Ensemblemitglied seines »Romantischen Balletts«, lässt Schule Schule sein, geht mit der Truppe auf Tournee und verdient so schon früh Geld. 1940 wird sie an die »Deutsche Tanzbühne« in Berlin engagiert – Traudl hat nun ein klares Ziel vor Augen: Sie will der begabteren Schwester in die Hauptstadt folgen.

Traudl Junge bezeichnet ihre Anpassungsfähigkeit oder – um es mit einem weniger positiv besetzten Wort zu sagen – ihre Beeinflussbarkeit als eine der ausgeprägtesten Eigenschaften ihrer Jugend. Wer aber sind die Menschen, die auf ihr Denken und Tun Einfluss nehmen?

Ihr Vater, der so augenscheinlich vom Nationalsozialismus profitiert? Er ist 1936 zum Sicherheitsdirektor der Dornier-Werke in Ludwigshafen befördert worden und hat zum zweiten Mal geheiratet. Traudl und Inge besuchen ihn und »die Tante« in den Sommerferien in ihrer Dienstvilla am Bodensee – für Traudl ein frustrierendes Erlebnis. Sie vermisst einen Vater, der ihr »sagt, wo es langgeht«, den ihren kann sie jedoch nicht respektieren.

Ihre besten Freundinnen? Trudl Valenci, ihre engste Schulfreundin, verliert sie im Alter von sechzehn aus den Augen und trifft sie erst mehrere Jahre nach dem Krieg wieder. Ulla Kares ist ihre beste Freundin in den späten dreißiger und frühen vierziger Jahren, sie teilen ihre Begeisterung für die Stars der Ufa, Renate Müller, Heinz Rühmann oder Hans Albers, und sie verehren Gary Cooper. Ullas Sinn für die Absichten des Regimes beginnt sich bereits 1938 zu schärfen: Da wird die blonde »Ringführerin« von einem Tag auf den anderen aus dem BDM entlassen, weil bekannt wird, dass ihre Mutter so genannte Vierteljüdin ist. Ulla flieht aus ihrer Geburtsstadt Essen nach München, selbst ihre beste Freundin Traudl erfährt aber erst lange Jahre nach dem Krieg, dass Ulla als »Achteljüdin« galt. 1943 verliebt sie sich in ihren späteren Ehemann, einen »Halbjuden«. 1944 wird er interniert – Zwangsarbeit im Dienst der deutschen Kriegsindustrie. Im März 1945 gelingt Hans Raff die Flucht, bis zum Kriegsende wird er von Ulla versteckt. Traudl erfährt auch davon erst nach dem Krieg; als sie nach Berlin zieht, reißt der Kontakt zur Freundin erst einmal ab.

Ein Freund? Früher Liebhaber? Ihr Interesse an Männern erwacht spät. Während die jüngere Schwester mit Buben spielt, spielt sie noch mit Puppen, scherzt sie später. Sexualität hat für sie – dafür hat die Mutter mit ihren Warnungen gesorgt – lange Zeit etwas »Anrüchiges, Widriges«, sie wartet mit ersten Erfahrungen, bis sie ihren Ehemann kennen lernt.

Mit etwa achtzehn schließen Traudl und ihre Schwester sich einem Kreis von ausländischen Studenten und Künstlern an, die meisten davon sind Griechen. Fast alle von ihnen sind bereits liiert, nur Traudl und Inge sind noch ohne Partner. Das Verhältnis dieser Freunde zum Dritten Reich ist noch unbefangener als das eigene, sie sind verlässliche Quellen für die neuesten Nazi-Witze, hören verbotene ausländische Radiosender und äußern manchmal sogar Kritik am Regime. Letztendlich interessiert sie aber doch nur ihre Kunst- und Theaterwelt.

Traudl Junge selbst nennt zwei Menschen, die sie ab Mitte der dreißiger Jahre bis zu ihrem Umzug nach Berlin entscheidend beeinflusst haben. Das ist einmal der Ballettmeister Pawlinin, der ihren Lebensstil prägt und ihre Aufmerksamkeit auf die heile, realitätsfremde Welt des Theaters lenkt. Zum anderen ist das Tilla Höchtl. Sie ist die Mutter von Lotte, einer Tanzkollegin von Traudls Schwester. Tilla ist Alleinerziehende wie Hildegard Humps, aber im Gegensatz zu ihr eine emanzipierte, sehr eigenwillige und spontane Frau mit ausgeprägtem Humor, beißender Ironie, schrägen Ideen und einer ausgesprochenen Abneigung gegen den Nationalsozialismus. Die beiden Frauen befreunden sich eng. Tilla versucht nicht nur Traudl und Inge, sondern auch Mutter Hildegard zu mehr Individualität und unabhängigerem Denken zu erziehen. Für Menschen, die sich mehr um so genannte gesellschaftliche Normen als um ihre persönlichen Bedürfnisse kümmern, hat sie nur Spott übrig. Platituden wie »*Man* tut das nicht« lässt sie nicht gelten. Sie führt – mit großem Erfolg – das Wort »spießig« als Schimpfwort in der Familie Humps ein, vielmehr noch: unter ihrem Einfluss, scheint Traudl, findet die Familie zu nonchalanteren, aber auch selbstsichereren Umgangsformen.

Im Sommer 1941 tritt Traudl zur Tanzprüfung an. In der Sparte Ausdruckstanz soll sie das Thema »Gebet« umsetzen. Ihre Knie zittern vor Aufregung – das schadet dem dramatischen Auftritt nicht. Traudl besteht die Prüfung. Nun will sie ihren Vorsatz, nach Berlin zu gehen, endlich in die Tat umsetzen, stößt aber auf Widerstand bei ihrem Chef. Der nimmt ihre Kündigung nicht an und beruft sich dabei auf die von den Nationalsozialisten angeordnete »kriegsbedingte Arbeitslenkung«. Wie es ihr nach mehreren Monaten des Hin und Her durch Vermittlung der Tänzerin Beate Eberbach, einer Kollegin ihrer Schwester und Schwägerin Albert Bormanns, des Leiters der Privatkanzlei Hitlers, im Frühjahr 1942 doch gelingt, nach Berlin »dienstverpflichtet zu werden«, schildert sie in ihrem Manuskript selbst.

Bei aller Freude über den Umzug nach Berlin belastet Traudl die Tatsache, dass sie ihre Mutter allein in München zurücklässt. 1941 ist der Großvater gestorben, seither vermietet sie ein Zimmer unter. Davon und von dem, was die Tochter aus Berlin schickt, lebt Hildegard Humps nun. Die Vorzeichen haben sich umgekehrt: Nun fühlt Traudl sich für die Mutter

verantwortlich, die sich so viele Jahre »für ihre Kinder aufge-
opfert« hat. Und zum Verantwortungsgefühl mischt sich immer
auch ein schlechtes Gewissen, die Mutter zurückzulassen.
Schließlich befindet Deutschland sich seit zweieinhalb Jahren
im Kriegszustand.

Traudls neues Leben beginnt, als die Alliierten die Kriegswen-
de einleiten. Im Dezember 1941 hat Deutschland den USA den
Krieg erklärt, der harte russische Winter 1941/42 hat den Vor-
marsch der deutschen Armeen ins Stocken gebracht, die
Sowjets haben sich zu verbissenen Gegnern entwickelt und verständigen sich mit den USA und England trotz ihrer politischen
Gegensätze über eine zweite Front im Westen. Im März 1942
ist Lübeck als erste deutsche Stadt Ziel der massiven britischen
Flächenbombardements. Wenig von alldem dringt freilich zur
deutschen Zivilbevölkerung durch, dafür sorgt die nationalsozialistische Propagandamaschinerie. Die Zahl der Lübecker
Todesopfer beispielsweise wird von 320 auf 50 herunterge-
spielt.

Traudl hat sich, nach einer Phase der großen Verunsiche-
rung bei Kriegsausbruch, an den Kriegsalltag – Luftschutz-
übungen, Verdunkelungsbefehle, Lebensmittelrationierung –
gewöhnt. Wie wohl die Mehrheit der deutschen Bevölkerung
ist sie Hitlers Behauptung aufgesessen, Deutschland sei angegriffen worden, der Krieg ein Akt der Verteidigung. Über die
Siegesmeldungen der Anfangsphase hat sie trotzdem nicht tri-
umphiert, denn die Expansionsbestrebungen Hitlers bedeuten
ihr nichts. Sie wünscht sich ein baldiges Ende der Auseinandersetzungen. Unter welchen Umständen und wie nah sie
es schließlich miterleben wird, ahnt sie in den ersten Monaten
ihrer Berliner Zeit freilich nicht.

Editorische Notiz

Die folgenden Aufzeichnungen von Traudl Junge aus den Jahren 1947/48 geben ihre subjektiven Erinnerungen wieder und werden hier in der ursprünglichen Fassung veröffentlicht. Der Text wurde lediglich den aktuellen orthographischen Regeln angepasst und – in Zusammenarbeit mit Frau Junge – dort geringfügig verändert, wo er manuskripttypische Schwächen aufwies (uneinheitliche Orthographie, fehlerhafte Namensschreibung, einzelne Wortauslassungen etc.). Die wenigen, inhaltlich unbedeutenden Streichungen sind durch Auslassungszeichen gekennzeichnet.

Meine Zeit bei Adolf Hitler –
Aufgezeichnet 1947

Von Traudl Junge

I.

Normalerweise fragt man Sekretärinnen nicht viel über ihre früheren Chefs. Nachdem ich aber drei Jahre lang die Sekretärin Hitlers war, werde ich auf Schritt und Tritt gefragt: »Sagen Sie mal, wie war er denn eigentlich?« Und dann kommt fast jedes Mal die zweite Frage: »Wie sind Sie bloß in die Nähe dieses Menschen geraten?« Meistens sind die Leute dann von beiden Antworten enttäuscht oder mindestens überrascht, denn ich kann ihnen weder von Hitlers weltbekannten Wutausbrüchen noch von seiner Teppichbeißerei aus eigener Erfahrung berichten und bin auch nicht aufgrund meiner hervorragenden Verdienste um den Nationalsozialismus oder meiner niedrigen Parteimitgliedsnummer seine Sekretärin geworden. Es geschah mehr oder weniger durch einen Zufall.

Ich wäre wohl nie Hitlers Sekretärin geworden, wenn ich nicht den Wunsch gehabt hätte, Tänzerin zu werden. Ich fürchte, ich muss ein bisschen ausführlicher berichten, damit diese Behauptung verständlich wird. Meine jüngere Schwester und ich haben beide von frühester Jugend an Gymnastik- und Tanzschulen besucht, und ich hatte gar keinen Zweifel daran, dass ich einmal meinen Beruf auf einem dieser beiden Gebiete ausüben würde. Aber leider lebten wir in schwierigen finanziellen Verhältnissen, und als ich aus der Schule kam, musste ich als die Ältere erst einmal daran denken, so schnell wie möglich Geld zu verdienen. Ich habe mir das auch sehr schön und leicht gedacht und glaubte, ich könnte als Büroangestellte so viel verdienen, dass ich mir nebenher auch noch die Tanzausbildung leisten könnte. Aber es stellte sich heraus, dass es gar nicht so einfach war, eine Firma zu finden, bei der man erstens genügend verdiente und zweitens noch genügend Zeit für die privaten Wünsche hatte. Aber ich fand schließlich eine Stellung, die mir zwar gar nicht gefiel, aber die diese beiden Voraussetzungen erfüllte. Ich dachte ohnehin, dass es nicht lange dauern würde, bis ich der Welt der Schreibmaschine endgültig den Rücken kehren könnte. Ich musste nur erst die Tanzprüfung abgelegt haben. Inzwischen hatte jedoch der Krieg begonnen und allmählich begann jeder Einzelne, persönliche Einschränkungen und Verpflichtungen zu fühlen. So musste auch ich erfahren, dass ich die Rechnung ohne den Wirt, d. h. den Staat gemacht hatte. Denn als ich im Jahr 1941 endlich die Tanzprüfung bestanden hatte und triumphierend meiner Firma die Kündigung aussprach, da war inzwischen die Berufslenkung und Arbeitsplatzbeschränkung[1] wirksam geworden. Man konnte nicht mehr einfach werden, was man wollte, sondern musste tun, was für den Staat am wichtigsten war. Nun brauchte man aber bedeutend notwendiger Sekretärinnen und Stenotypistinnen als Tänzerinnen. Tänzerinnen waren überhaupt vollkommen überflüssig geworden. Ich aber war nun schon 21 Jahre alt, und der Krieg schien doch kein Blitzkrieg, sondern ein recht langwieriges Unternehmen zu werden. In ein paar Jahren würde meine mühsam erarbeitete Gelenkigkeit verrostet sein, und dann war der Traum vom Tanzen endgültig zu begraben. Wahrscheinlich war ich in meiner Enttäuschung auch nicht mehr ganz objektiv, denn mein ganzer verzweifelter Hass richtete sich gegen meine Firma und meinen Chef, den ich mit dem entsetzlichen Vorwurf belastete, aus Egoismus mein Leben verpatzt zu haben, weil er meine Kündigung nicht angenommen hatte. Denn mit der Zustimmung des Arbeitgebers hätte ich meine Stellung aufgeben können. Ich wollte ihn keinesfalls mehr länger sehen und diese Firma aus Trotz um jeden Preis verlassen. Und so kam die Lawine langsam ins Rollen, die mich dann 1945 in Berlin fast begraben hätte.

Meine Schwester Inge lebte damals in Berlin als Tänzerin an der Deutschen Tanzbühne. Eine ihrer Kolleginnen war verwandt mit Albert Bormann[2] und durch ihn bekam ich eines schönen Tages ein Angebot in die Kanzlei des Führers nach Berlin. Wenn mich auch nicht gerade dieses Milieu und diese Position lockten, so war der Gedanke, einmal von zu Hause fortzukommen, die Hauptstadt kennen zu lernen und überhaupt einmal etwas zu erleben, doch recht reizvoll. Außerdem schienen die Arbeitsbedingungen angenehm zu sein, ich nahm jedenfalls kurz entschlossen an und fuhr nach Berlin. Schon die erste Fahrt meines Lebens in einem Schlafwagen war sehr aufregend, aber als ich dann das gewaltige Labyrinth der »Neuen Reichskanzlei« betrat, um mich vorzustellen, da kam mir mein Entschluss schon ein bisschen gewagt vor. Aber zurück konnte ich nun nicht mehr gut, das wäre zu blamabel gewesen. Ich wurde von Gruppenführer Albert Bormann, einem Bruder des Reichsleiters Martin Bormann[3], empfangen. Er war eine angenehme und sympathische Erscheinung. Ich wurde angestellt in einer Abteilung der »Kanzlei des Führers«, wo die an den »Führer« gerichtete Post in Empfang genommen, sortiert, weitergeleitet und zum Teil auch bearbeitet wurde. Meine Tätigkeit war außerordentlich harmlos, ich hatte auch nicht sehr viel zu tun. Albert Bormann, der Leiter der Kanzlei des Führers, war gleichzeitig Hitlers Adjutant und nur selten in Berlin anwesend. Ich fragte mich manchmal, warum man eigens eine Sekretärin aus München geholt und sogar dienstverpflichtet hatte. Ich saß in dem riesigen, prunkvollen Gebäude, in dem ich mich dauernd verirrte, schlitterte durch die blank gebohnerte Marmorhalle und wartete im Übrigen die weitere Entwicklung meiner Tätigkeit ab. Bald kam auch der erste Wirbel in mein beschauliches Dasein, denn auf einmal verbreitete sich das Gerücht, Hitler brauche neue Sekretärinnen und die Auswahl solle aus dem Personal der Reichskanzlei getroffen werden.

Sämtliche Sekretärinnen, Stenotypistinnen, Lehrmädchen und Bürohilfen gerieten in helle Aufregung. Es wurde ein Wettbewerbskurs für Stenographie und Maschinenschreiben eingerichtet, und ich musste ebenfalls daran teilnehmen. Inzwischen war ich in die »Persönliche Adjutantur des Führers« versetzt worden. Diese Abteilung befand sich im gleichen Gebäude, nur in einem anderen Teil nach dem Park zu. Mit sehr wenig Ehrgeiz nahm ich an dem Wettschreiben teil, denn erstens glaubte ich nicht recht an den gemutmaßten Zweck und zweitens hielt ich mich nicht für geeignet, Hitlers Sekretärin zu werden. Als ich sah, wie die Finger der anderen Mädchen über die Tasten rasten, verlor ich den letzten Rest meines Selbstbewusstseins. Aber gerade deshalb war ich wahrscheinlich bei der Schlussrunde am wenigsten nervös, hatte die wenigsten Fehler und geriet unter die Besten. Und eines schönen Tages erhielt ich eine Fahrkarte in die Hand gedrückt und die Anweisung, mich am nächsten Tag mit dem Kurierzug in das Führerhauptquartier zu begeben, wo ich mich mit neun anderen Mädchen dem Führer vorstellen sollte.

Hitler hatte damals drei Sekretärinnen, von denen die jüngste, Frau Christian[4], inzwischen geheiratet und den Dienst bei Hitler verlassen hatte. Die beiden anderen Damen, Fräulein Wolf[5] und Fräulein Schroeder[6] waren schon seit über zehn Jahren seine Sekretärinnen und ständigen Begleiterinnen. Die Strapazen des unregelmäßigen Lebens und das zunehmende Alter hatten ihre Leistungsfähigkeit bereits beeinträchtigt. Eines Tages wollte Hitler diktieren. Fräulein Wolf war krank, Fräulein Schroeder in Berlin im Theater. Er wurde wütend, dass ihm niemand zur Verfügung stand, wenn er einmal eine Schreibkraft brauchte. Sein Adjutant Bormann wurde ziemlich unsanft gerügt und erhielt den Auftrag, sofort dafür zu sorgen, dass so etwas nicht wieder vorkomme. Es müssten junge Nachwuchskräfte eingestellt werden, damit die beiden alten Veteraninnen entlastet würden. Und so kam es, dass in den letzten Novembertagen 1942 zehn mehr oder weniger junge Mädchen zum »allerhöchsten Befehlshaber« beordert wurden. Der Kurierzug, den wir am Abend in Berlin mit unbekanntem Ziel »Gegenstation« bestiegen, fuhr am nächsten Morgen im Bahnhof von Rastenburg, Ostpreußen, ein. Dort erwartete die Besucher des Führerhauptquartiers auf einem Nebengeleise ein Triebwagen, der sie in den Wald hinein entführte. Schließlich landeten wir vor einem unscheinbaren Stationshäuschen ohne Namensschild und waren am Ziel. Wir wurden von Gruppenführer Albert Bormann empfangen, der Triebwagen fuhr weiter und die übrigen Fahrgäste, die hier ausgestiegen waren, verschwanden in dem verschneiten Wald. Wir konnten keine Wohnungen, keine Häuser bemerken und waren doch im Führerhauptquartier. Bormann brachte uns zu unserer vorläufigen Unterkunft. Erst jetzt bemerkten wir, dass auf dem zweiten Geleise noch ein Zug stand. Dort sollten wir wohnen. Wir wurden nun auch darüber aufgeklärt, dass wir noch außerhalb des eigentlichen Sperrkreises des Führerhauptquartiers seien und dass der Führersonderzug, der ständig in der Nähe des Führers unter Dampf stand, unsere Herberge sei, bis der Führer uns gesehen und seine Auswahl getroffen habe.

Es lohnt sich wohl, diesen Zug näher zu beschreiben, denn er war eingerichtet wie ein gut geführtes Hotel, mit allen Bequemlichkeiten, die der Mensch zum Leben braucht. Aber ich werde das später nachholen, wenn ich die gemeinsamen Reisen beschreibe, die wir mit diesem Zug unternommen haben. Vorläufig bewohnte jedes der Mädchen ein Abteil des Gästewagens, bestens betreut von dem gut geschulten Mitropa-Personal, und im Übrigen warteten wir auf das große Ereignis, dem Führer vorgestellt zu werden. Aber es vergingen mehrere Tage, ohne dass etwas geschah. Wir unternahmen inzwischen kleine Spaziergänge durch den Wald, bis wir an einen Schlagbaum, an einen Stacheldraht und bewaffnete Posten stießen, die unsere Ausweise sehen wollten und uns nach der Parole fragten. Leider hatten wir weder das eine noch wussten wir das andere, hatten auch gar nicht die Absicht, in verbotenes Gelände vorzustoßen, sondern machten nur kleine »Spähtrupps«, um zu sehen, wie so ein »Führerhauptquartier« eigentlich aussieht. Inzwischen hatten wir auch herausbekommen, dass gut getarnt zwischen Bäumen und Sträuchern zahlreiche Baracken und kleine Bunker versteckt lagen, dass viele gut gepflegte Straßen den Wald durchzogen und viele Menschen, alle in Uniform, hier lebten. Wir begannen, unseren Aufenthalt in der bezaubernden Winterlandschaft bei guter Verpflegung als Urlaub zu betrachten, fühlten uns wohl und vergaßen fast, wozu wir hier waren. Die kleine Küche des Speisewagens barg manche guten Getränke, und die Ober, die so lange keine Weiblichkeit mehr gesehen hatten, verwöhnten uns und brachten uns abends manchen guten Likör.

Wir ahnten nicht, dass der große Moment gerade dann kommen würde, wenn wir ihn am wenigsten erwarteten, nämlich mitten in der Nacht. Wir waren gerade alle ins Bett gegangen, als zwei Ordonnanzen aus dem Führerbunker erschienen, um die ganze Gesellschaft abzuholen und zum »Führer« zu bringen. Es brach Panik aus. Lockenwickler verhedderten sich, Schuhe waren nicht zu finden, die Finger zitterten so, dass man kaum die Knöpfe an den Kleidern schließen konnte. Schnell wurden noch sämtliche Zähne geputzt, denn man wusste, dass »die deutsche Frau« nicht rauchen sollte oder dass man es zumindest nicht riechen durfte.

Schließlich stolperten wir auf dunklen Wegen hinein in den Wald. Die beiden Posten lotsten uns durch die Kontrolle, wo wir mit Blendlaternen angeleuchtet wurden und einen provisorischen Ausweis zum Betreten des Sperrkreises bekamen. Es war uns unbegreiflich, wie die beiden Männer in dieser Dunkelheit ihren Weg fanden. Nur ab und zu leuchtete eine spärliche Lampe zwischen den Bäumen, aber wie man dabei eine bestimmte Richtung verfolgen konnte, war mir schleierhaft. Ich nehme an, dass die beiden Soldaten nicht so aufgeregt waren wie wir. (Keine von uns hatte Hitler jemals aus der Nähe gesehen, wir wussten, dass sich stets Hunderttausende in Berlin oder wo immer er war, gedrängt hatten, um seinen Anblick wenigstens von ferne zu erleben.) Dies alles machte unser Erlebnis aufregend. Man steht ja nicht alle Tage einem Staatsoberhaupt gegenüber!

Endlich waren wir vor einer schweren Eisentür angelangt, aus der helles Licht schimmerte. Dunkel konnte ich die Umrisse eines niedrigen, verhältnismäßig kleinen Bunkers erkennen. Der bewaffnete Posten, der am Eingang Wache stand, ließ uns ohne jede Kontrolle eintreten. Unsere zum Teil ziemlich ansehnlichen Handtaschen wurden nicht durchsucht, man vermutete anscheinend weder Waffen noch Höllenmaschinen bei uns. Vielleicht haben unsere verstörten Gesichter diesen Verdacht von vornherein ausgeschlossen, denn ich glaube, wir machten eher den Eindruck, zu einer Hinrichtung geleitet zu werden als zu einem großen freudigen Ereignis.

Durch die niedrige Tür kamen wir in einen schmalen hell erleuchteten Betongang mit vielen Türen, fast wie in einem großen Dampfer, und traten gleich durch die erste Tür auf der linken Seite in ein Wartezimmer ein. Dieser Raum maß etwa drei mal vier Meter und diente gleichzeitig dem persönlichen Diener und den Ordonnanzen Hitlers als Aufenthaltsraum.

Hitlers Diener erklärte, wir müssten noch ein bisschen warten und ließ uns an einem runden Tisch in bequemen Landhausstühlen Platz nehmen; Hitler füttere gerade seinen Hund. Natürlich fragten wir, wie wir den »Führer« überhaupt begrüßen sollten. Er meinte, Hitler würde uns zuerst grüßen und wir sollten dann »Heil, mein Führer« antworten.

Wir wollten noch wissen, ob wir den Arm ausgestreckt oder gewinkelt heben sollten, aber da kam schon Albert Bormann mit der Aufforderung, ihm zu folgen, Hitler sei jetzt in seinem Arbeitszimmer und wolle uns empfangen. Wir sollten uns möglichst natürlich und unbefangen benehmen.

Der schmale Gang machte ein paar Wendungen, führte durch einen kleinen Teeraum, und dann standen wir vor der hohen, doppelflügeligen Tür des Arbeitszimmers. Der Diener, Heinz Linge[7], klopfte, öffnete die Tür und sagte: »Mein Führer, die Damen aus Berlin sind da.«

Wir traten in den sehr großen Raum und standen direkt vor dem Schreibtisch. Hitler kam lächelnd auf uns zu, hob zur Begrüßung langsam den Arm und gab dann jeder einzelnen die Hand. Seine Stimme war ganz tief und voll, als er jede von uns fragte, wie sie heiße und woher sie käme.

Ich war die Letzte und die einzige Münchnerin. Er fragte mich noch nach meinem Alter, lächelte noch einmal, blickte alle noch einmal mit dem bekannten durchdringenden Blick an, hob wieder den Arm zum Gruß und wir waren entlassen, ohne dazu gekommen zu sein, unser »Heil, mein Führer« herauszuschmettern.

Draußen lösten sich dann endlich die Spannung und der Bann, und es begann ein Geschnatter über die Art von Hitlers Händedruck, seinen faszinierenden Blick, die Figur und alle die

Einzelheiten, die bei einer so bedeutungsvollen Begegnung unendlich wichtig scheinen.

Bormann war froh, dass er seinen Auftrag endlich erledigt hatte, er gab jeder von uns zur Feier des Tages ein Glas Sekt und ließ uns dann ein paar Schritte weiter in das Mannschaftskasino bringen.

Die Soldaten und Offiziere freuten sich sehr über unseren Besuch, wir aßen ein paar belegte Brote, denn Aufregung macht hungrig, und dann ließ uns Bormann wieder zurückbringen zu unserem Sonderzug.

Am nächsten Morgen ging das Rätselraten los, wer von uns Hitler wohl am besten gefallen habe. Wir glaubten, er würde seine Wahl aufgrund unseres Anblicks treffen und waren ziemlich erschüttert, als uns Bormann am nächsten Tag erklärte, so einfach sei die Sache nicht, wir müssten noch ein Probediktat abwarten. Das Personal des Führersonderzugs und einige Besucher aus dem Sperrkreis, die manchmal um den Sonderzug herumstreiften, seit sie wussten, dass darin weibliche Sehenswürdigkeiten untergebracht waren, versicherten mir zwar, dass ich große Chancen hätte, Hitlers Sekretärin zu werden, weil er erstens eine Vorliebe für München und Münchnerinnen habe und ich außerdem Eva Braun ähnlich sähe. Da ich aber ein ausgesprochener »Prüfungsversager« bin, hielt ich angesichts des bevorstehenden Probediktats meine Chancen für ziemlich gering.

Aus den paar Tagen, die wir ursprünglich hatten bleiben sollen, waren inzwischen einige Wochen geworden, und es war nicht abzusehen, wann Hitler Zeit für die Probediktate finden würde. Wir mussten warten, bis er wirklich einen Anlass zu diktieren hatte. Wir wurden inzwischen manchmal als Hilfe für die beiden alten Sekretärinnen eingesetzt, die mit der Zusammenstellung der Listen für die Weihnachtsgeschenke und Geldspenden beschäftigt waren, setzten einige Schneemänner in die Gegend, die am anderen Tage vom Kommandanten des Führerhauptquartiers wieder zerstört wurden, weil sie ihm zu unseriös für diese Umgebung waren, und lieferten uns erbitterte Schneeballschlachten.

Und ausgerechnet nach solch einer Schlacht, als ich erhitzt

und mit nassen Haaren in meinem Abteil saß, kam der verhängnisvolle Ruf.

Ich wurde zusammen mit einer Kollegin – einem blonden zarten Mädchen, ebenfalls aus der Adjutantur des Führers – zum Diktat bestellt. Wieder die gleiche Aufregung, wieder der gleiche Weg zum Führerbunker.

Ich sollte als erstes Opferlamm vorgeschickt werden, Fräulein Böttcher sollte einspringen, falls ich versagte. Nach ein paar Minuten Wartezeit wurde ich wieder von Linge ins Arbeitszimmer geleitet, bei Hitler angemeldet, und diesmal schloss sich die Tür hinter mir und ich war mit ihm allein.

Mir fiel auf, dass er eine Brille trug. Eine altmodische, billige Brille mit Nickelrand – es kann auch sein, dass es eine Platinfassung war, aber unansehnlich war sie auf jeden Fall.

Wieder gab er mir die Hand und führte mich zu einem Schreibmaschinentisch in der Nähe seines Schreibtisches. Während ich den Deckel der Maschine aufnestelte und das Papier zurechtmachte, erklärte er mir freundlich und liebenswürdig wie einem Kind, das photographiert werden soll: »Sie brauchen gar nicht aufgeregt zu sein, ich mache bei meinem Diktat selbst so viele Fehler, wie Sie unmöglich machen können!«

Ich versicherte ihm zwar, ich sei überhaupt nicht aufgeregt, aber meine Hände straften mich leider Lügen, denn als er endlich mit dem ersten Satz begann, zitterten meine Finger dermaßen, dass ich nicht einen einzigen richtigen Buchstaben erwischte.

Entsetzt starrte ich auf die erste Zeile, die aussah wie ein chinesischer Text und versuchte krampfhaft, den Faden nicht zu verlieren und meine Hände zur Ruhe zu zwingen.

Im gleichen Augenblick klopfte es, der Diener kam und meldete den Botschafter Hewel[8] – Verbindungsmann zwischen Hitler und Ribbentrop[9]. Hewel führte eine kurze Unterredung mit Hitler, welche in einem Telefongespräch mit Ribbentrop endete. Als ich sah, wie Hitler ganz ungezwungen und natürlich telefonierte und sich benahm wie Herr Müller oder Herr Schulze oder irgendeiner meiner früheren Chefs, da gewann ich meine Ruhe und Gelassenheit wieder. Die Fortsetzung des Diktats ging dann ganz flott und ohne Schwierigkeiten. Allerdings habe ich heute keine Ahnung mehr, was für ein Schriftstück damals eigentlich verfasst wurde. Ich glaube, es war irgendeine Denkschrift, die nie veröffentlicht wurde.

Als ich fertig war, stapelte ich die Seiten und reichte sie dem Führer.

Ich war vorher schon instruiert worden, dass ich mit ganz weitem Zeilenabstand schreiben müsse, damit der Führer leicht korrigieren könne. Nachdem er sich von mir verabschiedet hatte, mit der Versicherung, dass ich ausgezeichnet geschrieben hätte, setzte er sich an den Schreibtisch.

Erleichtert verließ ich den Raum und traf vor der Tür mit Gruppenführer Bormann zusammen, der dort die ganze Zeit auf einem Stuhl gesessen, nervös auf die Uhr geschaut und gehofft hatte, ich würde ihn nicht blamieren. Als ich ihm mitteilte, dass alles gut gegangen sei, war er bedeutend glücklicher als ich, so als hätte er eine große Leistung vollbracht. Später erfuhr ich, dass er sich vor einer Blamage sehr gefürchtet hatte, denn sein Bruder, der sein erbittertster Feind war, wollte ebenfalls Sekretärinnen für Hitler auswählen, um ihn auszustechen.

Fräulein Böttcher hatte zwar gehofft, sie könne mich ablösen, aber sie freute sich doch mit mir, dass meine Probe geklappt hatte. Als wir noch im Wartezimmer beisammensaßen, um das Ereignis zu besprechen, das ich hinter mir hatte und das meiner Kollegin noch bevorstand, da erschien auf einmal Hitler in der Tür, setzte sich zu uns an den runden Tisch, fragte mich noch über meine Familie und meine Vergangenheit aus und wiederholte, dass ich sehr gut geschrieben hätte.

Ich dachte im Stillen: »Sie haben ja noch keine anderen Sekretärinnen geprüft und werden schon selber darauf kommen, dass ich keine Glanzleistung vollbracht habe.« Dass es zu gar keinem Vergleich kommen sollte und mein Schicksal bereits besiegelt war, konnte ich nicht ahnen.

Hitler wollte nämlich gar keine weiteren Sekretärinnen prüfen, sondern fand, ich hätte meine Sache zur Zufriedenheit gemacht und sei geeignet. Und so fuhren neun Mädchen am nächsten Tag nach Berlin zurück, während ich weiterhin in der »Wolfsschanze« – so hieß nämlich das Quartier – blieb.

Ich tauschte jetzt allerdings mein Quartier im Sonderzug mit einer Kabine im Sekretärinnenbunker, erhielt einen Dauerausweis für den Sperrkreis und wohnte etwa hundert Meter vom Führerbunker entfernt.

Aber ich war gar nicht glücklich über meine neue Behausung. Ich bin ein Licht- und Luftmensch und kann Bunkeratmosphäre auf den Tod nicht leiden. Und nun hatte ich zwar als Tagesraum ein Zimmer mit kleinen Fenstern, musste aber in einer ungemütlichen fensterlosen Kabine schlafen, die zwar nicht kleiner, aber entschieden unsympathischer war als das hübsche Abteil im Sonderzug. Die Luftzufuhr erfolgte durch eine Ventilationsschraube an der Decke. Wenn man sie schloss, hatte man das Gefühl zu ersticken, wenn man sie öffnete, pfiff die Luft mit Getöse in den kleinen Raum und man hatte das Gefühl, im Flugzeug zu sitzen. Aus diesem Grund hatten wohl auch die beiden anderen Sekretärinnen, Fräulein Wolf und Fräulein Schroeder, vorgezogen, auf den Sofas in ihren Arbeitsräumen zu schlafen und hatten sich im vorderen Teil des Bunkers, der mit Fenstern versehen war und größere hellere Räume hatte, kombinierte Wohn- und Arbeitszimmer eingerichtet. Ich folgte bald ihrem Beispiel und richtete mir das allgemeine Büro mit Bormanns Unterstützung und Zustimmung wohnlich ein. Ich sollte ja jetzt auf unabsehbare Zeit bleiben.

Wenn Hitler etwas zu diktieren hatte, ließ er jedes Mal mich kommen und versetzte mich immer wieder in Nervosität und Aufregung. Noch wusste ich nicht, ob es sich um weitere »Proben« handelte oder ob ich bereits fest verpflichtet war. Am 30. Januar 1943 wurde ich wieder einmal zu Hitler gerufen. Als ich eintrat, waren die beiden Sekretärinnen bei ihm, und ich merkte gleich, dass er nicht diktieren wollte. Ich dachte, jetzt kommt sicher eine Art Vereidigung oder offizielle Verpflichtung, und es war mir ein bisschen komisch zumute. Hitler sagte, er sei mit mir sehr zufrieden, und seine beiden erfahrenen Mitarbeiterinnen glaubten ebenfalls, dass ich sehr gut als seine Sekretärin geeignet sei; ob ich denn bei ihm bleiben wolle. Ich konnte der Versuchung nicht widerstehen, ich war 22 Jahre alt, hatte von Politik keine Ahnung und fand es bloß außerordentlich schön und aufregend, eine solche besondere Stellung angeboten zu bekommen, kurzum ich sagte »ja«.

Damit war aber die Unterhaltung noch nicht beendet. Hitler machte alle Anstalten, noch etwas zu sagen, und es schien, als ob er nach den richtigen Worten suchte. Schließlich erklärte er mir lächelnd und fast ein bisschen unbeholfen, ich sei doch noch ziemlich jung, und es seien so viele Männer hier, die meisten kämen nur sehr selten nach Hause, na ja, und der Zug zum ewig Weiblichen sei bei den Soldaten besonders stark, kurzum, ich sollte ein bisschen vorsichtig und zurückhaltend sein. Und wenn ich irgendwelche Klagen hätte, dass irgendjemand mich belästige, ganz gleich wer, sollte ich jederzeit zu ihm kommen. So, nun hatte ich die Vereidigung!

An so etwas hatte ich nicht gedacht, ich glaubte, ich müsste Zeugnis ablegen von meiner nationalsozialistischen Gesinnung und Parteizugehörigkeit, meine Treue schwören und Geheimhaltung geloben. Stattdessen war Hitler um meine Tugend besorgt. Ich war ordentlich erleichtert, denn ich konnte ihm guten Gewissens sagen, dass er in dieser Beziehung gar keine Sorgen zu haben brauche, dass ich aber für seinen Schutz sehr dankbar sei. Er lachte, empfahl mich der Obhut meiner älteren Kolleginnen, und nun war ich Hitlers Sekretärin.

Von da an gab es mit Ausnahme weniger Wochen Urlaub nur sehr wenig Tage, an denen ich Hitler nicht gesehen, gesprochen, mit ihm gearbeitet oder mit ihm gemeinsam die Mahlzeiten eingenommen hätte.

II.
In der »Wolfsschanze«

Es dauerte verhältnismäßig kurze Zeit, bis ich mich in dieser neuen, fremden Welt eingewöhnt hatte. Allerdings waren die Natur, der Wald und die Landschaft große Kupplerinnen in meinen Beziehungen zur neuen Arbeitsstätte. Es gab keine Büroatmosphäre, keine feste Arbeitszeit, ich machte weite Spaziergänge und genoss den Wald. Keine Sekunde hatte ich Sehnsucht nach der Großstadt.

Hitler selbst behauptete zwar, man habe das billigste, sumpfigste, mückenreichste und klimatisch ungünstigste Gebiet für ihn ausgesucht, aber ich fand es herrlich. Zumindest im Winter hatte die ostpreußische Gegend einen unbeschreiblichen Reiz. Die verschneiten Birken, den klaren Himmel und die Weite der Ebenen mit ihren Seen werde ich nie vergessen.

Im Sommer allerdings musste ich meinem Chef zu einem großen Teil Recht geben, denn Myriaden von Mücken hausten mit uns und ernährten sich von unserem Blut. Die Luft war dumpf und feucht und manchmal atembeklemmend. Bei solcher Witterung war es schwer, Hitler zu seinem täglichen Spaziergang zu bewegen. Er verkroch sich in seinem kühlen Bunker, und nur seinem Hund Blondi zuliebe unternahm er nach dem Frühstück einen Rundgang in dem kleinen Gelände, das an seinen Bunker anschloss und für diesen Zweck reserviert war. Hier musste die Schäferhündin ihre Kunststücke zeigen und wurde von ihrem Herrn zu einem der gelehrigsten und gewandtesten Hunde, die ich jemals erlebt habe, ausgebildet. Hitler hatte das größte Vergnügen, wenn Blondi wieder ein paar Zentimeter höher springen konnte und wenn sie ein paar Minuten länger auf einer schmalen Stange balancieren konnte, und er behauptete, die Beschäftigung mit seinem Hund sei seine beste Entspannung.

Es war wirklich erstaunlich, was Blondi leistete. Sie sprang durch Reifen, überwand eine zwei Meter hohe Holzwand spielend, kletterte eine Leiter hoch und machte oben auf der kleinen Plattform ihr schönstes Männchen. Es war eine Freude, zu beobachten, mit welchem Vergnügen Herr und Hund diese Übungen verfolgten.

Am Rande des Geländes fanden sich manche Zuschauer ein, die das Spiel beobachteten und auch für mich war es in den ersten Wochen die einzige Gelegenheit, bei der ich mit dem »Führer« in Berührung kam. Wenn er mich sah, begrüßte er mich freundlich mit Händedruck und fragte mich, wie es mir ginge.

Zum Diktat rief er mich nicht. Meine Hauptbeschäftigung

bestand in den ersten vier Wochen darin, immer bereit zu sein, mich jeden Morgen zu erkundigen, ob Arbeit zu erwarten sei und immer, entweder bei dem Dienst habenden Diener oder bei der Telefonzentrale, zu hinterlassen, wo ich zu finden wäre.

Ich benutzte die Zeit, um die Umgebung Hitlers näher kennen zu lernen. Da waren vor allem seine Diener Heinz Linge und Hans Junge[10], die sich jeden zweiten Tag im Dienst abwechselten. Sie waren beide aus der SS-Leibstandarte ausgewählt worden und bekleideten einen arbeitsreichen und verantwortungsvollen Posten.

Die Bezeichnung »Diener« ist eigentlich zu wenig, denn sie waren vielmehr Haushofmeister, Reisebegleiter, Butler und Mädchen für alles.

Der Diener musste Hitler morgens wecken, d. h. an seine Schlafzimmertür klopfen, die genaue Uhrzeit melden und ihm die Morgennachrichten übergeben. Er hatte den Speisezettel zu bestimmen, die Zeit der Mahlzeit festzusetzen, die Anordnungen an die Küche weiterzugeben und beim Essen dem Führer zu servieren, er befehligte einen Stab von Ordonnanzen, die die Garderobe Hitlers in Ordnung halten, die Räume säubern und für die Einrichtung sorgen mussten, er bestellte den Zahnarzt und den Friseur und überwachte die Pflege des Hundes.

Niemand kannte die persönlichen Eigenheiten und Angewohnheiten, aber auch die Stimmungen und Launen des Chefs so gut wie vor allem Linge, der ein außerordentlich gewandter und geschickter Mann war. Er besaß außerdem die nötige Ruhe, ließ sich niemals aus der Fassung bringen und hatte eine gesunde Portion Humor, mit der er manche Situation rettete. Kein Wunder, dass sich selbst die höchsten Herren und Mitarbeiter Hitlers gerne im Vorzimmer bei Linge erkundigten, ob es ratsam sei, Hitler mit einer schlechten Nachricht unter die Augen zu treten, und manchmal gab der Diener den Rat, lieber zu warten, bis Hitler einen erholsamen Nachmittagsschlaf hinter sich hatte und in besserer Stimmung war.

Wir Sekretärinnen mussten notgedrungen mit den Dienern engen Kontakt halten, da wir von diesen immer verständigt wurden, ob wir gebraucht wurden oder nicht. Dadurch erfuhren wir manche Einzelheiten über Hitlers Angewohnheiten, die wir erst viel später durch engere Fühlungnahme mit ihm selbst persönlich kennen lernten.

Im Führerbunker wohnte außer den Dienern als einziger ständiger Insasse der Chefadjutant Hitlers, Gruppenführer Julius Schaub[11]. Für die Geschichtsforschung lohnt es sich nicht, über ihn zu berichten, aber ich werde auch heute noch oft gefragt, wie es denn möglich sei, dass ein Staatsmann solch eine komische Figur dauernd um sich haben und ihn zu einer solchen Vertrauensstellung erheben konnte. Ich will versuchen, dies zu erklären, wenn ich es auch selbst nie ganz verstanden habe.

Der gute Julius hielt sich für eine unerhört wichtige und bedeutende Persönlichkeit. [...] Ich kannte ihn noch gar nicht, als mir folgende kleine Geschichte von ihm erzählt wurde, von der ich zwar nicht hundertprozentig weiß, ob sie wirklich wahr ist, die aber so bezeichnend für sein Auftreten ist, dass ich sie erzählen muss. Schaub war schon in grauer Vorzeit Parteigenosse gewesen, er hatte eine sehr niedrige Parteinummer. Damals wurde er einmal gefragt, wer denn nun eigentlich die Politik dieser nationalsozialistischen Arbeiterpartei mache. Da antwortete Julius Schaub, der damals Hitlers Stiefel putzte und ihm als Diener zur Seite stand: »Des bin i – und der Hitler« und nach kurzem Zögern fügte er noch hinzu: »und der Weber!«[12] [...]

Schaub hatte sich im Weltkrieg die Verkrüppelung seiner beiden Füße zugezogen, war dann später der NSDAP beigetreten und fiel Hitler als unermüdlicher Besucher seiner Versammlungen auf, der überall, wo Hitler sich zeigte, auf seinen Krücken mithumpelte. Als Hitler dann erfuhr, dass Schaub wegen seiner Zugehörigkeit zur Partei seine Stellung verloren hatte, übernahm er ihn als Diener. Durch seine Ergebenheit, Zuverlässigkeit und Anhänglichkeit war er ihm bald unentbehrlich geworden, er arbeitete sich langsam zum Adjutanten und schließlich zum Chefadjutanten empor, weil er der einzige aus der alten Garde war, der die Kampfzeit mitgemacht und viele Erlebnisse mit Hitler gemeinsam hatte. Er war der Vertraute von so vielen persönlichen Geheimnissen Hitlers, dass er sich einfach nicht entschließen konnte, auf ihn zu verzichten.

So war Herr Schaub auch so etwas wie ein Vorgesetzter für uns Sekretärinnen. Wir mussten auch seine Post erledigen, die an ihn gerichteten Gesuche abschreiben, die meist aus dem Bekanntenkreis Hitlers kamen, und die er dem Chef vorlegen wollte, und die im Namen der Persönlichen Adjutantur einlaufende und abgehende Post bearbeiten.

Dass wir dabei kaum einen Brief so schreiben konnten, wie er uns diktiert wurde, sondern die meisten erst vom Bayerischen ins Deutsche übersetzen mussten, versteht sich von selbst. Im Großen und Ganzen war Julius Schaub außerordentlich gutmütig, aber auch ebenso neugierig. Er sammelte alle Sorten von Neuigkeiten, um den Führer beim Frühstück unterhalten zu können. Jeden Witz, der morgens beim Lagerfriseur von irgendjemand erzählt wurde, übermittelte er mit verpatzter Pointe seinem Herrn.

Das Rauchen hatte er sich aus Liebe zu seinem Führer längst abgewöhnt und nur das Trinken als einzige Leidenschaft zurückbehalten. Was er darin leistete, war erstaunlich. Bis tief in die Nacht brannte in seinem Zimmer noch Licht oder man hörte seine Stimme aus dem Kasino oder einem anderen Bunker, wo einige Herren bei wichtigen Dienstgesprächen um eine Flasche saßen. Das Erstaunliche aber war, dass er morgens um acht Uhr frisch gewaschen zum Friseur kam, anschließend einen Lagerrundgang machte, um als Frühaufsteher zu imponieren und die Langschläfer zu rügen. Ich kam erst viel später dahinter, dass er sich anschließend an seinen Morgenspaziergang, wenn das ganze Lager mit Hochachtung festgestellt hat, dass Herr Schaub schon auf war, befriedigt in sein Bett legte und bis Mittag schlief.

Hitler hatte früher das Mittagessen stets gemeinsam mit den engsten Mitarbeitern und Generalen im Kasino eingenommen. Da er aber an keinen festen Zeitpunkt des Essens gebunden sein wollte und außerdem auch während der Mahlzeiten in dieser Umgebung nie von dienstlichen Gesprächen loskam, hatte er seit Monaten stets allein in seinem Bunker gegessen. Nur wenn Himmler, Göring oder Goebbels oder ein anderer seltener Besucher aus den höheren Kreisen anwesend war, aß er mit dem Gast in seinem Zimmer. Wir hatten einen Lagerkoch, der zwar sehr gut, aber ziemlich einseitig kochte. Er war Berliner und musste sich bei bayerischen Spezialgerichten auf gute Ratschläge und seine Phantasie verlassen. Eigentlich hieß er Günther, aber diesen Namen kannten nur noch wenige, und selbst Hitler nannte ihn nur bei seinem Spitznamen »Krümel«.[13] Über der Küchentür prangte ein großes Plakat: »Wer Krümel nicht ehrt, ist den Kuchen nicht wert!« Der kleine Krümel kochte für die gesamte Belegschaft des Sperrkreises. Fast zweihundert Personen fütterte er täglich aus seinen riesigen Kesseln. Kein Wunder, dass so ein Massenkoch, der lange Jahre nur für Soldaten gekocht hatte, sich nicht besonders um die extravaganten Launen eines Vegetariers kümmern konnte. Er hasste diese Fleischverächter von ganzem Herzen, oder vielmehr er verachtete sie. Da er aber nun wohl oder übel auch für den »Führer« kochen musste – es war weit und breit kein anderer Koch da, und schließlich war Hitler die Hauptperson –, so mühte er sich redlich, einen vegetarischen Speisezettel auszuarbeiten. Ich muss sagen, in dieser Hinsicht ließ sich Hitler ziemlich viel gefallen, wie ich später auch beim Essen auf dem Berghof feststellen konnte. Er war ein sehr anspruchsloser und bescheidener Esser. Nur manchmal beklagte er sich, dass seine Kost recht langweilig sei, er bekäme immer nur die Beilagen ohne das Fleisch, so dass eben etwas fehlte. Krümel war der Ansicht, dass der Mensch ohne Fleisch nicht leben kann, und deshalb gab er in jede Suppe und in die meisten Speisen wenigstens einen Schuss Fleischbrühe oder ein bisschen Schweinefett. Meistens merkte der Führer den Betrug, wurde ärgerlich und behauptete dann natürlich, er habe Magenbeschwerden davon bekommen. Schließlich ließ er sich von Krümel nur noch Schleimsuppen, Kartoffelbrei und lauter Gerichte kochen, die garantiert ohne tierische Bestandteile zubereitet waren. Dass damit sein Küchenzettel nicht reizvoller und abwechslungsreicher wurde, lässt sich denken.

All dieses Wissen sammelte ich allmählich in Gesprächen mit Linge, während des Essens im Kasino, auf Spaziergängen durch das Lager usw.

Nach vier Wochen, am 30. Januar 1943, kam ich dann endlich wieder zu einem Diktat bei Hitler. Ich muss zugeben, ich war wieder genauso aufgeregt wie das erste Mal, als plötzlich eine Ordonnanz während des Essens im Kasino an meinen Tisch kam und mir sagte, ich solle zum Führer kommen. Es war eine ganz ungewohnte Zeit für ein Diktat, am helllichten Tag! Ich ließ mein Essen stehen und begab mich in den gegenüberliegenden Führerbunker. Dort sagte mir Junge, der an diesem Tag Dienst hatte, der Führer wolle die Proklamation zum zehnten Jahrestag der Machtübernahme diktieren. Daran hatte ich gar nicht gedacht! Das war ja einer der feststehenden Anlässe, zu denen Hitler eine Reden halten sollte. Diesmal wollte er nicht vor dem Volk sprechen, sondern die Rede im Rundfunk verlesen und in der Presse veröffentlichen lassen.

Schon nach wenigen Minuten wurde ich ins Arbeitszimmer geführt. Erst diesmal hatte ich Muße, den Raum näher zu betrachten.

Es war außerordentlich wohltuend, wenn man durch die niedrigen, künstlich beleuchteten und engen Bunkerzimmer durch die großen Flügeltüren in den Barackenanbau eintrat, der als Arbeitszimmer diente. Der Diener meldete mich an, und ich begrüßte den Führer.

Er trug die bekannte schwarze Hose, den feldgrauen doppelreihigen Rock, ein blütenweißes Hemd und eine schwarze Krawatte. Ich habe ihn nie in einem anderen Anzug gesehen. Der Rock war vollkommen schmucklos, mit silbernen Knöpfen, ohne irgendwelche Litzen und Verzierungen. Nur auf der linken Brustseite steckte das goldene Parteiabzeichen, das Eiserne Kreuz und das schwarze Verwundetenabzeichen.

Während Hitler dem Diener noch einige Anweisungen für die anschließende Lagebesprechung gab, betrachtete ich mir den Raum etwas näher. Durch die fünf großen Fenster mit bunt bedruckten Bauernvorhängen fiel volles Tageslicht in den ganzen Raum. Fast die ganze Fensterseite wurde von einem langen und breiten Tisch eingenommen, auf dem einige Telefone, Schreibtischlampen und Bleistifte Platz fanden. Hier wurden die Karten für die militärischen Lagebesprechungen ausgebreitet. Einige kleine Holzhocker dienten als Sitzgelegenheiten. Gegenüber der Tür, am obersten Ende des Zimmers, stand Hitlers Schreibtisch, quer in den Raum. Es war ein gewöhnlicher

Eichenschreibtisch, wie man ihn in jedem modernen Büro findet. Es stand zwar eine Uhr darauf, aber Hitler hat niemals selbst einen Blick auf die Uhr geworfen, sondern sich die Uhrzeit stets von irgendeinem Begleiter nennen lassen. Er tat dies auch, wenn er seine goldene Sprungdeckeluhr in der Hosentasche trug. An der Wand gegenüber den Fenstern war ein breiter Kamin eingebaut, davor stand ein großer runder Tisch und drum herum etwa acht bequeme Armlehnsessel mit geflochtenen Sitzflächen und Rückenlehnen. Schließlich wurde die Einrichtung durch einen eingebauten Schallplattenschrank am anderen schmalen Ende des Raumes, gegenüber dem Schreibtisch, und einige unauffällig eingebaute, eichene Wandschränke ergänzt. Während ich mich umsah, brachte ich die Schreibmaschine in Ordnung und richtete das Papier her. Inzwischen zog sich auch der Diener zurück.

Hitler trat auf mich zu und fragte: »Frieren Sie nicht, Kind? Es ist kalt hier.« Leichtsinnigerweise verneinte ich diese Frage und bereute es schon nach kurzer Zeit bitter, denn im Verlauf des Diktats fand ich es hundekalt.

Hitler begann seine Rede, indem er mit auf dem Rücken gefalteten Händen mit großen Schritten und geneigtem Kopf im Arbeitszimmer auf- und abging. Wieder musste ich anfangs scharf aufpassen, um alles zu verstehen. Wieder diktierte Hitler in einem Fluss, fast mit der gleichen Schnelligkeit, mit der er eine Rede hielt, und ohne jedes Manuskript. Allerdings hatte er auch zu dem Thema der Machtübernahme nicht viel Neues zu sagen. Nur zum Schluss, als er auf den harten Kampf zu sprechen kam, der mit dem Endsieg enden müsse, erhob er die Stimme, und ich hatte keine Mühe mehr, ihn zu verstehen, auch wenn er mir den Rücken zuwandte und am äußersten Ende des Zimmers stand. Nach einer Stunde etwa war das Diktat beendet, ich überreichte ihm die Blätter und sagte ihm auch, dass ich ihn sehr schlecht verstanden hätte. Er lächelte freundlich, gab mir die Hand und sagte, das mache gar nichts, es sei schon gut.

Ich verließ ihn mit eiskalten Füßen, aber mit heißem Kopf. Draußen fragte ich den Diener, warum es im Arbeitszimmer so kalt sei. Bei einem flüchtigen Blick auf das Thermometer hatte ich nur elf Grad feststellen können. Ein Staatsoberhaupt könne es sich doch wohl leisten, gut einzuheizen. Die ganze Anlage sei doch ferngeheizt, und überall war es warm. Da wurde ich belehrt, dass Hitler sich gerade in dieser Temperatur wohl fühle und niemals wärmer heizen ließe. Jetzt wurde mir auch klar, warum die Herrn Generalstabsoffiziere und Generale immer mit roten Nasen und blau gefrorenen Händen aus den Lagebesprechungen kamen, die ja oft stundenlang dauerten, und sich dann sofort im Dienerzimmer oder im Kasino einen wärmenden Schnaps in die Kehle gossen. General Jodl[14] behauptete sogar, er habe sich durch die Besprechungen mit Hitler einen Dauerrheumatismus geholt.

Nach und nach lernte ich die wichtigsten Leute und Einrichtungen des Lagers kennen. Da gab es vor allem eine Baracke, die als Kino eingerichtet war. Nachdem so viele Soldaten in einem Wald abgeschlossen zu leben hatten, musste dafür gesorgt werden, dass sie etwas Abwechslung hatten, um nicht auf dumme Gedanken zu kommen. Deshalb wurde jeden Tag abends um acht Uhr ein Film vorgeführt. Fast alle begrüßten diese Art der Unterhaltung lebhaft und es dauerte nicht lange, da musste der Raum erweitert werden, so regen Zuspruch fand das Kino.

Nur Hitler selbst war niemals anwesend. Er ließ sich allein die Wochenschau vorführen und zensierte die Aufnahmen, aber er wohnte nie einer Filmvorführung, auch keiner Erstaufführung eines deutschen Films bei.[15] Aber ich lernte bei den Filmbesuchen eine Menge Herren kennen, mit denen ich eigentlich nichts zu tun hatte, die aber doch zur engsten Umgebung Hitlers gehörten. Da waren vor allem die Ärzte, Professor Morell[16] und der seltener anwesende Professor Brandt[17], der eine Internist und Leibarzt des Führers, der andere Chirurg und Begleitarzt des Führers, später Reichskommissar für das Gesundheitswesen.

Diese beiden Herren waren wohl die größten Gegensätze, die man sich denken kann, und ich muss zur Beschreibung ihrer Persönlichkeiten ein eigenes Kapitel reservieren. Außerdem erschienen meistens auch die Herren der Presse zum Filmbesuch, Reichspressechef Dietrich[18], der aussah wie ein Mäuserich und einen völlig harmlosen, unscheinbaren und farblosen Eindruck machte, sein Mitarbeiter Heinz Lorenz[19], der geborene Zeitungsmensch, witzig, charmant, geistreich – und meistens in Zivil. Seltener waren die Generale zu sehen, die meistens um diese Zeit Lagebesprechung hatten. Aber manchmal vernahm man das fette, sonore Lachen von Martin Bormann. Sein Name stand zwar hinter allen Befehlen und Anordnungen, die die Organisation und Führung des Lagers betrafen, aber selten bekam man ihn persönlich zu Gesicht. Dieser gedrungene, stiernackige Mann war eine der gefürchtetsten und bekanntesten Persönlichkeiten im Reich, obwohl er fast immer hinter dem Schreibtisch in seinem Bunker saß und von früh bis nachts verbissen arbeitete, um die Befehle seines Führers auszuführen.

Eine wirklich sympathische Erscheinung war Botschafter Walther Hewel, der mir das erste Mal bei einem Kinobesuch auffiel, weil er so herzlich und fröhlich lachen konnte und mit seiner Heiterkeit die ganze Gesellschaft ansteckte. Ich traf ihn später noch oft in Gesellschaft des Führers und werde noch Gelegenheit haben, ihn näher zu schildern. Wir sahen einmal den sehr rührseligen deutschen Film *Mutterliebe*. Er war so rührend, dass er eher auf unsere Lachmuskeln als auf die Tränendrüsen wirkte.

Ich war sehr erstaunt, als ich am Ende des Films zwei völlig verweinte ältere Herren bemerkte, die ihrem robusten Aussehen nach so weiche Gemüter nicht vermuten ließen. Ich fragte meinen Nachbarn, Heinz Linge, wer denn diese zartbesaiteten Offiziere seien und erfuhr, dass es der Chef des Sicherheitsdienstes, SS-Oberführer Rattenhuber[20], und Kriminalrat Högl[21] waren. Die beiden hatten die Aufgabe, für die Sicherheit des Führers und des Lagers zu sorgen, aber ich hatte den Eindruck, dass es nicht schwer sein dürfte, sie von jeder rührseligen Geschichte zu überzeugen. Jedenfalls brachten mich die Kinobesuche mit vielen neuen Leuten in Kontakt, und ich fand in der Folgezeit beim Essen und beim Nachmittagskaffee im Kasino stets Gesellschaft an meinem Tisch. Das Merkwürdige an den Unterhaltungen mit all diesen Leuten war, dass niemals von Politik und von all diesen Dingen gesprochen wurde, die Deutschland und die Welt bewegten, und wenn vom Krieg die Rede war, hörte man nur Worte der Zuversicht, der Siegesgewissheit und des absoluten Vertrauens in den Führer. Und hinter all diesen Gesprächen stand das, was jeder für seine persönliche Überzeugung hielt. In Wirklichkeit war es wohl der Einfluss Hitlers.

Ich war so unbefangen und unvoreingenommen in diese Umgebung hineingeraten, dass ich die positive Einstellung dieser Atmosphäre in mich aufnahm wie der Säugling die Muttermilch. Ich habe mir seit Kriegsende oft den Kopf darüber zerbrochen, wie es möglich war, dass ich mich damals ohne irgendwelche Hemmungen in dem Kreis dieser Menschen wohl fühlen konnte. Aber wenn ich daran denke, dass mit dem Schlagbaum und mit dem Stacheldraht gleichzeitig jeder Zweifel, jedes Gerücht und jede andersartige politische Richtung ausgeschlossen wurde, wird mir klar, dass ich gar keine Vergleichsmöglichkeiten und keine Konflikte haben konnte. Ich war zu Beginn meiner Tätigkeit, gleich nach dem ersten Diktat, von Julius Schaub darüber belehrt worden, dass ich meine Arbeit mit niemandem zu besprechen hätte, und ich wusste, dass diese Anordnung ein strikter Befehl auch für alle anderen Mitarbeiter von der Ordonnanz bis zum Feldmarschall war.

Inzwischen waren zwei Monate vergangen, ich hatte mich restlos eingelebt und auch mit ein paar Menschen freundschaftlichen Kontakt geschlossen. Die Tage verliefen ruhig und gleichmäßig, bis ich eines Tages ungewöhnliche Unruhe schon in den Morgenstunden feststellte.

Ordonnanzen liefen im Führerbunker aus und ein, Autos fuhren durch das Lager, und schließlich rief mich die Ordonnanz des Führerbunkers zu Julius Schaub. Er tat sehr geheimnisvoll, als ich bei ihm eintrat.

Er übergab mir das Manuskript eines Reiseplans und erklärte, der Führer müsse an die Ostfront fliegen, und es sei ganz ungeheuer geheim. Am liebsten wäre ihm wohl gewesen, ich hätte die Seiten abgeschrieben, ohne sie zu lesen. Ich verließ ihn eilends, um das wichtige Schriftstück abzutippen, das die

Anordnungen für die Kraftwagenkolonne und die Flugzeugführer sowie für alle zur Begleitung vorgesehenen Personen enthielt.[22]

So erfuhr ich, dass Hitler einen Flug an die Ostfront nach Winniza plante, um die dortige Heeresgruppe zu besuchen. Es war ein kleiner Kreis von Personen, der ihn begleiten sollte. Ein Diener, zwei Ordonnanzen, der Leibarzt, die Adjutanten der einzelnen Wehrmachtsteile und noch einige andere, an die ich mich nicht mehr erinnern kann. Mein Name stand nicht auf der Liste.

Am Nachmittag war der Führerbunker leer. Es war merkwürdig, welche Ruhe damit im ganzen Lager einzog. Es war, als ob der Motor des Betriebes plötzlich stillstehen würde. Ich habe damals zum ersten Mal empfunden [...], wie sehr die Persönlichkeit Hitlers die Triebkraft für all diese Menschen war. Der Puppenspieler, der die Fäden der Marionetten in der Hand hielt, hatte sie plötzlich fallen lassen.

Heute weiß ich, dass nur durch eine unverständliche Fügung die aus der Hand gegebenen Fäden wieder aufgenommen werden konnten, denn in der Maschine, mit der Hitler von der Ostfront zurückkehrte, flog auch eine Höllenmaschine mit, die das Flugzeug in tausend Fetzen zerrissen hätte, wenn sie losgegangen wäre.

So aber war nach drei Tagen, als ich morgens aufwachte, die ganze Mannschaft wieder an Bord, und Hitler erfuhr nie, an welch dünnem Faden sein Leben bei diesem Flug gehangen hatte.

Das Leben in der Wolfsschanze ging nur ein paar Tage lang seinen gewohnten Gang. Dann hatte ich wieder einen Reiseplan zu schreiben, und diesmal stand nicht nur mein Name, sondern auch der meiner Kolleginnen mit auf der Liste, denn der gesamte Stab sollte nach Berchtesgaden bzw. auf den Obersalzberg übersiedeln, wo Hitler auf seinem Berghof eine Zeit der Entspannung erleben und gleichzeitig wichtige Staatsempfänge abhalten wollte.

So erlebte ich in den letzten Märztagen des Jahres 1943 den Aufbruch und die Übersiedlung eines riesigen Apparates. Der Aufenthalt war für mehrere Wochen vorgesehen, und es war erstaunlich, wie reibungslos und ruhig sich die Vorbereitungen innerhalb ganz kurzer Zeit abspielten.

Wir Sekretärinnen packten unsere Koffer mit den persönlichen Sachen, mussten aber gleichzeitig unser Reise-Büro mitnehmen. Es konnte dem Führer leicht einfallen, während der Fahrt irgendetwas niederzuschreiben, und dann musste auch im Zug die Möglichkeit dazu gegeben sein. Wir packten also zwei Silenta-Schreibmaschinen, zwei großbuchstabige und eine Redeschriftmaschine (eine Maschine mit etwa einem Zentimeter großen Lettern zum besseren Ablesen des Rede-Manuskripts) in die eigens dafür gearbeiteten Kästen ein, denn am Berghof war keine Maschine vorhanden. Ein großer Schrankkoffer enthielt in vielen kleinen Schubladen und Fächern die notwendigen Briefbögen und sonstiges Büromaterial.

Wir mussten aufpassen, dass wir alle Sorten Briefbögen einpackten, denn wir konnten sicher sein, dass gerade die gebraucht wurden, die wir vergessen hatten. Da waren z. B. die Briefbögen, die Hitler in seiner Eigenschaft als Staatsoberhaupt für alle persönlichen Schreiben benutzte. Weiße Blätter, auf deren linker oberer Ecke das Hoheitszeichen (Adler mit Hakenkreuz) und darunter »Der Führer« in Gold gedruckt war. Für alle Briefe dagegen, die privaten Charakter trugen, benutzte er einen sehr ähnlichen Bogen mit dem Unterschied, dass unter dem Hoheitszeichen der Name »Adolf Hitler« in Großbuchstaben stand. Für alle Fälle mussten wir auch noch die Briefbögen für die Partei-Angelegenheiten in Prägedruck mitnehmen und auch einige Bogen für militärische Schreiben in gewöhnlichem Schwarzdruck einpacken. Für die beiden letztgenannten Arbeitsbereiche erhielten wir zwar nie ein Diktat, weil Hitler auf diesen Gebieten seine Anweisungen und Befehle an Bormann bzw. Keitel[23] oder einen sonstigen militärischen Befehlshaber weitergab. Aber auf der Reise konnte es leicht sein, dass man auf unsere Bestände angewiesen war. Jedenfalls sorgte jeder Einzelne dafür, dass die für seine Arbeit notwendigen Gegenstände, Unterlagen und Gepäckstücke ordnungsgemäß die Reise mitmachten.

Die meiste Arbeit hatten die jungen SS-Adjutanten, Fritz Darges[24] und Otto Günsche[25]. Sie hatten die ganze Organisation der Reise, die Bereitstellung der Fahrzeuge, die Verständigung aller Beteiligten zu veranlassen, den Fahrplan und die Fahrzeit des Zuges festzusetzen und Anweisungen für die Zurückbleibenden zu geben. Alles musste möglichst geheim und schnell geschehen. Die Telefone waren ununterbrochen in Betrieb, die Verwaltung des Berghofes musste von unserem Eintreffen verständigt, die Führerwohnung in München auf den Empfang Hitlers vorbereitet werden, und nicht zuletzt musste auch der Sonderzug, der zwar immer abfahrbereit in der Nähe Hitlers stand, für eine längere Fahrt und viele Gäste aufgerüstet werden.

Die Abfahrtszeit war auf 21.30 Uhr festgesetzt. Pünktlich war die gesamte Besatzung zur Stelle. Jeder hatte vorher seine Wagen- und Abteilnummer mitgeteilt bekommen, dann rollte der Wagen Hitlers mit Diener, Begleiter und Hund vor, der »Führer« stieg ein, und im gleichen Augenblick setzte sich der Zug in Bewegung. Es war eine klare, milde Winternacht, als wir heimlich und leise abdampften und bald den feierlich verschneiten Wald verließen. Ich stand am dunklen Fenster meines Abteils und betrachtete die weite, friedliche Landschaft. Ich hatte fast ein bisschen Abschiedsschmerz und ein banges Gefühl vor neuen Erlebnissen. Wieder stand mir etwas Fremdes bevor.

Ich trat hinaus auf den Gang. Der Zug fuhr so ruhig und sanft, dass man es kaum merkte. Ich hatte überhaupt nicht das Gefühl, auf einer Reise zu sein. Das Hauptquartier war einfach umgezogen und hatte seine Atmosphäre mitgenommen.

Als ich während der Wartezeit bis zu meinem Vorstellungsgespräch bei Hitler das kleine Abteil des Gästewagens bewohnte, hatte ich nie vergessen, dass ich mich in einem stehenden Zug befand. Jetzt war die kleine Kabine plötzlich ein kleines Zimmerchen geworden wie jedes andere. Es war sogar luxuriöser als manches andere!

Das Bett konnte tagsüber in eine moderne Couch mit herrlich bequemen Polstern verwandelt werden. Der Überzug war aus Seide, in jedem Abteil andersfarbig. Ich hatte einen bunt geblumten auf hellbeigem Grund, die Wände waren aus schönem, polierten Holz, in das Waschbecken flossen zu jeder Tageszeit warmes und kaltes Wasser.

Auf dem kleinen Tischchen am Fenster stand eine Stehlampe aus Messing, über dem Kopfende des Bettes hingen ein Wandtelefon, durch das man Verbindung mit den anderen Abteilen bekommen konnte, und eine bequeme Leselampe. Der Boden aller Wagen war mit Velours ausgelegt.

Die beiden Gästewagen schlossen sich an den Speisewagen an, der das Offizierskasino ersetzte. Dann kamen Wagen, die das Dienstpersonal des Führers, seine Begleiter, die Funker und Fernschreiber, die Bewachung, die Ordonnanzen beherbergten. Schließlich kam man in den Salonwagen, der wie ein Konferenzzimmer eingerichtet war. Hier an dem großen Tisch aus kostbarem Holz fand die Lagebesprechung statt. Die Stühle waren mit roten Lederpolstern ausgestattet, und überall konnte man raffinierte Beleuchtungskörper einschalten. Früher wurde auch mancher Empfang in diesem Wagen abgehalten, und Staatsbesuchern wurde der Wagen als besondere Sehenswürdigkeit vorgeführt. Hier gab es auch einen Plattenspieler und einen Radioapparat, die aber nie in Betrieb genommen wurden, solange ich bei Hitler tätig war.

Im nächsten Wagen befanden sich die privaten Abteile Hitlers. Er musste auch hier nicht auf ein eigenes Bad verzichten, obwohl der Zug einen Badewagen mit Duschräumen und Sitzbädern mitführte. Die beiden Abteile Hitlers habe ich nie betreten oder auch nur einen Blick hineingeworfen.

Ich bin auf meinen Inspizionsgängen, mit denen ich mir früher die Wartezeit verkürzt hatte, nie weiter gegangen als bis zu Hitlers Privatabteilen, die in einem Speise- und Gesellschaftsraum ihren Abschluss fanden. Aber ich glaube mich daran erinnern zu können, dass anschließend an seine Räume gegen die Lokomotive zu nur noch wenige Wagen mit dem Eisenbahnpersonal und vor allem der Besatzung des Flakwagens folgten. Der Zug war nämlich auch mit mehreren leichten Flakgeschützen gegen Tieffliegerangriffe ausgerüstet. Soviel ich weiß, wurde aus diesen Rohren nie ein Schuss abgefeuert außer zu Übungszwecken.

Jetzt rollten wir also durch die Nacht, quer durch Deutschland, mit allem Komfort, den man von einer Bahnfahrt erwarten kann. Ich musste daran denken, wie die anderen Züge aussahen, die vielleicht zur gleichen Zeit durch die deutsche Landschaft fuhren, kalt und unbeleuchtet, mit Menschen, die weder genug zu essen hatten noch überhaupt einen bequemen Platz fanden – und ich hatte auf einmal ein unbehagliches Gefühl.[26] Es war leicht, einen Krieg zu führen, wenn man ihn selbst nicht am eigenen Leib spüren musste. Ich selbst hatte nie zuvor, auch im tiefsten Frieden nicht, solchen Luxus genossen und gesehen. Und als ich sie beobachtete, die Herren der Regierung, des Generalstabs und der Umgebung Hitlers, wie sie rauchend und trinkend beisammensaßen und -standen, in guter Laune und zufrieden mit ihrem Leben, da hatte ich nur den einen Wunsch, dass ihre Arbeit und ihr Bestreben dem Ziel dienen möge, den Krieg so schnell wie möglich zu beenden. Und ich dachte, dieses redliche Bemühen könne der einzige Grund sein, dass sie guten Gewissens dieses Leben leben konnten angesichts der Not ihres Volkes. Diese Gedanken beschäftigten mich noch, als es an der Tür meines Abteils klopfte. Eine Ordonnanz des Führerbunkers steckte den Kopf herein und eröffnete mir, dass der Führer mich zum Essen bitten lasse.

Vorher hatte ich einen gesunden Hunger verspürt, jetzt war mir der Appetit vergangen. Ich sprang auf und eilte zuerst einmal zu Fräulein Wolf ins Nebenabteil, um zu fragen, ob sie auch eingeladen sei. Sie bestätigte mir das und sagte, der Führer würde auf Reisen meistens mit ein paar Herren und Damen die Mahlzeiten einnehmen. Ich hatte natürlich auch Garderobensorgen und erkundigte mich, was man denn bei solcher Gelegenheit anziehen solle. Ich hatte fast nur sportliche Sachen mit, Pullover und Kostüme. Sie beruhigte mich und sagte, ich könne ruhig so bleiben, wie ich bin, und solle mich überhaupt nicht aufregen, es sei ganz harmlos.

Ich zog mich zurück in meine Kabine, wusch die Hände, puderte in Eile die Nase, legte sogar etwas Rouge auf, damit man meine nervöse Blässe nicht bemerkte, und setzte mich gemeinsam mit meinen beiden Kolleginnen, Fräulein Wolf und Fräulein Schroeder, in Trab zum Führerwagen. [...] Es ist verständlich, dass ich damals als harmloses und befangenes Geschöpf mit ziemlich weichen Knien den Gang des Sonderzugs entlangtappte, meiner ersten Staatsmahlzeit entgegen.

Es war eine kleine Tafel für etwa sechs Personen im Führersalonwagen gedeckt. Hitler selbst war noch nicht da. Ich betrachtete die Gedecke und war erleichtert, als ich nichts Ungewöhnliches entdeckte. Nirgends ein Essinstrument, das ich nicht kannte. Dass Hitler Vegetarier war, wusste ich, ich fragte mich aber, ob alle anderen auch fleischlos essen müssten. Gerade wollte ich Fräulein Schroeder danach fragen, als weitere Gäste eintraten. Professor Morell, der eben an der Schwelle erschien, hatte beim Eintreten gewisse Schwierigkeiten. Die Türen eines Zuges und auch die des Führersonderzugs waren für normal gebaute Menschen berechnet. Was hier hereinwollte, war aber an Umfang so ungeheuerlich, dass man fürchtete, der Türstock müsse bersten. Ich hatte Hitlers Leibarzt bis dahin öfter von ferne gesehen, aber so dick war er mir nie vorgekommen.

Botschafter Walther Hewel, der ihm folgte, war auch nicht gerade schlank, aber dafür so groß und wohlproportioniert, dass sein Anblick angenehm wirkte. Hewel nahm mir durch sein unbekümmertes Auftreten meine Befangenheit. Er erzählte ein paar rheinische Anekdoten, schaltete mehr Licht ein, wie er sagte, um besser sehen zu können, was man zu essen kriegt, und scherzte schließlich, wenn Hitler nicht bald käme und das Essen beginne, würde er seine mitgebrachten Stullen essen.

Wir standen dabei alle auf dem kleinen Raum, den der Tisch noch frei ließ. Es war ziemlich eng zu sitzen, und hinter den Stühlen mussten sich die Diener drängen, wenn sie vorbei wollten. Ich wollte gerade die Ordonnanz fragen, wo ich denn sitzen würde, da erschien Hitler mit Schaub und Reichsleiter Bormann. Da er die Herren schon vorher gesehen hatte, begrüßte er nur uns Damen mit Händedruck. Er bat uns, Platz zu nehmen. Er setzte sich an die Schmalseite des Tisches, rechts von ihm Fräulein Wolf, links Fräulein Schroeder, dann kamen die Herren Hewel und Bormann, zwischen denen ich saß, und schließlich brachte man Morell mit Mühe am anderen Ende der Tafel unter, gegenüber von Schaub.

Alles war ungezwungen und einfach. Gleich kamen die Ordonnanzen und Linge mit Tabletts voll Schüsseln und Platten. Linge servierte dem Führer Kartoffelbrei mit Spiegelei und stellte ein Glas Fachinger Mineralwasser daneben. Dazu nahm Hitler Knäckebrot.

Was die Ordonnanzen uns brachten, weiß ich heute nicht mehr, ich hatte zu viel zu tun mit Beobachten und Aufpassen. Viel habe ich jedenfalls nicht gegessen. Professor Morell entwickelte dagegen einen seinem Körperumfang entsprechenden Appetit, den er nicht nur sichtbar, sondern auch hörbar zum Ausdruck brachte.

Während des Essens wurde eine allgemeine und nichts sagende Unterhaltung geführt, an der ich mich jedoch nicht zu beteiligen wagte, wenn ich nicht direkt gefragt wurde. Hitler war den Damen gegenüber ein sehr liebenswürdiger und freundlicher Gastgeber. Er forderte uns auf, zuzugreifen, fragte, ob wir noch Wünsche hätten, und sprach heiter und mit einem gewissen Humor von früheren Reisen in diesem Zug und von seinem Hund, und er machte Witze über seine Mitarbeiter.

Ich war außerordentlich überrascht von der Ungezwungenheit der Unterhaltung. Vor allem Bormann war sanft und freundlich und machte durchaus nicht den Eindruck eines so gefürchteten und mächtigen Herrn, als den ich ihn vom Hörensagen kannte. Der Führer sprach leise und gedämpft und verlangte nach dem Essen, dass die Deckenbeleuchtung ausgeschaltet würde. Er bevorzugte gedämpftes Licht wegen seiner empfindlichen Augen. Nun brannte nur noch eine Tischlampe, der Zug schaukelte in gleichmäßigem Rhythmus weiter, und Professor Morell entschlummerte sanft, ohne dass jemand davon Notiz genommen hätte. Ich kam aus dem Staunen nicht heraus. Ziemlich spät wurde noch Kaffee mit Gebäck serviert. Hitler nahm einen Kümmeltee, von dem er behauptete, er schmecke wunderbar. Fräulein Schroeder wurde liebenswürdig aufgefordert, ihn doch zu kosten, aber sie war nicht dazu zu bewegen. Wir saßen noch längere Zeit beisammen. Ich horchte auf jedes Wort, das Hitler sprach, kann heute jedoch nicht mehr sagen, worum sich die Unterhaltung drehte. Ich habe seitdem zahllose Gespräche miterlebt und viele gemeinsame Mahlzeiten mit Hitler verbracht, sodass ich keine Einzelheiten mehr weiß. Dieser erste Abend war für mich nur wegen seiner Neuheit ein Erlebnis. Nicht was Hitler sagte, sondern auf welche Art er sprach und wie sich sein Wesen äußerte, war mir wichtig.

Manchmal hielt der Zug für kurze Zeit an irgendwelchen Bahnhöfen. Dann waren die Nachrichtenoffiziere eifrig am Werk, die Telefonleitungen anzuschließen und wichtige Verbindungen herzustellen. Dann und wann überbrachte der Diener oder einer der Wehrmacht-Adjutanten eine Meldung. Der Führer vergaß auch nicht, dass Blondi hinaus musste, und gab Linge Anweisung, den Hund bei der nächsten Haltestelle hinauszuführen. Hitler nannte seine Mitarbeiter übrigens einfach bei ihren Nachnamen, ohne Titel. So sagte er z. B.: »Linge, bringen Sie die Blondi hinaus.« Nach einer Weile fragte er: »Bormann, wie spät ist es?« Es war etwa halb zwei Uhr. Er erkundigte sich nochmals bei Schaub, wann wir am nächsten Tag in München sein würden und klingelte nach dem Diener. Die Unterhaltung war zu Ende und es sah nach Aufbruch aus. Linge musste sich noch erkundigen, ob Einflüge gemeldet waren, und als er eine verneinende Meldung brachte, erhob sich Hitler, gab jedem die Hand und zog sich zurück.

Ich war plötzlich gar nicht mehr müde. Der Kaffee hatte mich wach gemacht. Wir gingen alle zurück zu unseren Abteilen, machten aber im Speisewagen Halt, um schnell noch eine Zigarette zu rauchen, und ich saß noch eine Weile mit Hewel und Lorenz beisammen. Dann legte ich mich ins Bett und schlief, bis die Geräusche hin und her eilender Schritte auf dem Gang mich weckten. Als ich die Verdunkelungsrollos hochzog, schien die Sonne auf verschneite Bäume. Wir wollten gegen zwölf Uhr Mittag in München sein.

Jetzt war es neun Uhr. Ich zog mich schnell an und ging zum Frühstück. Die Leute sprachen vom Berghof und von Eva Braun. Sie sollte in München in den Zug steigen und bis Berchtesgaden mitfahren. Ich interessierte mich natürlich lebhaft für sie und ihre Stellung zu Hitler. Junge, mit dem ich mich sehr gut verstand und mit dem ich gerne zusammensaß, erklärte mir, sie sei die Herrin des Berghofs und werde stillschweigend von allen Gästen als solche anerkannt. Überhaupt solle ich mich darauf vorbereiten, dass dort der Privathaushalt des Führers sei, dass wir uns als seine Gäste betrachten müssten und alle mit ihm gemeinsam essen würden. Dies galt allerdings nur für einen engen Kreis. Der ganze übrige Stab war in den Nebengebäuden und der weiteren Umgebung des Berghofes untergebracht, und die Dienststellen der Reichskanzlei und der Wehrmachtsführung hatten in Berchtesgaden ihr Quartier.

Vorerst sollten wir jedoch einen Tag Aufenthalt in München haben. Ich konnte kaum mehr ruhig sitzen. Wir näherten uns bereits unserem Ziel, und ich freute mich riesig, meine Familie wiederzusehen. Seit einem halben Jahr war ich nicht mehr zu Hause gewesen. Endlich fuhren wir in die Halle des Münchner Hauptbahnhofs ein, und ohne Ruck, sanft wie wir gefahren waren, kam der Zug zu stehen. Der Vorzug, der das Hauptquartier in Ostpreußen mit dem ganzen übrigen großen Stab etwa eine halbe Stunde vor uns verlassen hatte, stand leer und verlassen auf dem Nebengeleis. Als die Fahrgäste des Gästewagens ausstiegen und durch die Sperre gingen, war nirgends mehr ein Zeichen des Führers zu sehen. Er hatte den Zug als Erster verlassen, war schnell in sein Auto gestiegen und abgefahren.

Nun sah man keine Absperrung, keine Wachsoldaten und keine Menschenansammlung mehr. Hitler hatte sich in seine Privatwohnung am Prinzregentenplatz begeben, und ich eilte zu meiner Mutter, um ihr meine Erlebnisse endlich persönlich zu schildern. Sie war gar nicht begeistert, und ich glaube, es wäre ihr viel lieber gewesen, ich hätte eine kleine, bescheidene Stellung in München behalten, ohne all die Aufregungen und Großartigkeiten. Ihre Mutterinstinkte sahen vielerlei Gefahren für mich, moralischer, aber auch lebensbedrohlicher Art. Aber ich war bedenkenlos hineingestürzt in den Wirbel, ohne nachzudenken, glücklich, dem Durchschnittsleben einer Bürokraft entronnen zu sein und hungrig nach Erlebnissen.

Der Tag ging schnell zur Neige, am Abend musste ich wieder am Bahnhof sein. Wir fuhren nach Einbruch der Dunkelheit in aller Stille ab. Ich sah den Führer nicht mehr, bis wir in Liefering, einem kleinen Ort in der Nähe Salzburgs, ankamen. Dort sah ich gerade noch die Lichter des schwarzen Mercedes, der davonbrauste in Richtung Obersalzberg, eine lange Kolonne von Wagen hinter sich, in der auch meine Kolleginnen und ich fuhren. Wir fuhren den Umrissen der Berggipfel entgegen, und bald wand sich die tief verschneite Straße in Serpentinen in die Höhe. Eine lange Schlange von Scheinwerfern tastete sich hinauf auf tausend Meter Höhe. Endlich war der Berghof in Sicht. Das große Gebäude lag dunkel, nur die Fensterscheibe der Halle schimmerte matt im Reflex des Schnees.

III.
Erste Eindrücke vom »Berghof«

Hitler war kurz vor uns angekommen und bereits in seine Räume verschwunden. Sein Mantel und seine Mütze hingen an einem der Garderobehaken in der Diele. Wir wurden von Frau Mittlstrasser[27], der Haushälterin des Berghofs, begrüßt. Sie war eine kleine, hübsche, resolute Münchnerin und, wie ich gehört hatte, sehr tüchtig. Nun führte sie die Neuangekommenen auf ihre Zimmer und geleitete auch uns durch einen breiten geräumigen Gang zu einem kleinen Treppenaufgang, der Fräulein Schroeder und mich zu unseren Zimmern brachte. Wir wohnten ganz oben unter dem Dach in den beiden Stübchen des früheren Haus Wachenfeld, dem Haus, das Hitlers Schwester[28] gehört hatte und aus dem dann später der Berghof entstanden war. Nun war alles modernisiert und verbessert worden, und ich fand ein reizendes kleines Damenzimmer in Hellblau und Weiß, mit Toilettenspiegel und kleinem Sekretär und einem herrlichen Bett vor. Fräulein Schroeder wohnte nebenan in einem etwas größeren, in Rot gehaltenen Zimmer. Gegenüber unseren Zimmern war ein gemeinsames Bad, daneben wohnte eines der Zimmermädchen. Das waren die Räumlichkeiten, die ich an diesem Abend noch kennen lernte.

Ich hatte mich so gefreut, die Berge einmal aus der Nähe zu sehen. Zwar war ich Münchnerin, hatte aber früher nie Gelegenheit gehabt, ins Gebirge zu fahren. Und als ich am nächsten Morgen aufwachte, schnell die Vorhänge zurückschob, um die so viel gepriesene Gegend zu bewundern, da sah ich zu meiner Enttäuschung nur eine dicke Wand von Nebel und Wolken und nicht die Spur von einem Berg. Leider musste ich die Erfahrung machen, dass diese Naturerscheinungen zu den Haupteigenschaften dieser Gegend gehörten, wenigstens während der längsten Zeit unseres Aufenthaltes.

Vorläufig hatte ich aber genug damit zu tun, das Innere des Berghofes kennen zu lernen. Irgendwo musste man doch sicher Frühstück bekommen. Niemand hatte mir gesagt, wo und in welcher Form hier gefrühstückt wurde. So schlich ich also die Treppe hinunter, die ich am Abend achtlos hinaufgestiegen war. Auf halber Höhe fand ich noch eine Zimmertür, und dahinter erklang die Stimme von General Schmundt, dem Chef des Wehrmachtführungsstabs[29]. Die Stiege endete mit ihrer letzten Wendung im Erdgeschoss in einen Vorplatz. Links eine Tür mit Glasfenstern, rechts ein Nebenausgang auf den Hof. Die Glastür führte in ein bäuerliches Wohnzimmer mit einem mächtigen grünen Kachelofen. Ich schloss sie wieder, als ich nichts bemerkte, was nach Frühstück aussah. Es war kein Mensch zu sehen, und es war mir ein bisschen unbehaglich. Ich wusste ja nicht, ob ich nicht plötzlich in Hitlers Arbeitszimmer oder sonstwo landete. Der Vorplatz verengte sich in einen breiten Korridor, durch dessen Fenster Licht fiel. Ich bog um die Ecke und war wieder in der großen Diele. Links bemerkte ich eine sehr große, halbrunde Flügeltür. Sie musste der Lage nach in die bekannte Halle führen, die ich von Postkarten her kannte. Der breite Gang führte an der Marmortreppe vorbei direkt auf eine andere Flügeltür zu. Hier hörte ich endlich Stimmen. Es hatte niemand daran gedacht, dass ich das erste Mal hier war, deshalb musste ich meinen Weg zum Speisesaal allein suchen, den ich jetzt endlich gefunden hatte.

Gleich links neben dem Eingangstor trat man in den lang gestreckten Raum. Er nahm einen großen Teil des linken Flügels ein, der später angebaut worden war, als der ganze Berghof zu einem Repräsentationsgebäude ausgebaut worden war. Die ganze Breitseite des Saales nahmen fast raumhohe Fenster ein, die den Blick weit ins Salzburger Land freigaben. In der Mitte stand die lange Tafel mit Armlehnsesseln. Es hatten etwa 24 Personen Platz. Am vorderen Ende verbreiterte sich der Raum seitlich in einen halbrunden Erker. Hier stand noch ein ausladender, runder Tisch, der für das Frühstück gedeckt war. Der einzige Schmuck des Speisesaals bestand in der schönen Maserung des Zirbelholzes, aus dem die Wände, die Möbel, ja selbst der hölzerne Lüster über dem Tisch und die Wandlampen hergestellt waren. Gegenüber der Fensterfront unterbrach ein eingebauter Schrank mit Glastüren die große Wandfläche. Ein paar kostbare Vasen brachten eine farbige Note in den einheitlich goldgelben Ton.

Es war eine kleine Frühstücksgesellschaft. Meine Kollegin Fräulein Schroeder saß bereits auf ihrem Platz und erklärte mir mit einem leisen Vorwurf, dass sie bereits mit dem Frühstück fertig sei. Anscheinend war ich zu spät aufgestanden. Es hatte mich ja auch niemand geweckt und mit den Gebräuchen des Hauses bekannt gemacht. General Schmundt, Kapitän von Puttkamer[30], der Marineadjutant, und Walter Frentz[31], der Bildberichterstatter des Führerhauptquartiers, waren die weiteren Gäste. Sonst war noch niemand da. Es gab Tee, Kaffee und Kakao und, wenn man wollte, Fruchtsaft. Verschiedene Brotsorten wie Knäckebrot, Vollkornbrot und gewöhnliches Schwarzbrot standen zur Auswahl, Weißbrot war jedoch für die Magenkranken reserviert. Jedem stand ein kleines Stückchen Butter von zehn Gramm zu, das bereits auf den einzelnen Tellern zugeteilt war. Außerdem gab es Marmelade. Nachdem in den Räumen des Führers nicht geraucht werden durfte, verließ die Gesellschaft sehr schnell ihre Plätze, um die gewohnte Frühstückszigarre oder -zigarette zu genießen. Ich setzte mich anschließend mit Fräulein Schroeder und Otto Günsche in Bewegung, um die nähere Umgebung und die neuen Verhältnisse kennen zu lernen.

Wir stiegen zunächst die breite Treppe zum ersten Stock hinauf. Ich wollte wissen, wo der Führer wohnte. Ein sehr breiter Korridor wirkte fast wie eine Halle – nicht nur durch das große Fenster, sondern vor allem durch die wertvollen Gemälde, die hier die Wände schmückten. Kostbare alte Meister, schöne Plastiken und exotische Vasen und Geschenke von ausländischen Staatsmännern ließen den Eindruck entstehen, man sei in einem Museum. Es war alles wunderschön, aber fremd und unpersönlich. Wenn nicht dicke Läufer die Schritte gedämpft hätten, wäre man von selbst auf Zehenspitzen gegangen. Es herrschte eine Totenstille, denn Hitler schlief noch.

Gleich die erste Tür links nahe der Treppe führte zu einem kleinen Zweizimmer-Appartement mit Bad, das der diensthabende Diener und der Chauffeur bewohnten, gegenüber auf der rechten Seite des Korridors hatten die Zofen von Eva Braun eine kleine Bügelkammer. Vor der nächsten Tür saßen rechts und links, wie aus Bronze gegossen, zwei schwarze Scotch-Terrier. Die Türhüter der Hausherrin. Unbeweglich saßen sie an ihren Plätzen, bis die Frau des Hauses erwachte und Stasi und Negus sie begrüßen durften. Das folgende Zimmer war Hitlers Schlafzimmer. Dazwischen lag ein großes Badezimmer, das jedoch von außen keinen Eingang hatte. Damit war die Länge des Korridors ausgefüllt. Die Flügeltür auf der Schmalseite führte zu Hitlers Arbeitszimmer. Ich habe es damals nicht betreten, sondern schlich auf Zehenspitzen vorüber.

Gegenüber von Eva Brauns Zimmer führten ein paar Stufen […] zum Übergang vom ursprünglichen Haus Wachenfeld zum großen Berghof. Am Ende dieses Übergangs stiegen wir die Treppen wieder hinunter und traten in das Wohnzimmer ein, das ich am Morgen bereits kurz besichtigt hatte.

Kein Mensch außer ein paar Ordonnanzen, die irgendwelche Aufträge zu erledigen hatten, war uns begegnet. Das ganze Haus wirkte wie unbewohnt. Ich erfuhr, dass ich mich nun in Hitlers früherem Wohnzimmer befand. Es war gutbürgerlich eingerichtet und unterschied sich in nichts von der guten Stube eines wohlhabenden Bürgers. Allerdings war es der einzige Raum, der eine gewisse Gemütlichkeit ausstrahlte. Der grüne Kachelofen mit der ringsum laufenden Bank schien ein einladender Aufenthaltsort zu sein. Am breiten Fenster stand ein viereckiger Tisch mit einer hölzernen Sitzbank in der Ecke. Die Tischdecke war aus dem gleichen bunt gemusterten Bauernleinen wie die Vorhänge und die Polster auf der Bank. Auf der anderen Seite des Fensters stand ein großer Bücherschrank.

Auch hier zeigte sich kein Aufsehen erregendes Buch. Viele Bände eines Lexikons, ein paar der wichtigsten Werke der Weltliteratur, die sehr ungelesen aussahen, die Alben von Wilhelm Busch, eine Reihe von Reisebeschreibungen und natürlich »Mein Kampf« in Leder gebunden. Es stand übrigens jedermann frei, sich aus dieser Bibliothek ein Buch zu entleihen, es war kein verbotenes darunter. Rechts, gegenüber dem Fenster, trennte ein schwerer Samtvorhang das Wohnzimmer von der Halle. Ich warf nur einen flüchtigen Blick hinein und hatte den gleichen Eindruck, den ich bereits von den farbigen Postkarten gewonnen hatte: sehr groß, auch sehr großzügig, monumental, wie alles, was der Führer baute, aber kalt, trotz der dicken Teppiche, trotz der herrlichen Gobelins und der vielen Kostbarkeiten, die die Wände und Möbel schmückten. Auch später, als ich manche Nacht bei Kerzenschein am Kaminfeuer saß, verließ mich dieses Gefühl nie ganz. Ich glaube, der Raum war zu groß und die Menschen, die ihn bewohnten, waren zu klein, um ihn ganz auszufüllen.

Aber der Wintergarten, den man passieren musste, wenn man vom Wohnzimmer aus auf die Terrasse treten wollte, war ein Raum nach meinem Geschmack. Vor allem waren hier viele Blumen, helle, tiefe und weich gepolsterte Sessel und Sofas mit kleinen runden Tischen. Der ganze Raum war höchstens drei mal drei Meter, und die Wände bestanden auf zwei Seiten nur aus Glas.

Aber das Schönste am ganzen Berghof war die Terrasse. Ein großes quadratisches Plateau aus Solnhofer Platten mit einer Steinbrüstung. Wenn sich die Nebelschwaden hoben, sah man in der Ferne die Burg von Salzburg auf ihrem sanften Hügel von der Sonne beschienen, und auf der anderen Seite lag Berchtesgaden in der Tiefe, eingekesselt von den Gipfeln des Watzmann, des Hohen Göll und dem Steinernen Meer. Und direkt gegenüber ragte der Untersberg empor. Bei klarem Wetter konnte man das Kreuz auf seiner Spitze mit bloßem Auge erkennen. Die Terrasse führte um den ganzen Wintergarten herum bis vor das Wohnzimmerfenster und mündete dann in einen kleinen gepflasterten Hof, der auf der Rückseite des ganzen Gebäudes verlief und als natürliche Mauer die ansteigende Felswand des Berges hatte.

Durch den Hinterausgang des Berghofs oder über die Terrasse konnte ich in das Büro der Adjutantur gelangen. Auf der Westseite dicht neben dem Hauptgebäude stand angeschmiegt an die Felswand ein kleines einstöckiges Bauernhäuschen. Es beherbergte im Erdgeschoss einen kleinen Dienstraum für die Presseleute und den Gesandten Hewel. Im Obergeschoss hauste der jeweils diensthabende Chefadjutant, Gruppenführer Bormann oder Obergruppenführer Schaub, in einem entzückenden bäuerlichen Appartement bestehend aus Wohnzimmer, Schlafzimmer und Bad. Dort hinauf führte eine alte hölzerne Freitreppe, die sehr malerisch aussah, aber bei Regen- und Schneewetter halsbrecherisch sein konnte. An das Häuschen schloss ein lang gestreckter niedriger Holzbau mit verschiedenen Zweckräumen an. Da war als Erstes unser Büro. Ein sehr nüchterner, hässlicher Raum, mit außerordentlich dürftiger Einrichtung.

Ich habe nie herausfinden können, warum gerade dieser Raum so stiefmütterlich behandelt wurde. Vielleicht, weil Hitler ihn selbst nie betreten hat. Es war zudem noch ziemlich düster im Inneren, denn vor dem ganzen Gebäude lief ein holzgedeckter offener Gang entlang, der mit seinen Säulen und bunten Blumenkästen zwar einen hübschen Anblick bot, aber nicht einen einzigen Sonnenstrahl in die Gemächer ließ. Neben dem Büro befand sich die Zahnstation. Bei Bedarf waltete hier Professor Blaschke[32] aus Berlin mit seinem Gehilfen und einer Assistentin seines Amtes. Das kleine Zimmer war mit den modernsten zahnärztlichen Geräten und Apparaten eingerichtet, denn meistens benutzte Hitler seinen Aufenthalt in den Bergen auch dazu, seine Zähne reparieren zu lassen. Auch der Friseur hatte in diesem Bau seinen Platz, aber er musste sich mit sehr behelfsmäßigen Mitteln begnügen. Schließlich folgte noch ein größerer Schlafraum für die Soldaten der Wache, und dann kam schon die Gartenmauer mit dem Tor, das zum Gästehaus hinaufführte. Hier stand ein Posten, der unerbittlich den Ausweis verlangte, wenn man ein- oder austreten wollte.

Unmittelbar zu Füßen des Berghofes führte eine breite Autostraße vorbei, die sich in Serpentinen aus dem Tal heraufwand und weiterführte zum »Türken«[33], dem Platterhof[34], dem Haus

Bormann und den Kasernen. Jenseits der Straße erstreckte sich in sanften Hügeln ein zauberhaftes Gelände. Kein Gärtner hätte eine schönere Anlage schaffen können als die Natur sie hier hervorgebracht hatte. Wiesen, Wald und wilde Wasser bildeten einen natürlichen Park. Nur die wohl gepflegten Fußwege und auch eine kleine Autostraße, die hindurchführten, bewiesen, dass die Menschen ihre Hand dabei im Spiel hatten. Hier war des Führers »Auslauf«, wie seine Umgebung das Gelände nannte. Verborgen hinter Bäumen und vom Berghof aus nicht sichtbar stand ein kleines Teehaus, das Hitler fast täglich aufsuchte. [...]

Trotz dieser Schönheiten, für die ich so sehr empfänglich war, konnte ich mich in der Atmosphäre des Berghofes nicht wohl fühlen. Wir wurden behandelt wie Gäste, waren aber nicht freiwillig hier, sondern blieben Angestellte. Nur die Herren, die ihre Familien mitbringen durften oder wenigstens ihre Frauen in Berchtesgaden oder in der Nachbarschaft unterbringen konnten, freuten sich sehr, wenn das Hauptquartier in diese südliche Gegend Deutschlands verlegt wurde. Aber auch für diese wurde das Glück dadurch getrübt, dass sie zwar ihre Angehörigen in erreichbarer Nähe wussten, sich aber sehr selten ganz und gar freimachen konnten, um Privatmenschen zu sein. Nur diejenigen, die festgelegte Dienstzeiten hatten und nicht untrennbar mit dem Tageslauf des Führers verbunden waren, genossen die Berghofzeit aus vollen Zügen. Die anderen aber wurden eingespannt in Hitlers unregelmäßigen, anstrengenden und doch sehr eintönigen Tagesplan.

In den Vormittagsstunden lag das Gebäude still und verlassen. Nur in den Wirtschaftsräumen und im Adjutantenbau herrschte einiges Leben. Erst um die Mittagszeit begann der Betrieb. Dann brausten die Wagen die Straße entlang und brachten die Generale und Offiziere zur Lagebesprechung. Uniformierte Männer, die nicht auf eine Zigarre oder Zigarette verzichten wollten und deshalb den Aufenthalt im Freien bevorzugten, bevölkerten die friedliche Terrasse. Im kleinen Wintergarten warteten die Ordonnanzoffiziere mit Karten und Aktentaschen, die Telefone läuteten nun unentwegt, und erst als der Führer erschien, zogen sich die Menschen wieder ins

Innere des Hauses zurück. Die große Halle mit dem Riesenfenster, ein Raum, der eigentlich für friedliche Geselligkeit und geistreiche Gespräche geschaffen schien, wurde zum Schauplatz heftiger Auseinandersetzungen, nüchterner Berechnungen und Entscheidungen über Leben und Tod.

Inzwischen fanden sich nach und nach die Leute ein, die nichts mit der militärischen Lagebesprechung zu tun hatten und die darauf hofften, irgendwann einmal ein Mittagessen zu bekommen. Dr. Dietrich und Lorenz kamen vom Gästehaus herunter, die Ärzte Morell und Brandt und auch der zweite Begleitarzt des Führers, Dr. von Hasselbach[35], tauchten auf. Nach einigen Tagen wurde das Bild auch durch das Erscheinen mehrerer Damen belebt. Frau Brandt, Frau von Below, die Gattin des Luftwaffenadjutanten, Frau Schneider[36], eine Freundin Eva Brauns, und Gretl Braun, Evas Schwester, zählten zu den ständigen Gästen.

Während der Lagebesprechung hatte jedoch niemand etwas im Wohnzimmer oder in der Halle zu suchen. Man musste sich also irgendwo draußen herumdrücken oder in seinem Zimmer bleiben, bis man gerufen wurde. Leider aber schien Hitler selbst das Gefühl von Hunger überhaupt nicht zu kennen, und er vergaß manchmal vollkommen, dass er eine Menge Gäste hatte, die auf das Mittagsmahl warteten und einen Wermut nach dem anderen tranken, um den rebellischen Magen zu beruhigen. So wurde es manchmal drei oder vier Uhr nachmittags, bis endlich der letzte Uniformrock von seiner Seite gewichen und der letzte Wagen wieder abgefahren war.

Dann kam Hitler die paar Stufen aus der Halle herauf und betrat das Wohnzimmer, wo eine hungrige Gesellschaft versammelt war. In diesem Moment erschien dann meistens Eva Braun, angekündigt durch das Gekläff ihrer zwei schwarzen Begleiter. Hitler ging auf sie zu, küsste ihr die Hand und begrüßte jeden einzelnen, den er nicht schon bei der Lage gesehen hatte, mit Händedruck. Bei dieser Gelegenheit habe ich zum ersten Mal Eva Braun gesehen und wurde ihr vorgestellt. Sie war sehr gut gekleidet und zurechtgemacht, und mir fiel ihre Natürlichkeit und Unbefangenheit auf. Sie war so gar nicht das Ideal eines deutschen Mädchens, wie man es auf den Plakaten der BDM-Werbung oder in den Zeitschriften der Frauenschaft abgebildet sah. Die wohlgepflegten Haare waren blondiert, und das hübsche Gesicht war mit Schminke zwar nicht sparsam, aber sehr geschmackvoll zurechtgemacht. Eva Braun war nicht groß, aber sie hatte eine ausgesprochen hübsche Figur und war edel und gut gewachsen. Sie verstand ausgezeichnet, sich in einem zu ihr passenden Stil zu kleiden. Sie wirkte nie überladen, sondern immer harmonisch und wohltuend geschmackvoll gekleidet, obwohl sie kostbaren Schmuck trug.

Als ich sie zum ersten Mal sah, trug sie ein nilgrünes Kleid aus schwerem Wollstoff, dessen Oberteil eng anliegend gearbeitet war, während der Glockenrock mit einem breiten Streifen Leopardenfell gesäumt war. Ihr hübscher Gang brachte den Rock in weiche, schwingende Bewegungen. Das Kleid hatte eng anliegende lange Ärmel und der herzförmige Ausschnitt wurde von zwei goldfarbenen Clips – ich weiß nicht, ob sie aus echtem Gold waren – gehalten. Man sprach sie mit »gnädiges Fräulein« an, die Damen nannten sie »Fräulein Braun«, Frau Brandt und Frau von Below schienen mit ihr enger befreundet zu sein, denn sie begann sofort ein sehr weibliches und unbefangenes Gespräch mit ihnen über die Kinder, die Mode, die Hunde und persönliche Erlebnisse.

Frau Schneider, von Eva »Herta« genannt, war eine alte Schulfreundin von ihr und fast ständig, auch in München, mit ihr zusammen. Von ihr stammten auch die beiden kleinen Mädchen, die so oft mit Eva Braun fotografiert wurden, dass manche Leute sie für ihre eigenen Kinder hielten.

Die Wartezeit vor dem Essen ging in zwanglosen Gesprächen dahin. Hitler unterhielt sich mit Eva, neckte sie wegen ihrer Hunde, die er als Handfeger bezeichnete, worauf sie erwiderte, dass Blondi ein Kalb sei und kein Hund. Ich bemerkte mit Verwunderung, dass der Mann, der vor kurzem von der Lagebesprechung gekommen war, alle ernsten und dienstlichen Gedanken hinter dem schweren Vorhang gelassen hatte, der die Halle vom Wohnzimmer trennte. Sein Gesicht war das eines wohl gelaunten biederen Gastgebers, der in seinem Landhaus eine Gesellschaft gibt.

Endlich kam Linge herein, trat zu Frau Brandt und sagte: »Gnädige Frau, der Führer wird Sie zu Tisch führen.« Eine Ordonnanz unterrichtete die anderen Gäste über die Tischordnung, dann trat Linge vor den Führer und meldete: »Mein Führer, das Essen ist angerichtet.«

Hitler, der ebenfalls vorher orientiert worden war, wem er seinen Arm zu reichen hatte, ging mit Frau Brandt voran, Eva Braun nahm den Arm von Reichsleiter Bormann – diese Tischordnung hat sich niemals geändert –, und dann folgten die übrigen Paare, einen breiten Korridor entlang, um die Ecke und in den Speisesaal.

Der Führer nahm in der Mitte der Breitseite gegenüber dem Fenster Platz, links neben ihm Eva Braun, dann Reichsleiter Bormann. Gegenüber von Hitler und Eva Braun saß jeweils der Ehrengast oder der höchste Dienstrang mit seiner Dame.

Ich hatte den Reichspressechef als Tischherrn. Er trug Zivil, und der dunkelblaue Anzug ließ ihn noch unscheinbarer erscheinen als die Uniform. Ich machte mich darauf gefasst, dass er hochgeistige Gespräche führen würde. Er fragte mich: »Waren Sie schon einmal hier oben auf dem Obersalzberg?« Als ich ihm antwortete, dass ich zwar Münchnerin sei, aber das Gebirge überhaupt nicht kenne, traf ihn diese Nachricht so tief, als hätte ich ihm erzählt, dass ich vom Mond käme. Anschließend erklärte er mir ausgiebig die Schönheit der Umgebung und nannte mir eine Menge Spaziergangsmöglichkeiten, die mir leider völlig unklar bleiben mussten, weil ich noch keinen einzigen der Orte und Wege kannte, die er erwähnte. Aber wenigstens hatte ich während dieses wenig aufregenden Gesprächs Gelegenheit, die Zeremonie des Essens zu beobachten.

In der Mitte der langen Tafel stand ein schönes Blumenarrangement. Im Führerhauptquartier hatte der Führer niemals Blumen, Zweige oder dergleichen in seinen Räumen. Aber hier auf dem Berghof waltete eine Frau über Haus und Hof, und man spürte ihre weibliche Hand. Die Tafel war gedeckt mit Rosenthal-Porzellan, weißgrundig mit handgemaltem Blumenmotiv. Am oberen und unteren Ende des Tisches stand je eine Garnitur von Essig, Öl, Salz und Pfeffer und – Zahnstochern.

Neben jedem Gedeck fand man die Serviette in einer Papiertasche, auf der der Name vermerkt war.

Die Gesellschaft hatte kaum ihre Plätze am Tisch eingenommen und die Servietten entfaltet, als sich die Tür zum Wirtschaftsflügel öffnete und die Reihe der Ordonnanzen eintrat. Zwei trugen je einen Stoß von Tellern, die anderen nahmen uns die Teller vom Tisch, die dann durch angewärmte ersetzt wurden. Nach kurzer Zeit wurde das Essen aufgetragen. Junge brachte ein Tablett mit den Speisen des Führers, je zwei Ordonnanzen brachten für jede Seite des Tisches große Schüsseln mit verschiedenen Salaten und begannen von der Mitte ab nach beiden Seiten zu servieren. Zwei andere Diener fragten nach den Getränkewünschen. Der Salat schien eine Art Vorspeise zu sein, denn sofort begannen alle zu essen. Aber da erschien auch schon der nächste Gang: Es gab Sauerbraten mit Kartoffelbrei und jungen Bohnen. Dieser erste Berghof-Speisezettel ist mir in Erinnerung geblieben, denn ich war sehr erleichtert, dass wir nicht alle des Führers Diätnahrung nehmen mussten. Ich weiß nicht, wie krank ich hätte sein müssen, um freiwillig Haferschleimsuppen, Leinsamenschleim, Müsli und Gemüsesäfte zu mir zu nehmen. Bei Tisch sprach Hitler selbst häufig von seinen Schwierigkeiten, als Vegetarier vernünftige Speisen zu bekommen. Er litt an Magenbeschwerden, aber ich kam später zu der Ansicht, dass ein großer Teil seiner Leiden nervöser oder eingebildeter Natur waren. Hier auf dem Obersalzberg genoss Hitler die Diätkost des Kurheims Zabel. Professor Zabel hatte in Berchtesgaden eine ziemlich bekannte Kuranstalt und verabreichte ähnliche Kost wie der Schweizer Professor Bircher-Benner. Wenn Hitler auf dem Obersalzberg war, wurde eine Köchin aus dem Kurheim geholt, die für Hitler kochte. Eine merkwürdige Leidenschaft hatte er für rohes Leinöl. Er aß z. B. leidenschaftlich gern gebackene Kartoffeln mit Quark und goss sich dann rohes Leinöl darüber.

Eva Braun hatte nur verächtliches Mitleid für diese Kost. Sie wäre wohl durch nichts zu bewegen gewesen, von des Führers Speisen zu versuchen. Sie selbst aber behauptete ebenfalls, einen schwachen Magen zu haben, aß sehr wenig, nur leicht verdauliche Speisen und wenig Fett. Manchmal trank sie nach dem Essen einen Magenbitter. Als ich sie näher kennen lernte, kam ich jedoch zu der Ansicht, dass sie sich hauptsächlich wegen ihrer schlanken Linie zurückhielt. Sie hasste dicke Frauen und war sehr stolz darauf, dass sie zierlich und schlank war. Der Führer neckte sie deshalb: »Als ich dich kennen lernte, warst du so schön rundlich und nun bist du geradezu mager. Da sagen die Frauen immer, sie wollen schön sein für den Mann, und dann tun sie alles, um gegen seinen Geschmack zu arbeiten. Sie behaupten, sie brächten alle Opfer, um ihm zu gefallen, und dabei unterwerfen sie sich einzig und allein der Mode. Sie ist die stärkste und einzige Macht. Und die Geschlechtsgenossinnen sind das einzige maßgebende Publikum. Alle Frauen wollen nur den Neid ihrer Freundinnen erregen.« Eva protestierte zwar heftig dagegen, gab aber zu, dass sie um alles in der Welt nicht dicker werden mochte.

Die Gespräche bei Tisch waren meist oberflächlich und heiter. Hitler erzählte von seinen eigenen Streichen in der Schule und während der Kampfzeit der Partei. Oftmals neckte er seine Mitarbeiter. Walther Hewel, der damalige Gesandte vom Auswärtigen Amt, war ein dankbares Objekt. Hewel war für seinen Dienstrang noch verhältnismäßig jung und unverheiratet. Er war etwa vierzig Jahre alt. Sein liebenswürdiger rheinischer Charme machte ihn beliebt. Er hatte jahrelang in Indien gelebt und wusste darüber viel Amüsantes zu erzählen. Hitler fragte ihn: »Wann schreiben Sie endlich Ihr Buch *Vom Buschmesser zum Diplomatendolch*? Aber Sie sind ja kein Diplomat! Eher ein diplomatischer Riesencowboy!« Der große, stattliche Hewel hatte dafür nur ein herzliches Lachen: »Wenn ich kein Diplomat wäre, könnte ich nicht zwischen Ihnen und Ribbentrop stehen, mein Führer«, antwortete er. Und diese Antwort musste Hitler anerkennen, denn er wusste, was für ein schwieriger Mensch der Außenminister war. Aber dass Hewel noch nicht verheiratet war, wurde zum Gegenstand täglicher Neckerei. »Sie wollen wohl so ein indisches Baumäffchen«, meinte Hitler. Der Führer suchte allen Ernstes eine passende Frau für seinen Lieblingsgesandten. Seine Umgebung war eine Zeit lang der Meinung, er sähe ihn gern als Mann von Evas Schwester Gretl Braun. Aber Hewel fand an diesem Vorschlag wohl keinen Gefallen. Später wurde er diskret auf Ilsebill Todt, die Tochter des verstorbenen Baumeisters[37], hingewiesen. Hitler sagte, Ilsebill sei ein »bildschönes Mädchen«, und war enttäuscht, dass Hewel dieser Hinweis nicht genügte.

Im Übrigen versuchte der Führer während des Essens, den Fleischessern ihre Lust an der Mahlzeit zu verekeln. Er wollte zwar niemanden zum Vegetarier bekehren, aber er begann plötzlich zu erzählen, wie scheußlich es in einem Schlachthaus zugehe. »Als das Hauptquartier in der Ukraine stationiert war, sollten meine Leute einmal das modernste und größte Schlachthaus dort besichtigen. Es war eine völlig mechanisierte Fabrik, vom Schwein bis zur Wurst, die Verarbeitung der Knochen und Borsten und Felle inbegriffen. Es war alles so sauber und ordentlich, und hübsche Mädchen standen in hohen Gummistiefeln bis zu den Waden im frischen Blut. Trotzdem ist den Herren Fleischfressern schlecht geworden, und viele sind hinausgegangen, ohne alles gesehen zu haben. Mir kann so was nicht passieren. Ich kann ohne weiteres zuschauen, wie man die gelben Rüben und die Kartoffeln aus der Erde zieht, die Eier aus dem Stall holt und die Kühe melkt.«

Zwar waren die meisten diese Gespräche schon so gewöhnt, dass sich niemand mehr den Appetit verderben ließ. Aber ein Opfer fand Hitler doch immer. Der zartbesaitete Reichspressechef legte mit blassem Gesicht Messer und Gabel beiseite und behauptete still und bescheiden, er habe gar keinen Hunger mehr. Manchmal folgte auf dieses Gespräch auch noch eine kleine philosophische Betrachtung darüber, wie feige die Menschen seien. Sie könnten zwar selbst vieles nicht tun oder auch nur dabei zuschauen, würden aber dann trotzdem guten Gewissens Nutzen aus solchen Handlungen ziehen.

Die Mittagsmahlzeit dauerte meist etwa eine Stunde. Dann hob der Führer die Tafel auf, um sich für seinen Spaziergang zu rüsten. Er liebte das kleine Teehaus im Gelände mehr als den Spaziergang dorthin. Es waren zwar nur zwanzig Minuten zu gehen, aber er zog es bei schlechtem Wetter trotzdem manchmal vor, mit dem Volkswagen dorthin zu fahren. Die Diener und Ordonnanzen fragten jeden einzelnen Gast, ob er am Spaziergang teilnehme. Man konnte sich auch entschuldigen und die Zeit nach eigenem Belieben verwenden. Aber Damen waren immer erwünscht, es waren in den ersten Tagen noch nicht viele weibliche Gäste da. Von den Herren mussten anstandshalber so viele mitgehen, dass eine abgerundete Gesellschaft zustande kam. Reichsleiter Bormann schützte fast immer dringende Arbeit vor. Für dieses Arbeitstier waren diese Stunden privater Unterhaltung, während denen er nicht von Geschäften reden konnte, vertane Zeit.

Eva Braun jedoch war eine leidenschaftliche Sportlerin und Spaziergängerin. Sie zog sich unmittelbar nach dem Essen um, nahm ihre beiden Hunde und ihre Freundin Herta und unternahm einen weiten Umweg zu Fuß durch das ganze Gelände, bis sie dann später mit der Gesellschaft am Kaffeetisch wieder zusammentraf.

Der Führer setzte seine weiche Schirmmütze auf – die einzige Kopfbedeckung, die er nicht kerzengerade wie einen Topf aufstülpte –, zog über die Uniform entweder ein langes schwarzes Regencape oder einen Trenchcoat, nahm den Spazierstock und die Hundeleine und machte sich mit einem der Herren auf den Weg. Die übrige Gesellschaft folgte zwanglos. Meist ging der Führer so langsam, dass die Nachfolgenden ihn teilweise überholten. Die arme Blondi musste an der Leine mitgehen, denn dieses Stückchen Land war ein Wildparadies. Rehe, Hasen und Eichhörnchen waren sehr zahm. Sie grasten in den Wiesen und kümmerten sich kaum um die Fußgänger. Anscheinend hatten sie die Erfahrung gemacht, dass kein Schuss ihre Ruhe störte und der Mensch sie schützte und ihnen im Winter Futter gab. Eva Brauns schwarze Köter rasten manchmal mit wütendem Gekläff durch das hohe Gras die Hänge hinunter, und die Rehe, die dort ästen, sahen ihnen mitleidig entgegen und machten erst ein paar Sprünge, wenn die Verfolger schon reichlich nahe waren.

Das Teehaus lag auf einem kleinen Felsplateau, das nach Norden steil abfiel. Es war ein natürlicher Aussichtsturm. Tief unten floss die Ach in vielen scharfen Windungen, und die Häuser lagen wie kleine Streichholzschachteln an ihren Ufern. Auch von hier aus war der Blick zwischen den Bergen nach Salzburg frei, und nur auf der linken Seite versperrte das »Steinerne

Meer« die Sicht. Aber der gewaltige Felskoloss war auch eine Sehenswürdigkeit. Bei schönem Wetter warteten die Zuerstangekommenen auf einer hölzernen Bank im Freien, bis die Gesellschaft vollzählig versammelt war.

Meist kam Eva Braun mit dem Photoapparat oder der Schmalfilmkamera an und versuchte, den Führer vor die Linse zu bekommen. Sie durfte ihn zwar als einzige photographieren, wann sie wollte, aber es war sehr schwierig, gute Momentaufnahmen von ihm zu bekommen. Er wollte völlig unauffällig und ungekünstelt aufgenommen werden. Aber bei schönem Wetter, wenn die Sonne schien, hatte er immer die Mütze auf, sodass sein Gesicht beschattet war, und ließ sich nicht bewegen, sie abzunehmen, weil das grelle Licht ihn blendete; oder er trug gar eine Sonnenbrille. Eva verwandte aber so viel List und Geduld an ihre Photographierleidenschaft, dass sie doch oft gute Aufnahmen zustande brachte – bessere als ihr früherer Lehrherr und Arbeitgeber Heinrich Hoffmann[38].

Das Teehaus war ein steinerner Rundbau und sah von außen abscheulich aus, eher wie ein Silo oder ein Elektrizitätswerk. Im Inneren gab es außer der Küche und einem Aufenthaltsraum für die Wachen sowie den notwendigen Vor- und Nebenräumen nur einen einzigen großen runden Raum, den man sowohl direkt von außen als auch durch eine hübsche Diele vom Wirtschaftsteil aus betreten konnte. In der Diele standen einige bequeme, bunt geblumte Polstersessel mit kleinen Tischchen. Hier war auch ein Telefon.

Der große runde Raum war ein architektonisches Meisterwerk. Die Decke wölbte sich leicht, die Wände waren aus Marmor, mit Gold abgesetzt. Sechs große Fenster waren auf der Hälfte der Wand verteilt und boten den Ausblick auf die schöne Landschaft. Der Westteil wurde bestimmt durch den großen offenen Kamin und die Eingangstür. Ein riesiger, niedriger runder Tisch füllte den Raum aus. Ringsherum standen etwa zwanzig tiefe Polstersessel, abwechselnd immer einer in Beige, einer in Terracottafarbe. Auf der Kaminseite standen vier sehr große Fauteuils mit hoher Lehne für den Führer und die Ehrengäste. Das Personal war vorher von dem Eintreffen des Führers verständigt worden, und Kaffeeduft erfüllte bereits das

Haus. Die Tafel war gedeckt, und es wurde sofort serviert, kaum waren wir eingetreten. Hitler hatte in seinem Sessel unmittelbar vor dem Kamin Platz genommen, Eva Braun links neben ihm. Weiter war hier keine Tischordnung festgelegt, und Hitler lud Frau Schneider ein, zu seiner Rechten Platz zu nehmen. Die anderen verteilten sich wahllos um den Tisch, meist blieben viele Plätze leer.

Die meisten freuten sich nach dem Spaziergang auf eine Tasse Bohnenkaffee, manche tranken schwarzen Tee. Hitler selbst nahm Apfelschalentee, manchmal Kümmeltee, nie etwas anderes. Dazu aß er frisch gebackenen Apfelkuchen, vielleicht noch ein paar Kekse. Wir anderen bekamen gekauftes Hefegebäck aus Berchtesgaden, und es konnte vorkommen, dass darunter alte und zähe Stücke waren.

Es war hier schwer, eine allgemeine Unterhaltung in Gang zu bringen. Jedes Gespräch musste entweder so laut geführt werden, dass alle etwas verstanden, oder es konzentrierte sich auf einzelne Gruppen oder Paare, sodass auf der Gegenseite des Tisches Schweigen entstand.

Eva Braun versuchte, ablenkende und entspannende Gespräche zu starten. Sie erzählte von Film- und Theaterereignissen und versuchte manchmal, Hitler zu überreden, sich doch den einen oder anderen besonders guten Film einmal vorführen zu lassen. »Schau, du kannst doch in der Halle so schön vorführen lassen, und der Film ist doch auch Kunst, es ist gar kein lustiger, sondern ein sehr ernster Film. Du lässt dir doch auch Schallplatten vorspielen, und das deutsche Volk hat bestimmt nichts dagegen, wenn der Führer sich einmal einen Film ansieht. Den Leuten wäre es bestimmt lieber, deine Mitarbeiter würden mehr ins Kino gehen, anstatt mit Bonzenwagen herumzufahren und zu saufen.« Hitler erklärte nämlich jedes Mal: »Ich kann während des Krieges, wo das Volk so viele Opfer bringen muss und ich so schwere Entscheidungen zu treffen habe, keinen Film sehen. Außerdem muss ich meine empfindlichen Augen schonen für das Lesen der Landkarten und Frontmeldungen.«

Eva ließ das Thema resigniert fallen und erklärte plötzlich, sie habe draußen in der Diele herrliche Wolldecken liegen sehen, bezaubernde schottische Karos, man könnte einen herrlichen Damenmantel daraus machen, und ihre Schneiderin hätte ein besonders schönes Modell für derartige Mäntel. »Die Decken gehören Bormann, da kann ich nicht darüber verfügen«, war Hitlers ausweichende Antwort. Auch auf dem Obersalzberg war Bormann ein allmächtiger Herr: Rübezahl, der böse Berggeist. Er hatte die Verwaltung des Platterhofes und des gesamten Berghofgeländes inne. Er war verantwortlich für alle technischen Einrichtungen, für die Bauarbeiten und die Luftschutzeinrichtungen. In der Nähe des Berghofes hatte er einen Mustergutshof errichtet, mit Schweine- und Pferdezucht, Riesengärtnerei und Apfelsaftfabrik. Und obwohl er sehr jovial und gutmütig sein konnte, war er auch hier nicht beliebt, sondern gefürchtet. Eva Braun hat die Decken für ihren Mantel nicht bekommen.

Hitler behauptete zwar, er könne schrecklich schlecht schlafen und wenn es nicht absolut still sei, sei überhaupt nicht an Schlaf zu denken. Kaum war aber das letzte Stück Kuchen verzehrt und die letzte Tasse Tee getrunken, wurde er einsilbig, er schloss die Augen – angeblich, weil ihn die reflektierenden Fensterscheiben blendeten – und meistens schlief er nach kurzer Zeit sanft ein.

Niemand kümmerte sich darum. Die Unterhaltung ging leise weiter, Eva wandte sich an die Allgemeinheit oder an ihren Tischherrn zur Linken. Die jungen Adjutanten eilten unter dem Vorwand dringender Telefonate hinaus, um ihre kräftigen, widerstandsfähigen Körper durch Nikotin zu schädigen, und Admiral von Puttkamer, der Marineadjutant, den man fast nie ohne Zigarre sah, saß schon längst in dichte Rauchwolken gehüllt draußen in der Küche bei der Mannschaft.

Unbemerkt erwachte dann Hitler wieder. Er schlug die Augen auf und beteiligte sich sofort an dem augenblicklichen Gespräch, so als habe er die Augen nur eben in tiefem Nachdenken versunken geschlossen. Niemand nahm ihm die Illusion. Dann fragte er: »Schaub, wie viel Uhr ist es?« Dieser brauchte gar nicht auf seine Uhr zu schauen, denn er zählte die Minuten bis zum Aufbruch. »Genau sechs Uhr, mein Führer, soll ich die Wagen vorfahren lassen?« Und so schnell, wie man es den verkrüppelten Füßen gar nicht zugetraut hatte, humpelte er hinaus, um den Befehl auszuführen.

Hitler fuhr im Berghofgelände einen Volkswagen. Es war ein Cabriolet, Sonderanfertigung, schwarz lackiert, mit Lederpolstern. Außer dem Führer und dem Chauffeur fuhr nur noch der Diener mit Blondi mit. Für die anderen Gäste standen ebenfalls Wagen bereit, aber die meisten gingen zu Fuß. Die letzten Märztage 1943 waren zauberhaft schön, und nach dem langen Sitzen tat die Bewegung in frischer Luft gut.

Wenn dann die Spaziergänger oben auf dem Berghof anlangten, hatte sich Hitler zurückgezogen, um bis zur »Abendlage« zu schlafen. Ein paar Stunden blieb jeder der Gäste sich selbst überlassen. Meist zog ich mich ebenfalls in mein Zimmer zurück, schrieb Briefe oder erledigte meine persönlichen Arbeiten wie Nähen und Waschen. Manchmal ging ich auch hinunter nach Berchtesgaden, um Freunde zu besuchen, die dort unten stationiert waren und nicht zum Berghof heraufkonnten.

Eva Braun benutzte die Stunden, in denen Hitler schlief, um entweder in ihrem Zimmer ihre eigenen Filme vorzuführen, die sie mit ihrer Schmalfilmkamera aufgenommen hatte. Dazu lud sie alle Damen und Herren aus Hitlers Begleitung ein. Anfangs wurde ich nicht dazu aufgefordert. Aber oft ließ sie auch unten im Keller, in der eigentlichen Kegelbahn, normale Spielfilme laufen, die dem gesamten Personal des Berghofes zugänglich waren. Darunter waren auch ausländische Filme, die in der Öffentlichkeit nicht gezeigt werden durften. Die Dienststelle des Führerhauptquartiers bekam die Filmrollen direkt vom Propagandaministerium, und es war auch mancher deutsche Film darunter, den wir vor der Zensur sehen konnten und der später nie freigegeben wurde.

Telefonisch wurden die Gäste einzeln davon verständigt, auf welche Zeit das Abendessen angesetzt wurde. Meist konnte man etwa um acht Uhr damit rechnen. Dann begann wieder die gleiche Zeremonie wie zum Mittagsmahl. Langsam füllte sich das Wohnzimmer. Die Herren trugen meistens Zivil, die Damen zogen ihre schönsten Kleider an. Es war sehr schwer für mich, bei dieser Modenschau mitzumachen. Man trug zwar keine langen Abendkleider, aber Eva Braun führte trotzdem die reinste Modeschau an eleganten Kleidern vor.

Ich hatte vor dem Krieg so wenig Gelegenheit für Festlichkeiten und Eleganz gehabt, dass ich ganz sportlich eingestellt war. Nun fiel ich ziemlich aus dem Rahmen mit meiner Garderobe. Eva hatte fast nie zweimal das gleiche Kleid an, auch wenn wir uns wochenlang auf dem Obersalzberg aufhielten, und es kam nie vor, dass sie zum Abendessen im gleichen Anzug erschien wie mittags oder im Teehaus. Ich musste wieder ihren guten Geschmack bewundern und ihr Geschick, ihre Vorzüge zur Geltung zu bringen. Meist bevorzugte sie dunkle Farben, am liebsten trug sie Schwarz. Hitlers Lieblingskleid war ein schweres schwarzes Seidenkleid mit weitem Glockenrock, in der Taille ganz eng, ärmellos gearbeitet, nur mit zwei breiten geraden Achselstreifen in altrosa und in dem sich dadurch ergebenden tiefen rechteckigen Ausschnitt zwei gleichfarbige Rosen. Dazu gehörte ein kurzes Bolerojäckchen mit langen engen Ärmeln.

Dazu fällt mir ein, dass Hitler eine seltsame Einstellung zur Mode der Damen hatte. Evas ganze Liebe und Leidenschaft gehörte ihrer Garderobe und ihrem Aussehen. Sie hätte es nicht ertragen, wenn sie nicht immer wieder neue und andere Kleider in ihrem Kleiderschrank hätte hängen sehen. Hitler ließ ihr das Vergnügen, aber er sagte: »Ich verstehe gar nicht, warum ihr Frauen dauernd wechseln müsst. Wenn ich ein Kleid besonders schön finde, dann wäre mir am liebsten, wenn ich die Besitzerin immer in diesem Kleide sehen würde. Sie müsste sich alle Kleider aus dem gleichen Stoff und nach dem gleichen Modell machen lassen. Aber kaum hat man sich an ein schönes Stück gewöhnt und sich noch gar nicht daran satt gesehen, dann kommt schon wieder etwas Neues.«

Ebenso durfte Eva ihre Frisur nicht verändern. Einmal erschien sie mit etwas dunkler getöntem Haar, und einmal hatte sie es nach oben gekämmt. Hitler war verzweifelt: »Du siehst ja völlig fremd aus, ganz verändert. Du bist ja eine völlig andere Frau!« Er war gar nicht einverstanden, und Eva Braun beeilte sich, den alten Zustand wieder herbeizuführen. Er beachtete aber auch bei allen übrigen Damen jegliche Veränderung ihres Äußeren und bewunderte oder kritisierte sie. Frau Schneider, die ebenfalls eines Tages mit Hochfrisur erschien, fand Hitlers vollen Beifall. In diesem Fall begrüßte er die Veränderung als neues Bild, das seine Augen erfreute.

Das Abendessen fand dann in der gleichen Weise statt wie das Mittagsessen. Meist gab es kalte Platten mit Salaten, »Hoppelpoppel«, das sind gebratene Kartoffeln mit Ei und Fleisch, oder Nudeln mit Tomatensoße und Käse. Hitler nahm oft zwei Spiegeleier mit Kartoffelbrei und Tomatensalat. Frisches Gemüse und Früchte lieferte das ganze Jahr hindurch Martin Bormanns Mustergärtnerei mit ihren Treibhäusern. Er belieferte auch das Führerhauptquartier mit Gartenerzeugnissen. Diese Nahrungsmittel legten den weiten Weg von Bayern nach Ostpreußen im Flugzeug zurück. Hitler glaubte, nur ganz frische Waren verdauen zu können, wollte aber von keiner fremden Gärtnerei versorgt werden. Natürlich reichten diese Sendungen vom Obersalzberg nur für Hitlers eigenen Bedarf, aber hier auf dem Berghof genoss die ganze Gesellschaft schon im März junge Gurken, Radieschen, Champignons, Tomaten und jungen grünen Salat.

Hitler aß schnell und ziemlich viel. Als ich ihm einmal gegenübersaß, bemerkte ich, dass er mich beim Auflegen der Speisen beobachtete. »Sie essen viel zu wenig, Kind, Sie sind sowieso so mager!« Eva Braun warf mir einen verächtlichen Blick zu, denn ich war die reinste Bavaria im Vergleich zu ihr. Hitler benutzte die Gelegenheit gerne, um wieder auf ein Gespräch über die schlanke Mode zurückzukommen. »Ich weiß gar nicht, was daran schön sein soll, wenn die Frauen so mager wie Knaben sind. Wir lieben die Frauen doch gerade wegen des architektonischen Unterschieds. Früher war das ganz anders. Ein Ballett war zu meiner Zeit noch ein Genuss, denn man sah schöne, wohlgerundete Körper, aber jetzt hüpfen nur lauter Knochen und Rippen auf der Bühne herum. Der Goebbels wollte mich früher immer in Tanzveranstaltungen schleppen, aber ich bin nur ein paar Mal mitgegangen und war sehr enttäuscht. Seit ich Führer bin, brauche ich wenigstens nichts mehr dafür bezahlen, sondern bekomme Freikarten.« Selbstverständlich karikierte und übertrieb er zwar bei solchen Gesprächen, aber die Tatsache blieb immerhin bestehen, dass er die ausgeprägt weiblichen Formen den knabenhaften vorzog.

Hitler bevorzugte bei der leichten Unterhaltung während des Essens im kleinsten Kreis meist oberflächliche und völlig unpolitische Themen. Er konnte sehr charmant und witzig aus seiner eigenen Jugendzeit erzählen, und am liebsten führte er ein kleines spöttisches Geplänkel mit den Damen. Als er bemerkte, dass auf Evas Serviette der rote Abdruck ihres Lippenstiftes zu sehen war, begann er, uns die Bestandteile dieses Schönheitsmittels zu erklären. »Wissen Sie eigentlich, woraus ein Lippenstift gemacht wird?« Wir meinten, vielleicht aus Blattläusen, Frau Speer[39] erwähnte, einmal etwas Derartiges gehört zu haben. Und Eva Braun erklärte, sie benutze einen französischen Lippenstift, und der sei sicher aus den edelsten Stoffen hergestellt. Hitler hatte nur ein mitleidiges Lächeln: »Wenn Ihr wüsstet, dass gerade in Paris die Lippenstifte aus dem Fett der Abwasser hergestellt würden, sicher würde keine Frau mehr ihre Lippen färben!« Aber wir lachten nur überlegen. Wir kannten ja seine Taktik von den »Fleischfresser-Gesprächen« her. Er wollte uns etwas verleiden, was er nicht verbieten konnte. Außer der Frau von Martin Bormann kamen alle Frauen mit sorgfältig gefärbten Lippen zu ihrem Führer.

Das Essen neigte sich dem Ende zu. Die Adjutanten erhoben sich, um die Herren der Lagebesprechung zu empfangen. Langsam ebbte das Gespräch ab. Draußen fuhren Wagen vor, in der Vorhalle klapperten Soldatenstiefel über die Steinfliesen. Endlich erschien Günsche und meldete dem Führer, es sei alles zur Lage bereit. Hitler erhob sich und sagte: »Bleiben Sie nur alle sitzen, es wird nicht lange dauern.« Dann ging er hinaus, die Schultern leicht vornübergebeugt, den Kopf gesenkt, aber mit festem Schritt. Er wollte nicht, dass seine Gäste, vor allem die weiblichen, mit den Offizieren in Berührung kamen. Hier auf dem Berghof führte er mehr denn je ein Doppelleben. Auf der einen Seite der liebenswürdige Hausherr und Gastgeber, der zur Erholung auf seinem Landsitz weilte, andererseits auch hier der Staatsmann und militärische Oberbefehlshaber, der an allen Fronten Krieg führte. Es war auf dem Berghof rein räumlich manchmal schwierig, diese beiden Gegensätze in Einklang zu bringen. Das Haus war nicht in einen privaten und einen offiziellen Teil getrennt, und Hitlers Arbeitszimmer befand sich auf dem gleichen Gang wie Eva Brauns Schlafzimmer. So mussten die Gäste verständigt werden, wenn sie sich zurückziehen sollten, um nicht in eine wichtige Besprechung hineinzuplatzen.

Wir waren nach dem Abendessen auf unbestimmte Zeit uns selbst überlassen. Manchmal sagte Hitler zwar beim Verlassen des Speisesaals: »Erwarten Sie mich hier, die Lage wird heute nicht lange dauern.« Wir schlossen daraus, dass weder der Reichsmarschall noch sonst ein hoher Feldherr zur Berichterstattung anwesend war, und nahmen es als Zeichen dafür, dass die Gesamtsituation der deutschen Kriegführung einigermaßen zufriedenstellend sei. Fräulein Schroeder und ich, wir beiden Dienst habenden Sekretärinnen, begaben uns in das Büro der Adjutantur, um die anfallenden Büroarbeiten zu erledigen. Es waren meist Fliegermeldungen aus ganz Deutschland durch Fernschreiber eingetroffen, die für den Führer deutlich lesbar abgeschrieben werden mussten. Außerdem trafen in den letzten Märztagen bereits die ersten Glückwunschschreiben und Geschenke für des Führers Geburtstag ein. Der Hauptteil davon ging zwar nach Berlin, aber manches fand auch den Weg zum Berghof oder wurde von der Adjutantur in Berlin nachgesandt.

Wenn die Zeit zwischen Teehausbesuch und Abendessen zu kurz war, ließ sich Eva Braun nach dem Abendessen die Liste der vorhandenen Filme bringen und wählte gemeinsam mit den übrigen Damen und den von der Lage ausgeschlossenen Herren einen Film zur Vorführung in der Kegelbahn aus. »Bitte sagen Sie mir, wenn die Lage beendet ist«, bat sie die Ordonnanzen, und dann verzog sich eine kleine Gesellschaft von etwa acht bis zehn Personen in den Keller, um als recht kritisches und wählerisches Publikum einen Film zu betrachten. Auch Küchenpersonal, die Zimmermädchen und Soldaten fanden sich ein, und wenn man Glück hatte, konnte man den Film bis zu Ende sehen. Manchmal aber tönte mittendrin die schrille Klingel des Telefons. »Die Lage ist beendet, der Führer erwartet die Herrschaften in der Halle«, meldete der Diener. Dann wurde die Vorführung – allerdings mit Bedauern – abgebrochen, Eva Braun huschte in ihr Zimmer zu einem kurzen Makeup, ihre Schwester Gretl suchte schnell noch einen Winkel, wo sie ungestört eine Zigarette rauchen konnte und steckte dann schnell eine Pfefferminzpastille in den Mund, und schließlich fand sich alles wieder im Wohnzimmer ein. Über dem Ecktisch brannte die tief hängende, etwas altmodische, aber gemütliche Lampe, und die Damen Speer, Bormann und Brandt saßen auf der Eckbank und besprachen die Entwicklung ihrer Kinder. Noch war der Vorhang zur großen Halle geschlossen, denn Hitler wurde immer von dem einen oder anderen Herrn nach offizieller Beendigung der Lage aufgehalten, der schnell noch irgendein Anliegen vorbringen oder ein Problem erörtern wollte, für das offiziell keine Gelegenheit war.

Wenn Hitler dann endlich das Wohnzimmer betrat, war es meist Mitternacht. Nun wartete man noch auf die Geschwister Braun, dann geleitete der Führer die Gesellschaft in die Halle hinunter zu einer nächtlichen Plauderstunde am Kamin. Hier war inzwischen das Feuer entzündet worden. In einem großen Halbkreis waren breite Sitzsofas und tiefe Sessel herangezogen, gruppiert um einen großen runden Tisch und meistens noch einigen kleineren Tischchen an den Seiten. Weit hinten in der Ecke brannte eine einsame Stehlampe, auf dem Kaminsims und in der Mitte des Tisches flackerten einige Kerzen. Die Silhouetten der Umsitzenden waren nur undeutlich wahrnehmbar.

Hitler selbst saß auf der rechten Seite tief im Schatten, rechts neben ihm, ganz nah am Kamin, kuschelte sich Eva Braun in ihren tiefen Stuhl und zog die Beine hoch. Zwanglos suchte sich jeder der anderen seinen Platz. Irgendwo unter dem Tisch oder vor dem Feuer lagen als schwarze Wollknäuel »Negus« und »Stasi«, die beiden Scotche. Blondi war von der Gesellschaft ausgeschlossen. Die Hunde der Hausherrin hatten das Vorrecht. Aber manchmal fragte Hitler ganz bescheiden: »Kann ich die Blondi einen Moment kommen lassen?« Dann brachte Eva Braun ihre Lieblinge hinaus, und Blondi durfte erscheinen.

Hitler trank auch hier seinen Tee. Den anderen aber wurde jeder beliebige Getränkewunsch erfüllt. Hier herrschte kein

Alkoholverbot, hier wurde Sekt getrunken, Wein, Cognac oder scharfer Schnaps. Dazu gab es Gebäck und für Hitler wieder den geliebten Apfelkuchen. Manchmal gelang es Eva Braun auch, den Führer davon zu überzeugen, dass zu so später Stunde ein paar belegte Brötchen viel willkommener waren als Süßigkeiten. Sie sprach damit den Wunsch aller Versammelten aus, und Hitler fügte sich.

In dieser großen Runde war es schwierig, eine allgemeine Unterhaltung in Gang zu bringen. Das gedämpfte Licht, die dicken Teppiche, die jeden lauten Schritt verschluckten, und das leise Knistern der brennenden Scheite im Kamin verführten zum Schweigen. Aber Hitler wollte nicht seinen eigenen Gedanken nachhängen. Er wollte sich ablenken. Mit leiser Stimme unterhielt er sich mit seiner Nachbarin, etwa Frau Bormann. Aber was konnte sie ihm erzählen? Von den Sorgen und Schwierigkeiten, die ihr Mann ihr bereitete, durfte sie dem Führer nichts erzählen. Und über die zehn Kinder, die sie nach und nach während ihrer Ehe mit dem Reichsleiter zur Welt gebracht hatte, war schnell berichtet. Sie war eine schweigsame Frau und jedes Jahr, wenn wir im Frühjahr auf dem Obersalzberg einzogen, trug sie geduldig und ergeben ein Kind unter dem Herzen. Blass und unscheinbar, mit dicken Zöpfen rund um den Kopf gelegt, saß sie neben dem Führer in ihrem Sessel und zählte die Stunden, bis sie sich endlich zurückziehen konnte aus dem Kreis der eleganten, sorglosen Frauen. Professor Blaschke, ein Herr in den Sechzigern, war der Typ des Gelehrten. Seine Schläfen waren ergraut, während die dicken Augenbrauen und der gepflegte Schnurrbart das schmale blasse Gesicht wie schwarze Balken markierten. Er war an sich ein verschlossener, schweigsamer Mann. Aber in den Kaminstunden wurde er manchmal von Hitler in ein Gespräch gezogen, wobei er dann als einer der wenigen seinen Standpunkt mit Bestimmtheit vertrat, auch wenn er gegenteiliger Ansicht als der Führer war. Professor Blaschke war zwar ebenfalls Vegetarier, aber aus einem anderen Grund. Er behauptete, das menschliche Gebiss sei für pflanzliche Nahrung bestimmt, und für den menschlichen Körper sei diese Nahrung am bekömmlichsten. Darin stimmte er mit Hitler weitgehend überein, wenngleich er seinen eigenen Körper oftmals mit Fleischnahrung »schädigte« und Geflügel überhaupt nicht unter die Gattung »Fleisch« rechnete. Als aber Hitler von Professor Blaschke bestätigt haben wollte, dass das Rauchen eines der schädlichsten Laster sei und vor allem auch für die Zähne außerordentlich nachteilige Folgen habe, da stieß er auf sehr entschiedenen Widerspruch. Blaschke war selbst ein leidenschaftlicher Raucher und vielleicht deshalb toleranter, als er vom ärztlichen Standpunkt aus hätte sein müssen. Er behauptete, das Rauchen sei geradezu vorteilhaft, denn es desinfiziere die Mundhöhle und rege die Durchblutung an. In normalem Rahmen sei das Rauchen durchaus nicht schädlich. Aber Hitler wollte davon nichts wissen: »Das Rauchen ist und bleibt eine der gefährlichsten Leidenschaften, abgesehen davon, dass ich persönlich den Geruch von Zigarren- oder Zigarettenrauch widerlich finde, würde ich keinem Menschen, den ich schätze oder liebe, eine Zigarette oder Zigarre anbieten, denn ich würde ihm einen schlechten Dienst erweisen. Es ist einwandfrei nachgewiesen, dass Nichtraucher länger leben als Raucher und bei Krankheiten bedeutend widerstandsfähiger sind.«

Gretl Braun erklärte, sie wolle gar nicht alt werden, wenn sie nicht rauchen dürfe, das ganze Leben wäre nur halb so schön, und überhaupt sei sie so gesund, obwohl sie seit Jahren rauche. »Ja, Gretl, aber wenn Sie nicht rauchen würden, wären Sie noch gesünder, und Sie werden sehen, wenn Sie einmal verheiratet sind, werden Sie keine Kinder bekommen. Überhaupt ist Tabakgeruch kein Parfum, das den Frauen schmeichelt. Ich war einmal in Wien bei einem Künstlerempfang. Neben mir saß die Maria Holst (eine Wiener Schauspielerin), wirklich eine bildschöne Frau. Sie hatte herrliches kastanienbraunes Haar, aber als ich mich zu ihr hinüberbeugte, da kamen ganze Nikotinwolken aus ihrem Haar. Ich hab ihr gesagt: Aber warum machen Sie das, Sie sollten sich Ihre Schönheit erhalten und nicht rauchen.« Als Hitler gar noch behauptete, Alkohol sei nicht so schädlich wie Nikotin, da erhob sich geschlossen der Widerspruch aller Raucher – und es waren nicht wenige in seiner Umgebung. Ich sagte: »Mein Führer, durch Alkohol gehen Ehen auseinander, werden Verkehrsunfälle verursacht und geschehen Verbrechen. Nikotin aber schädigt höchstens die eigene Gesundheit ein wenig.« Aber er ließ sich von unseren Argumenten nicht überzeugen und tatsächlich bestimmte er, dass in die Weihnachtspakete, die in seinem Namen an die Truppen der Leibstandarte verteilt wurden, zwar Schokolade und Schnaps, nicht aber Zigaretten gepackt wurden. Wir versuchten zwar, Hitler zu erklären, dass die Soldaten wahrscheinlich bei nächster Gelegenheit ihre Schokolade gegen Rauchwaren umtauschen würden, aber es half nichts. Himmler verteilte dann von sich aus Pakete mit Rauchwaren an die Truppen, sonst hätte die Kampfkraft der SS bestimmt gelitten.

Hitler freute sich immer wie ein Kind auf seine nächtliche Teegesellschaft. »Ich habe niemals Ferien, ich kann nicht irgendwohin fahren und ausspannen. So teile ich meinen Urlaub in Stunden auf, die ich hier mit meinen Gästen am Kamin verbringe«, sagte er.

Er liebte seine große Halle mit den schönen Bildern. »Ist die Nanna nicht wunderbar? Ich muss sie immer wieder anschauen. Hier über dem Kamin hat sie einen wundervollen Platz. Ihre Hand leuchtet wie im Leben«, sagte er und betrachtete genießerisch das Bild von Feuerbach. »Nach meinem Tod sollen die Bilder an die neue Galerie nach Linz gehen. Linz werde ich zu einer schönen Stadt machen, und ich gebe ihr eine Galerie, die zu einer Sehenswürdigkeit werden wird. Ich betrachte die Bilder, die hier in meinem Haus hängen, nur als eine Leihgabe, die mein Leben verschönt. Nach meinem Tod gehören sie dem ganzen deutschen Volk.« Er sprach mehr zu sich selbst als zu den anderen. Es hätte auch niemand etwas zu antworten gewusst.

Professor Morell war nach einem Glas Portwein sehr schläfrig geworden. Seine dicken behaarten Hände über dem mächtigen Bauch gefaltet, kämpfte er mit dem Schlaf. Er hatte die merkwürdige Eigenschaft, die Augen von unten nach oben zu schließen. Es sah schauderhaft aus hinter den dicken Brillengläsern. So war er kein guter Gesprächspartner. Manchmal stieß ihn Oberst von Below[40] leicht an, dann erwachte er kurz und lächelte, denn er dachte, der Führer habe einen Witz erzählt. »Sind Sie müde, Morell«, fragte Hitler. »Nein, mein Führer, ich habe nur nachgedacht«, beeilte sich Morell zu versichern, und dann erzählte er schnell ein Erlebnis aus seiner Zeit als Schiffsarzt in Afrika, das alle schon kannten. [...]

Eva Braun bemühte sich, den Führer zu unterhalten. Sie versuchte, den Fotografen Walter Frentz und ihre Freundin Herta in ein Gespräch über neue Filme zu ziehen. Hitler begann leise zu pfeifen. Eva Braun behauptete: »Du pfeifst falsch, es heißt so:« Und sie pfiff die Korrektur. »Nein, das stimmt nicht, ich habe Recht«, sagte der Führer. »Ich wette mit dir, dass ich recht habe«, erwiderte sie. »Du weißt, dass ich mit dir nicht wette, denn ich muss auf jeden Fall bezahlen. Wissen Sie, wenn ich gewinne, muss ich großzügig sein und auf meinen Gewinn verzichten, wenn sie gewinnt, muss ich bezahlen«, erklärte Hitler. »Dann spielen wir doch die Platte, dann wirst du sehen«, schlug Eva Braun vor. Der kleine Bormann war Adjutant vom Dienst. Er stand auf und legte die fragliche Platte – ich weiß nicht mehr, worum es sich handelte – auf. Aufmerksam und gespannt lauschte die Gesellschaft, und es stellte sich heraus, dass Eva Braun Recht hatte. Sie triumphierte. »Ja, du hast Recht, aber der Komponist hat falsch komponiert. Wenn er so musikalisch gewesen wäre wie ich, hätte er meine Melodie komponiert.« Wir lachten alle, aber ich glaube, Hitler hat diese Bemerkung ernst gemeint.

Er war wirklich davon überzeugt, ein unfehlbares musikalisches Gehör zu haben. Heinz Lorenz meinte: »Mein Führer, Sie sollten eigentlich ein Konzert in der Halle geben. Sie könnten es sich doch leisten, die besten deutschen Musiker einzuladen, Gieseking, Kempff, Furtwängler usw. Sie gehen nicht mehr in die Oper und nicht ins Theater, aber Musik könnten Sie doch hören, es strengt auch Ihre Augen nicht an.« Hitler lehnte ab: »Nein, ich will nicht für mich persönlich die Künstler bemühen, aber wir könnten ein paar Schallplatten spielen.« Es gab ein dickes Buch, worin sämtliche Schallplatten des Führers verzeichnet waren. Es müssen hunderte gewesen sein. Die Holzverschalung der Wand entpuppte sich als Plattenschrank mit unsichtbar eingebautem Plattenspieler. In langen Reihen standen die schwarzen Scheiben, mit Nummern versehen. Bormann bediente die Apparatur.

Es war fast immer das gleiche Repertoire, das Hitler spielen ließ. Lehárs Operetten, Lieder von Richard Strauss, Hugo Wolf und Richard Wagner. Als einzigen Schlager ließ Hitler die »Donkey-Serenade« spielen. Sie bildete meist den Abschluss des Konzerts.

Hitlers Mitarbeiter liebten die Schallplattenabende noch weniger als die Kaminunterhaltungen. Einer um den anderen verließ die Halle. Man hörte Lachen und Kichern und Reden aus dem Wohnzimmer, wo sich die Fahnenflüchtigen versammelten und sich auf ihre Art unterhielten, während der Chef einsam mit dem schlummernden Morell und der treuen Eva, dem Dienst habenden Adjutanten und den Damen von Below und Brandt sitzen gelassen wurde. Ich muss gestehen, dass ich mich auch manchmal leise aus dem Kreis schlich, bis der Diener kam und sagte: »Der Führer vermisst seine Gesellschaft, und der Lärm tönt in die Halle.« Dann begaben sich die »Getreuen« widerwillig wieder hinunter zum »Dienst«.

»Ja, meine Begleitung ist nicht sehr musikalisch«, sagte Hitler resigniert. »Als ich noch in die Oper ging zu offiziellen Festaufführungen, musste ich meist mein Hauptaugenmerk darauf richten, dass meine Herren nicht einschliefen. Der Hoffmann (er meinte den Pressephotographen Heinrich Hoffmann) ist einmal bei *Tristan und Isolde* fast über die Brüstung der Proszeniumsloge gefallen, und ich habe den Schaub wecken müssen, dass er hinüberging und den Hoffmann wachrüttelte. Der Brückner[41] saß hinter mir und schnarchte, es war fürchterlich. Bei der ›Lustigen Witwe‹ hat keiner geschlafen, da gab es eben auch ein Ballett zu sehen.«

Ich fragte Hitler, warum er immer nur die »Meistersinger« oder andere Wagneropern besuchte. »Es ist mein Pech, dass ich nie sagen kann, dies oder jenes gefällt mir, ohne dass ich dann ausschließlich gerade diese Musik hören oder diese Oper sehen muss. Ich habe einmal gesagt, *Meistersinger* ist wirklich eine der schönsten Opern von Richard Wagner, seitdem ist das meine Lieblingsoper, und ich bekomme nichts anderes zu sehen. So ist es mir auch mit dem Badenweiler Marsch ergangen. Einmal war ich bei Frau Ley[42] eingeladen. Sie hatte eine Scotch-Terrier-Hündin mit sieben Jungen und war sehr stolz. Ich habe aus Höflichkeit gesagt, das sind wirklich reizende Tierchen, obwohl ich diese Ratten abscheulich finde. Am nächsten Tag hat sie mir einen als Geschenk geschickt. Es ist der Hund, den Frau Braun, die Mutter von Eva, jetzt hat. Ich hätte mich nie mit einem solchen Hund fotografieren lassen, aber es ist wirklich rührend, wie der kleine Kerl noch heute an mir hängt.«

Die Stunden vergingen und es war bereits morgens vier Uhr oder fünf Uhr, als Hitler nach dem Diener klingelte und fragte, ob Einflüge gemeldet seien. Er stellte diese Frage jeden Abend, ehe er ins Bett ging und zog sich nie zurück, ehe er nicht die Meldung bekam, dass das Reichsgebiet feindfrei sei. Einzelne Maschinen oder Störverbände wurden ihm manchmal gar nicht mehr gemeldet, sonst hätte der Tag nie ein Ende gefunden. Schließlich erhob er sich, gab jedem die Hand zum Gutenachtgruß und zog sich in die oberen Räume zurück.

In kurzer Zeit erfüllte dichter Tabakrauch sein Wohnzimmer, und es war von müder Stimmung nichts mehr zu bemerken. Auf einmal herrschte eine Stimmung und Heiterkeit, über die sich Hitler sehr gefreut hätte, wenn sie in seinem Beisein stattgefunden hätte.

Der starke Kaffee, mit dem wir uns die ganze Zeit wach gehalten hatten, ließ uns jetzt nicht sofort einschlafen. Erst nach und nach zogen sich Gäste und Mitarbeiter zurück, und endlich lag der Berghof in tiefer Ruhe bis zum nächsten Mittag.

Dies war in den ersten Tagen und Wochen der normale Tages- bzw. Nachtablauf. Nach und nach kamen weitere Gäste. Staatsminister Esser[43] und seine Frau waren für einige Tage eingeladen. Frau Morell, Frau Dietrich, Baldur von Schirach[44] mit Frau, Heinrich Hoffmann und Frau Marion Schönmann[45], eine Freundin von Eva Braun, waren häufig zu Gast. Die ständigen Mitarbeiter Hitlers waren dankbar für jeden Gast, der den Führer unterhielt. Sie brauchten dann nicht bei allen Spaziergängen und Teestunden anwesend zu sein.

Hitler beneidete seine Gäste um ihre Zivilkleidung. »Sie haben es schön«, sagte er zu Brandt, der eines Tages bei strahlendem Sonnenschein in Lederhosen erschien. »Früher bin ich auch immer so herumgelaufen.« – »Das könnten Sie doch jetzt auch, mein Führer, hier sind Sie doch privat.« – »Nein, solange wir Krieg haben, ziehe ich die Uniform nicht aus, und außerdem sind meine Knie ganz weiß, das sieht scheußlich aus bei kurzen Hosen.« Und er fuhr fort: »Aber nach dem Krieg, da hänge ich die Uniform an den Nagel, ziehe mich hierher zurück, und die Regierungsgeschäfte kann dann ein anderer übernehmen. Dann werde ich als alter Herr meine Erinnerungen schreiben, mich mit geistreichen, klugen Menschen umgeben und keinen Offizier mehr empfangen. Es sind ja alles verbohrte Strohköpfe, einseitig und stur. Meine beiden alten Sekretärinnen werden dann bei mir sein und für mich schreiben. Die jungen heiraten ja doch alle weg, und wenn ich alt bin, dann können die älteren auch meinem Tempo noch folgen.« Ich konnte mich nicht beherrschen und fragte: »Mein Führer, wann ist der Krieg denn beendet?« – »Das weiß ich nicht, jedenfalls wenn wir gesiegt haben«, war seine Antwort, und das freundliche, verbindliche und lächelnde Gesicht bekam wieder den fanatischen harten Ausdruck, den ich von den bronzenen Führerbüsten her so gut kannte.

Hitler sprach sonst selten über den Krieg und wenig von Politik. »Wir werden diesen Krieg gewinnen, denn wir kämpfen für eine Idee und nicht für den jüdischen Kapitalismus, der die Soldaten unserer Feinde antreibt. Nur Russland ist gefährlich, denn Russland kämpft mit dem gleichen Fanatismus wie wir für seine Weltanschauung. Aber das Gute wird Sieger bleiben, es gibt nichts anderes.« Es gab in dem ganzen Kreis keinen Widerspruch. Militärs waren nicht da, und die anderen glaubten, was sie hörten, weil sie glauben wollten. Hitler strahlte eine Kraft aus, der sich weder die Männer noch die Frauen ganz entziehen konnten. Als Mensch bescheiden und liebenswürdig, als Führer größenwahnsinnig und hart, lebte er seiner »Mission«, von der er manchmal behauptete, sie erlege ihm unendliche Opfer auf. »Wenn Ihr wüsstet, wie gerne ich manchmal allein durch die Straßen gehen möchte, unerkannt und ohne Begleitung! Ich möchte in ein Warenhaus gehen und meine Weihnachtsgeschenke selbst einkaufen, in einem Kaffeehaus sitzen und die Leute beobachten. Aber ich kann es nicht.« Wir meinten: »Früher sind die Kaiser und Könige doch auch unter das Volk gegangen. Eine dunkle Brille, Zivilkleidung und niemand würde Sie erkennen.« Er antwortete: »Ich will keine Maskerade, und außerdem würde man mich trotzdem erkennen, ich bin zu bekannt und meine Stimme würde mich verraten.« Und obwohl er erklärt hatte: »Ich habe niemals Angst vor einem Attentat gehabt, wenn ich in meinem Wagen durch die Volksmassen gefahren bin, ich habe höchstens gefürchtet, ein Kind könnte von meinem Auto erdrückt werden«, wollte er doch nicht riskieren, dass man ihn allein irgendwo erkannt hätte. Er meinte, der Jubel der Bevölkerung hätte ihm seinen Spaß verdorben.

Seit langem vermied es Hitler nun schon, sich der Begeisterung der Bevölkerung auszusetzen. Sein Hauptquartier war selbstverständlich schon aus Gründen der militärischen Geheimhaltung dem Volk offiziell unbekannt. Aber auch des Führers Aufenthalt in Berlin wurde streng geheim gehalten. Früher wurde die Hakenkreuzflagge über der Reichskanzlei gehisst, und an der regen An- und Abfahrt der Autos erkannten die Einwohner Berlins, dass »der Führer« in der Stadt weilte. Seit einigen Jahren wussten nur die Eingeweihten, dass die Verdoppelung der Wachposten vor den Eingangsportalen die Anwesenheit Hitlers bedeutete. Sogar auf den Fahrten im Sonderzug wurde alles vermieden, um die Bevölkerung auf Hitler aufmerksam zu machen. Die Fenster seines Wagens waren am helllichten Tag und bei strahlendem Sonnenschein verdunkelt, und er lebte auch hier bei künstlichem Licht wie in seinem Bunker. Auf dem Berghof, wo früher sich Menschenmassen dicht gedrängt an dem letzten Tor vor der Berghofstraße gestaut hatten, zeigte sich kein Mensch.

Vor dem Krieg wurden jeden Tag einmal die Tore geöffnet, wenn sich Hitler auf seinen Spaziergang begab, und dann strömten die Menschen herein und säumten seinen Weg. Hysterische Frauen nahmen Steine mit, die sein Fuß berührt hatte, und die vernünftigsten Menschen benahmen sich wie toll. Einmal wurde sogar ein Lastwagen, der Ziegelsteine zum Berghof hinaufbrachte, von ein paar übergeschnappten Frauen geplündert, und die Steine, die weder des Führers Hände noch

Füße berührt hatten, wanderten als wertvolle Andenken in die Vitrinen der Wohnzimmer.

Von solchen Damen trafen dann die Liebesbriefe ein, die einen großen Teil des Posteingangs in der Kanzlei des Führers ausmachten.

Im Jahre 1943 aber verbrachte Hitler seine Berghofzeit nur im Kreise seiner Freunde und Mitarbeiter. Eine besondere Vorliebe hegte er für Albert Speer[46]. »Er ist ein Künstler und hat eine mir verwandte Seele«, sagte er. »Ich habe zu ihm die wärmsten menschlichen Beziehungen, weil ich ihn so gut verstehe. Er ist ein Baumeister wie ich, intelligent und bescheiden und kein sturer Militärkopf. Ich habe nie geglaubt, dass er seiner großen Aufgabe so gut Herr wird. Er hat auch große organisatorische Talente und ist mit seiner Aufgabe gewachsen.« Und wirklich, Speer war eine sehr sympathische, erfreuliche Erscheinung. Absolut kein Parteimensch, kein Emporkömmling, sondern einer, der wirklich etwas konnte und sich nicht zum Ja-Sager erniedrigte. Merkwürdigerweise schien er einer der wenigen zu sein, von denen Hitler Widerspruch vertragen konnte. Er selbst hatte einmal erklärt: »Wenn ich mit dem Speer einen Plan entwickle und ihm einen Auftrag gebe, dann überlegt er eine Zeit und sagt mir nach einer Weile: ›Ja, mein Führer, ich glaube, das ist wohl zu machen.‹ Oder er entgegnet mir auch: ›Nein, das lässt sich so nicht durchführen.‹ Und dann haben seine Gegenbeweise aber Hand und Fuß.«

Speer trug zwar auch eine Uniform, denn er hatte ja ein Amt, und was wäre ein Amt ohne Uniform. Aber sie war immer ein bisschen unkorrekt, es steckte nie ein Soldat in ihr. Die Haare hätten meistens längst geschnitten gehört, aber er merkte es immer erst, wenn seine Frau ihn darauf aufmerksam machte. Nie habe ich ihn betrunken gesehen, und nie hat er an irgendwelchen Festen in Hitlers Umgebung teilgenommen. Allerdings konnte ich auch nicht bemerken, dass er mit irgendeinem der Partei- oder Wehrmachtsleute befreundet war.

Heinrich Hoffmann dagegen war eine andere Type. Auch er war ein häufiger und wichtiger Gast des Führers. Ein alter Veteran aus der Kampfzeit, der stets und überall mit seiner Kamera zur Stelle war, wenn Hitler irgendwo auftauchte. »Der

Hoffmann war früher ein toller Bursche, da war er noch schlank und geschmeidig und unermüdlich am Werk mit seinem umständlichen alten Apparat. Damals musste er noch unter das schwarze Tuch schlüpfen und mit dem schweren Gerät die halsbrecherischsten Unternehmen machen, um gute Aufnahmen zu bekommen. Er ist ein sehr treuer Gefährte.« Und so wurde der kleine Fotograf Heinrich Hoffmann schließlich zum Dank für seine treuen Dienste zum »Professor« ernannt. Ich fragte mich immer, was denn das für ein Professorentitel sei. Vielleicht der für Geschäftstüchtigkeit? Oder eine Auszeichnung für den guten Riecher, den er hatte, als er unter dreißig verschiedenen Parteien ausgerechnet die nationalsozialistische fotografisch betreute? Er machte allerdings wirklich sehr gute Aufnahmen, hatte auch als Zeichner große Begabung, war sehr witzig, manchmal sogar geistreich – aber schrecklich unsympathisch. Wir nannten ihn jedenfalls den »Reichstrunkenbold«, und in den Jahren, da ich ihn kennen lernte, war das auch der Rang, der ihm gebührte.

Wie gegen die anderen alten Gefährten aus der Kampfzeit legte Hitler auch gegen Hoffmann eine große Anhänglichkeit und Nachsicht an den Tag. Während er, ohne mit der Wimper zu zucken, Mitarbeiter und Generale entließ oder degradierte, wenn sie ihm Widerspruch entgegensetzten oder verleumdet wurden, entschuldigte er bei seinen alten Kampfgenossen viele Fehler, persönliche oder charakterliche Schwächen, die in ihren Auswirkungen der Sache der Partei oder der nationalsozialistischen Idee weit schädlicher waren als berechtigter, sachlicher und offen ausgesprochener Widerspruch.

So störte es ihn zwar maßlos, dass Hoffmann dem Alkohol so sehr ergeben war und den Ruf eines Schürzenjägers genoss. Aber er wusste nichts von den Orgien des Professors in Wien, in München, auf seinem Gut bei Altötting und der Empörung, die das Volk darüber empfand. Wer hätte es ihm sagen sollen? Wer hätte gewagt, gegen einen Freund Hitlers vorzugehen? Die Einzige, die versuchte, etwas dagegen zu unternehmen, war Eva Braun. Sie sagte ihm: »Du musst etwas tun, der Hoffmann benimmt sich entsetzlich. Er ist dauernd besoffen und macht große Gelage zu einer Zeit, in der Menschen nicht genug zu essen haben.« Dann war Hitler zwar wütend und ließ Hoffmann zurechtweisen, aber das nützte nur für kurze Dauer. »Der Tod seiner ersten Frau hat den Hoffmann so schwer getroffen. Er ist darüber einfach nicht hinweggekommen und hat das Trinken angefangen. Früher war er ein guter und solider Ehemann«, erzählte Hitler zu Hoffmanns Entschuldigung. Aber anscheinend verachtete der gute Kampfgenosse auch in seinen solidesten Zeiten einen guten Tropfen nicht, denn Hitler selbst erzählte manche Anekdote, die bewies, dass Hoffmann noch nie Abstinenzler war. So belustigte er einmal die Tischgesellschaft mit der Schilderung einer Autofahrt, die er mit Hoffmann in den zwanziger Jahren unternommen hatte: »Der Hoffmann hatte einen neuen Wagen gekauft, einen Ford, und er wollte unbedingt, dass ich mit ihm den Wagen ausprobiere. Ich habe gesagt: ›Nein, Hoffmann, mit Ihnen fahre ich nicht.‹ Aber er ließ mir keine Ruhe, und schließlich gab ich nach, und in der Schellingstraße stiegen wir ein. Es war schon Abend, geregnet hat es auch und da ist der Hoffmann wie ein Narr um die Ecken gefahren, hat fast ein Hauseck umgerannt und überhaupt nicht auf die Straßenkreuzungen geachtet. Ich habe gesagt: ›Hoffmann, passen Sie auf, Sie fahren wie ein Wahnsinniger! Das ist ja lebensgefährlich.‹ – ›Nein, nein, mein Führer, das kommt Ihnen nur so vor, weil Sie nichts getrunken haben. Hätten Sie auch einen Rotwein genommen wie ich, würden Sie gar nichts merken.‹ Da bin ich aber ausgestiegen und seitdem nie mehr mit ihm gefahren.«

Seit Kriegsbeginn hatte Hoffmann wenig Chancen, mit dem Führer zusammenzutreffen. Im Hauptquartier hatte er nichts zu suchen, und so war der Berghof die einzige Gelegenheit, wo Hitler mit Hoffmann zusammentreffen konnte. Der Führer freute sich anfangs immer sehr, wenn ihm nach langen Monaten sein treuer Anhänger wieder begegnete, aber bald begann er ihm auf die Nerven zu fallen. »Hoffmann, Ihre Nase sieht aus wie ein verdorbener Kürbis, ich glaube, wenn man ein Zündholz unter den Strom Ihres Atems hält, explodieren Sie und bald fließt in Ihren Adern Rotwein statt Blut«, sagte er ihm einmal, als er zum Essen erschien und auch dem Führer nicht verborgen bleiben konnte, dass er einen über den Durst getrunken hatte. Das wenigstens hatte er früher nie getan. In Hitlers Gegenwart war er immer nüchtern gewesen, und Hitler war erschüttert und resigniert, dass sein alter Freund und Vertrauter sich so gehen ließ.

Schließlich befahl Hitler seinen Adjutanten Schaub und Bormann: »Bitte sorgen Sie dafür, dass Professor Hoffmann nüchtern zu mir kommt. Ich habe ihn eingeladen, weil ich mich mit ihm unterhalten will und nicht, damit er sich vollaufen lässt.« Und so hatte der gute Hoffmann ziemliche Schwierigkeiten, Gesellschaft beim Trinken zu finden. Plötzlich hatte niemand in der Umgebung Hitlers die Möglichkeit, für Hoffmann ein Flascherl zu besorgen, und keiner hatte Zeit, ihm beim Wein Gesellschaft zu leisten. Später allerdings brachte sich der Gast seinen Bedarf selbst mit, aber damit verärgerte er Hitler so, dass er kaum noch eingeladen wurde.

Vorläufig gelang es Hoffmann noch, den Führer und die Tischgesellschaft mit seinen Witzen und Erinnerungen zu amüsieren. So erzählte er einmal folgenden Witz: »Mein Führer, ich weiß ein Rätsel: Sie, der Himmler und der Göring stehen mitten auf der Straße unter einem Regenschirm; wer von Ihnen wird nass?« Niemand wusste es. Darauf Hoffmann: »Keiner, mein Führer, denn es regnet gar nicht.« Hitler schüttelte den Kopf: »Ach Hoffmann, Sie werden alt!« Alles lachte. »Und denken Sie, mein Führer, derjenige, welcher mir diesen Witz erzählt hat, ist jetzt in Dachau!« – »Aber das ist doch nicht möglich, Hoffmann, der Witz ist ja zu blöd«, sagte der Führer. »Doch, mein Führer, der ist aber wirklich in Dachau, denn er wohnt dort«, triumphierte Hoffmann, und Hitler musste sehr lachen. »Sie sind schlimmer als der Graf Bobby«, meinte er.

Abends am Kamin gab es dann lange Gespräche über Bildergaleristen und die Ausstellungen im Haus der Deutschen Kunst, die Hoffmann zusammenstellte. Alle langweilten sich entsetzlich bei dem Gespräch, aber Hitler liebte die Malerei, und Hoffmann kannte seinen Geschmack und vor allem den materiellen Wert der alten Meister.

Einmal war auch Hoffmanns Tochter, die Frau Baldur von Schirachs[47], anwesend. Sie war eine nette, natürliche Wienerin[48], die reizend plaudern konnte, die ihren Besuch aber sehr schnell abbrechen musste, weil sie während der Teeunterhaltung eine sehr unangenehme Situation heraufbeschworen hatte. Ich selbst habe die Szene nicht miterlebt, aber Hans Junge hat sie mir geschildert. Sie sagte plötzlich, während Hitler mit seinen Gästen am Kamin saß: »Mein Führer, ich habe kürzlich in Amsterdam einen Zug deportierter Juden gesehen. Es ist entsetzlich, wie diese armen Menschen aussehen, sie werden sicher sehr schlecht behandelt. Wissen Sie das, und erlauben Sie das?« Es entstand eine peinliche Stille. Hitler erhob sich kurz darauf, verabschiedete sich und zog sich zurück. Am nächsten Tag fuhr Frau von Schirach nach Wien zurück, und der Vorfall wurde mit keiner Silbe erwähnt. Sie hatte anscheinend ihre Rechte als Gast überschritten und ihre Pflicht, Hitler zu unterhalten, nicht erfüllt.

In den ersten Tagen des April – Hitler fühlte sich sehr ausgeruht und erholt – begannen die Vorbereitungen für die großen Staatsempfänge. Ribbentrop war fast täglich zu Besprechungen und auch zum Mittagessen anwesend. Hewel hatte alle Hände voll zu tun. Fast alle Führer der verbündeten Staaten sollten empfangen werden. In der Nähe von Salzburg lag das Gästehaus des Deutschen Reiches. Es war ein zauberhaftes Barockschlösschen, erbaut von Fischer von Erlach, und von Hitler wunderbar ausgestattet worden. Hier in Schloss Klessheim hielt Hitler die »großen Staatsempfänge« ab, für die der Berghof nicht so gut geeignet war.

Der erste und wichtigste ausländische Gast war Mussolini. Am Vorabend seines Besuches war Hitler besonders guter Laune. »Der Duce ist ein hervorragender Staatsmann. Er kennt die Mentalität seines Volkes, und was er in der kurzen Zeit aus Italien mit seinem faulen Volk geschaffen hat, ist wirklich erstaunlich. Aber er hat keinen leichten Standpunkt, er steht zwischen der Kirche und dem Königshaus. Der König ist allerdings ein Trottel, aber er hat viele Anhänger. Viktor Emanuel ist der kleinste König, den ich kenne. Als ich mit meinem Sonderzug 1938 nach Rom gefahren bin, habe ich meine Herren kurz vor der Einfahrt in den Bahnhof darauf vorbereitet, dass wir jetzt gleich ankommen werden, und wenn da so ein

Mann mit viel Gold auf der Uniform am Bahnsteig kniet, dann sollten sie nicht lachen, denn der Herr sei der König von Italien und sei in seiner ganzen Länge nicht größer geraten. Natürlich haben meine langen Kerle erst recht grinsen müssen, und ich hätte ihnen lieber vorher nichts sagen sollen. Es war ein sehr komischer Anblick, wenn der König neben der Königin, die zwei Köpfe größer war als er, an der Tafel saß. Solange sie saßen, waren sie ziemlich gleich, aber sobald man aufstand, rutschte der König hinunter und die Königin wurde noch größer. Aber es war wundervoll in Rom. Italien ist ein zauberhaftes Land, aber es hat eine sehr faule Bevölkerung.«

Hitler erzählte dann begeistert von den großen Veranstaltungen und prunkvollen Einrichtungen, die der Duce zu Ehren seines Gastes arrangiert hatte. Die faschistische Bevölkerung hatte mit viel Temperament und unerhörter Begeisterung dem befreundeten Staatsmann endlose Ovationen bereitet. Später bezeichnete Hitler diese ganze Begeisterung lediglich als Strohfeuer und nannte die Italiener eine charakterlose Bande. Er war damals mit Mussolini in der großen Oper und war entsetzt über die Unaufmerksamkeit des Publikums gegenüber den Darstellern. »Die Leute saßen in ihren prachtvollen Toiletten in den Logen und Rängen und unterhielten sich über persönlichen Klatsch, während die Sänger ihr Bestes gaben. Wir kamen erst mitten im zweiten Akt, und ich traute meinen Ohren nicht, als plötzlich, mitten in der Vorstellung, abgebrochen wurde, um die italienische Nationalhymne, das Deutschland- und das Horst-Wessel-Lied zu spielen. Ich habe mich geradezu geniert und fand es sehr peinlich den Schauspielern gegenüber.«

Anscheinend empfand Hitler auch persönlich dem Duce gegenüber eine gute Freundschaft, denn ich hatte das Gefühl, dass er sich wirklich auf Mussolinis Besuch freute. Es kann allerdings auch sein, dass er sich materielle Unterstützung und Hilfe von seinem Freund erwartete und deshalb so guter Laune war. Er hat es jedenfalls wunderbar verstanden, menschliche Gefühle hervorzuheben. Mussolini sollte auch im Berghof empfangen werden und mit Hitler essen. In der Küche war Hochbetrieb, um den verwöhnten Gaumen des Gastes zu befriedigen.

Der große Tag des Empfangs war wieder einmal, wie so oft vorher und nachher, mit wahrem »Propagandawetter« ausgestattet. Sonne, Schnee und strahlend blauer Himmel wirkten so festlich, dass sie einen wunderbaren Rahmen für die Pracht des Schlosses Klessheim abgaben. Von Mussolinis Besuch selbst kann ich nichts berichten. Ich war mit einigen anderen auf dem verwaisten Berghof zurückgeblieben und saß im Büro, um endlich einmal ohne zu hetzen meine Arbeit zu erledigen. Ein ganzer Stoß von Fliegermeldungen aus dem Rheinland und Norddeutschland war wieder eingetroffen. Eva Braun war vor dem Mittagessen mit Herta Schneider, Frau Brandt und Frau von Below zu einem Spaziergang zum Königsee aufgebrochen und wollte erst am Spätnachmittag zurückkommen. Sie benutzte den freien Tag, um endlich ausgiebig laufen zu können. Sonst musste sie ja meistens am Mittagsmahl teilnehmen, und die späten Kaminabende hatten zur Folge, dass sie sehr lange schlafen musste.

Fräulein Schroeder fühlte sich krank und lag im Bett, und ich hatte allein Dienst. Als ich meine Arbeit im Büro beendet hatte, fand ich es sehr langweilig. Das schöne Wetter reizte mich ebenfalls zu einem Spaziergang, aber ich konnte das Telefon nicht verlassen. Ich kam mir vor wie in einem goldenen Käfig, als ich mit einem Buch auf der Terrasse saß und auf die Berge schaute. In dieser Zeit spürte ich eine seltsame Unruhe in mir, wenn ich allein war, ein Gefühl des Unbehagens, das ich mir nicht erklären konnte. Es waren nicht die Berge, die auf mein Gemüt drückten, es war der ganze gewaltige Apparat, in den ich hineingekommen war und der mich festhielt mit tausend Armen.

Endlich meldete ein Telefonanruf: »Der Führer ist soeben von Klessheim abgefahren. Er möchte mit den Gästen ins Teehaus gehen.« Ich zog mich um. Der Berghof begann sich wieder zu regen. Das Gekläff der schottischen Terrier verkündete, dass die Herrin wieder im Hause war. Zwanzig Minuten später brausten Autos die Straße herauf, plötzlich war das ganze Haus von Uniformen erfüllt, und kurze Zeit später wanderte der Führer mit einer kleinen Gesellschaft zum Teehaus.

Ich hatte angenommen, dass an solchen Tagen, die anstrengende und wichtige Besprechungen mit sich brachten, der Führer früher schlafen gehen würde und müde sei. Gerade das Gegenteil war der Fall. Der Führer war angeregt und gesprächig, und die Teegesellschaft dauerte endlos lange.

Es kamen noch Marschall Antonescu aus Rumänien, Reichsverweser Horthy aus Ungarn, Tiso aus der Slowakei und König Boris von Bulgarien. Tagelang bekamen wir Hitler erst abends zu Gesicht. Nur Boris von Bulgarien wurde auch im Berghof empfangen. Als ich mich in der Küche herumtrieb, sah ich den König gerade zum Hauptportal vorfahren. Um ungesehen in mein Zimmer zu gelangen, rannte ich schnell über den Hof hinter dem Haus vorbei und wollte den Hintereingang benutzen. Ich platzte ausgerechnet in die feierliche Prozession hinein, in der der Führer den König durch das Wohnzimmer in die Halle geleitete. In der rechten Hand hielt ich einen angebissenen Apfel, in der anderen zwei Tischtennisschläger, und außerdem hatte ich den Mund voll, sodass ich überhaupt nichts sagen und tun konnte. Hitler und sein Gast betrachteten mich ziemlich erstaunt, aber nicht unfreundlich, und ich schlich verlegen und eilig in mein Zimmer. Als mich der Führer am Abend vor dem Essen begrüßte, entschuldigte ich mich und er sagte sehr freundlich: »Das macht nichts, mein Kind, ein König ist auch nur ein Mensch.«

Auch die Staatsempfänge gingen vorüber, ein neuer Festtag rückte näher: der 20. April, Führers Geburtstag. Wochenlang vorher trafen auf dem Berghof Waschkörbe voll Glückwunschschreiben ein. Kisten, Pakete, Päckchen stapelten sich bei Bormann und im Büro der Adjutantur. Dabei war das nur ein kleiner Bruchteil, während der Hauptteil der Geschenke nach Berlin ging. Firmen, Gesellschaften, Parteidienststellen, Organisationen, Kinderheime, Schulen, Vereine und Privatleute sandten Glückwünsche und Spenden. Es gab alles von der Zahnbürste über komplette Kinderausstattungen bis zur feinsten Damenwäsche und kostbarem Porzellan oder Museumsstücken. Meistens waren diese Geschenke nicht für Hitlers persönlichen Gebrauch gedacht, sondern zur Verteilung an bestimmte bedürftige Personen nach seiner Verfügung bestimmt.

Es kamen auch Geschenke von einfachen, rührenden kleinen Leuten. Ein altes Weiblein hatte Pantoffeln gemacht und zur Zierde das Hakenkreuz in der untergehenden Sonne außerordentlich geschmacklos, aber mit viel Mühe auf jeden Pantoffel gestickt. Eine andere Dame schickte ein handgearbeitetes Taschentuch, in jeder Ecke ein Charakterkopf gestickt: Hitler, Hindenburg, Bismarck und der Alte Fritz in harmonischer Vereinigung zum Naseputzen! Liebevoll und sorgfältig verpackt trafen Kuchen, Torten, Kekse, Süßigkeiten und Obst aus allen Teilen Deutschlands ein. Das Büro der Adjutantur sah in diesen Tagen aus wie ein Kaufhaus. Die Geschenke und Briefe von Hitlers persönlichen Bekannten wurden ihm ungeöffnet in sein Arbeitszimmer gebracht.

Wir saßen am 19. April abends ausnahmsweise vollzählig um den Kamin. Es war wie sonst. Hitler sprach ausführlich über seinen Liebling Blondi. Sie durfte an der Gesellschaft teilnehmen, und ich als Hundeliebhaberin war wirklich begeistert von ihrer Klugheit. Hitler machte allerlei Spielchen mit ihr. Sie musste Männchen machen und »Schulmädchen«, dabei saß sie auf den Hinterbeinen und legte beide Pfoten auf die Lehne von Hitlers Stuhl, wie ein artiges Schulkind. Ihre Glanzleistung war ihr Gesang. Hitler bat sie mit seiner freundlichsten und schmeichlerischsten Stimme »Blondi, sing!« und stimmte selbst ein lang gezogenes Geheul an. Sie fiel in hohen Tönen ein, und je mehr Hitler sie lobte, desto intensiver wurde ihr Gesang. Manchmal erwischte sie eine zu hohe Tonlage, dann sagte Hitler: »Blondi sing tiefer, wie Zarah Leander!« Dann heulte sie lang gezogen und tief wie ein Wolf, der sicher einmal unter ihren Vorfahren zu finden war. Jeden Abend bekam sie drei kleine Kuchenstückchen, und wenn Hitler drei Finger seiner Hand hochhob, wusste sie sofort, dass sie jetzt ihre abendlichen Leckerbissen empfangen würde.

Fast den ganzen Abend drehte sich die Unterhaltung um den Hund, so als hätte *er* heute Geburtstag. »Sie ist wirklich der gescheiteste Hund, den ich kenne. Droben im Arbeitszimmer spiele ich manchmal mit ihr Ball«, erzählte Hitler. »Manchmal rollt sie das Spielzeug unter den Schrank, und ich muss zum Kamin gehen und mit dem Feuerhaken den Ball hervorholen.

Neulich war sie bei mir, während ich am Schreibtisch saß, und lief immer hin und her und war sehr unruhig. Schließlich blieb sie vor dem Kamin stehen und winselte, bis ich aufstand. Dann lief sie zum Schrank und wieder zum Kamin, bis ich den Feuerhaken ergriff und ihren Ball unter dem Schrank hervorholte. Ich hatte dieses Spiel längst vergessen, aber sie wusste noch genau, wie ich ihr damals geholfen hatte. Ich habe bloß Angst, dass sie sich auf dem glatten Parkettboden ihre Haxerl bricht, drum spiele ich jetzt nicht mehr mit ihr.«

Endlich näherte sich der große Zeiger der Zwölf. Punkt zwölf Uhr öffneten sich die Türen, und die Reihe der Diener und Ordonnanzen marschierte mit Tabletts voller Gläser und Champagner auf. Jeder bekam sein Glas Sekt, während Hitler einen ganz süßen Weißwein in sein Glas bekam. Mit dem letzten Uhrenschlag klangen die Gläser aneinander. Jeder sagte: »Alles Gute, mein Führer« oder »herzlichen Glückwunsch, mein Führer«. Manche hielten auch eine längere Rede, dass der Führer vor allem gesund bleiben möge, auf dass seine Kraft noch recht lange dem deutschen Volk erhalten bliebe usw.

Damit war der offizielle Teil des Geburtstages für mich vorüber. Die Gesellschaft nahm wieder Platz, die Unterhaltung ging weiter, und später erschienen noch viele andere Gratulanten, sämtliche Diener, Wachen, Chauffeure, das gesamte Küchen- und Hauspersonal, alle Kinder aus der engeren und weiteren Bekanntschaft usw. Überall wurde gefeiert, in der Küche, in den Garagen, in den Wachstuben, im Pressehaus, im Aufenthaltsraum der Ordonnanzen. Heute gab es auch auf dem Berghof Alkohol so viel man wollte. Ich habe das allgemeine Feiern benutzt und bin einmal früher als sonst schlafen gegangen. Heute waren ja genug Unterhalter anwesend, und zur Arbeit wurde ich nicht mehr gebraucht.

Am Morgen des 20. April kam Hitler früher als sonst herunter. Lächelnd und teils kopfschüttelnd betrachtete er seine Gabentische und -berge im Büro. Einige Kleinigkeiten nahm er an sich, eine sehr hübsche Plastik eines jungen Mädchens, eine schöne Holzschale, die ein vierzehnjähriger Bub selbst gedrechselt hatte und einige Kinderzeichnungen, die er Eva zeigen wollte. Alles andere sollte an Krankenhäuser, Kinderheime, Altersheime und Wohlfahrtsvereine verteilt werden. Die Esswaren sollten eigentlich vernichtet werden, weil die Gefahr bestand, dass sie vergiftet waren. Ich beteiligte mich ausgiebig bei dieser Vernichtungsaktion, indem ich die Herrlichkeiten ihrem Bestimmungszweck zuführte.

Mittags waren Himmler und Sepp Dietrich[49], Goebbels und Esser, Ribbentrop und Generalinspektor Werlin[50] als Ehrengäste anwesend. Die Tafel war so voll besetzt, dass auch am runden Tisch im Erker kein freier Platz mehr war. Ich war Himmlers Tischdame. Zum ersten Mal lernte ich diesen mächtigen, gefürchteten Mann aus der Nähe kennen. Er war mir als Erscheinung zwar ausgesprochen unsympathisch, weil er so spießig, so beamtenmäßig und heuchlerisch aussah, nicht weil er brutal wirkte. Das war das Verblüffende an seiner Persönlichkeit: Begrüßung mit Handkuss, eine leise Stimme mit leicht bayerischem Dialekt, immer ein Lächeln um Augen- und Mundwinkel und eine verbindliche, fast herzliche Höflichkeit! Wenn man ihn so hörte, wie er harmlose Anekdoten erzählte und liebenswürdig und charmant plauderte, wer konnte dabei an Erschießungen, KZ und solche Dinge denken! Er war sehr raffiniert, glaube ich. Er erzählte, wie fabelhaft die KZs eingerichtet seien. »Ich habe meine Leute ganz individuell für die Arbeit eingeteilt und mit dieser Methode nicht nur völlige Sicherheit, sondern auch gute Leistungen, Ruhe und Ordnung in den Lagern erreicht. Ein unverbesserlicher Brandstifter z. B. wurde als Brandwache in einem Lager aufgestellt. Er ist dafür verantwortlich, dass kein Feuer ausbricht und ich habe ihm sagen lassen, dass er auf jeden Fall verdächtigt wird, sobald ein Brand entsteht. Sie sollten einmal sehen, mein Führer, wie zuverlässig und aufmerksam dieser Mann ist.« Er lachte dabei zufrieden, und wir mussten den Eindruck haben, dass er als menschenfreundlicher Psychologe die Leute in den KZs nicht einfach nur gefangen hielt, sondern sie schulte und erzog. Hitler nickte beifällig zu Himmlers Ausführungen, und niemand nahm weiter zu diesem Thema Stellung.

Ribbentrop war ein sehr merkwürdiger Mensch. Er machte auf mich einen geistesabwesenden, leicht versonnenen Eindruck, und wenn ich nicht gewusst hätte, dass er Außenminister ist, hätte ich gesagt, er sei ein verschrobener Sonderling, der ein völlig abseitiges Leben führt. Mitten in die Unterhaltung hinein fragte er plötzlich unvermittelt, warum der Führer nicht Sekt trinke: »Es macht unerhört frisch, mein Führer und außerdem ist es ein sehr bekömmliches Getränk.« Hitler blickte ihn ziemlich erstaunt an und versicherte sehr bestimmt, dass er Champagner nicht ausstehen könne. »Er ist mir viel zu sauer, und wenn ich schon was Prickelndes trinken will, dann nehme ich lieber Fachinger oder Apollinaris. Das ist bestimmt noch gesünder.« Wahrscheinlich hatte der Außenminister vorübergehend vergessen, dass er inzwischen das Milieu eines Sektfabrikanten mit dem eines Diplomaten vertauscht hatte. Er war immerhin eine gute Erscheinung, aber wenn ich daran denke, dass er bei seinem Besuch zur Krönungsfeier in London den König von England mit erhobenem Arm und »Heil Hitler!« begrüßt hatte, dann gefällt er mir bedeutend weniger.

Goebbels brachte Schwung und Witz in die Unterhaltung. Er war gar nicht schön, aber ich konnte verstehen, warum schon die Mädchen der Reichskanzlei an die Fenster rannten, um den Propagandaminister aus seinem Ministerium herauskommen zu sehen, während sie Hitler kaum weiter beachteten. »Ach, wenn Sie wüssten, was der Goebbels für Augen hat und wie bezaubernd er lacht ...«, schmachteten sie, als ich ihnen völlig verständnislos gegenüberstand. Auch die Damen vom Berghof flirteten regelrecht mit Hitlers Minister. Und wirklich hatte er eine bestechend geistreiche Art, und sein Witz war treffend, wenn er auch meist auf Kosten eines anderen ging. An der Tischrunde des Führers war seiner scharfen Zunge niemand gewachsen, am allerwenigsten der Reichspressechef. Ausgerechnet dieser machte die etwas unpassende Bemerkung, dass er in der Badewanne die allerbesten Ideen hatte, worauf Goebbels natürlich prompt antwortete: »Sie sollten viel öfter baden, Herr Doktor Dietrich!« Der Pressechef erblasste und schwieg.

So ging das Geplänkel bei Tisch hin und her und Goebbels' spitze Pfeile fanden ihre Opfer und flogen nicht zurück. Merkwürdigerweise ignorierten sich Himmler und Goebbels vollkommen. Es fiel nicht weiter auf, aber es blieb auch nicht verborgen, dass nur sehr dünne und oberflächliche Höflichkeits-beziehungen walteten. Es war ja auch verhältnismäßig selten, dass die beiden zusammentrafen, sie hatten wenig miteinander zu tun und waren nicht so wie die verfeindeten Gebrüder Bormann an einer gemeinsamen Hundeleine von ihrem Herrn geführt. Die Feindschaft der Bormanns war so erhärtet und zur Gewohnheit geworden, dass sie dicht nebeneinander stehen konnten, ohne dass der eine von dem anderen überhaupt Notiz nahm. Und wenn Hitler dem kleinen Bormann einen Brief oder einen Auftrag zur Weiterleitung an den Reichsleiter gab, ging dieser hinaus, holte eine Ordonnanz, und diese leitete den Befehl dann an den großen Bruder im gleichen Zimmer weiter. Umgekehrt wurde genauso verfahren, und falls der eine Bormann bei Tisch einen Witz erzählte, lachte die ganze Gesellschaft schallend, während der Bruder völlig unbeteiligt und todernst blieb. Ich wunderte mich, wie sehr sich Hitler an diesen Zustand gewöhnt hatte, er nahm überhaupt keine Notiz davon. Leider habe ich nie erfahren können, was die Ursache der Feindschaft überhaupt war. Ich glaube, eine Frau war der Grund. Vielleicht hatten die Streithähne es selbst längst vergessen?

Übrigens wurde an Hitlers Geburtstag der Nachmittagstee in der großen Halle eingenommen. Dabei waren auch die prominenten Militärs, Jodl, Keitel, Schmundt usw. anwesend. Göring war nur zur Lagebesprechung erschienen und hatte seine Glückwünsche bei dieser Gelegenheit angebracht. Aber am Nachmittag erschien seine Frau, »die Königinmutter«[51], in einem riesengroßen, kornblumenblauen Cape mit der kleinen Edda und gratulierte. Wir konnten nur durch das Fenster sehen, wie Hitler sie auf der Terrasse begrüßte, und Eva sauste hinauf in den ersten Stock, um mit ihrer Kamera das Bild festzuhalten, wie die kleine Edda Onkel Hitler ihr Geburtstagsgedicht aufsagte. Hitler hatte die Terrasse ausnahmsweise ohne Mütze betreten, und Eva wollte sich diese günstige Gelegenheit nicht entgehen lassen.

Später stattete Hitler dem Lazarett auf dem Platterhof den traditionellen Besuch ab. Immer an seinem Geburtstag besuchte er verwundete Soldaten.

Für mich brachte der Geburtstag noch eine interessante Bekanntschaft. Ich lernte meine Vorgängerin kennen, von der Hitler stets mit einer wahren Begeisterung gesprochen hatte. Früher hieß sie Fräulein Daranowski, jetzt hatte sie den Oberst Christian geheiratet, den Chef der Operationsabteilung der Luftwaffe, und nun hatte sie schweren Herzens ihre Tätigkeit beim Führer aufgegeben. Eva Braun war darüber nicht böse, denn der Führer sprach manchmal etwas zu begeistert von seiner Sekretärin. Sie war wirklich eine sehr gute, charmante Erscheinung, gepflegt, mit dunklem Haar, temperamentvoll und jugendlich, die Verkörperung des Lebens. Ihr Augenaufschlag war unwiderstehlich, und ihr Lachen tönte wie silberne Glöckchen. Abgesehen davon, dass sie den Führer mit ihrem Sexappeal bestach, war sie eine unerhört gute Sekretärin. Ich habe selten eine solche Fingerfertigkeit auf der Schreibmaschine gesehen. Ihre Hände waren wie aus Gummi, so gelenkig. Wir wurden später wieder Kolleginnen.[52]

Inzwischen war es in diesem engen Kreise nicht verborgen geblieben, dass ich mich mit Hans Junge besonders gut verstand. Wenn ich mich bei Tisch entschuldigen ließ, hatte meist Linge Dienst, sodass Hans Junge und ich gemeinsam weite Spaziergänge in die Berge und Ausflüge nach Berchtesgaden oder Salzburg unternehmen konnten. Aber Julius Schaub war nicht nur von Natur aus neugierig wie ein Waschweib, sondern er suchte auch stets irgendwelchen Unterhaltungsstoff, den er dem Führer zum Frühstück servieren konnte. Berichte über kleine Liebschaften waren zwar sehr interessant, aber in der allernächsten Nähe des »höchsten Herrn« unerwünscht. Er erkannte nur seriöse und ernsthafte Bindungen an, wenn er überhaupt davon erfuhr.

Hans Junge war ein besonderer Liebling des Führers, und er diente ihm auch mit viel Pflichtbewusstsein und Hingabe. Aber trotzdem hatte er den großen Wunsch, aus Hitlers Nähe wegzukommen. Er erkannte als einer der wenigen, dass man auf die Dauer so sehr von der ganzen Gedankenwelt Hitlers beeinflusst wurde, dass sich schließlich die Gewissheit verwischte, was eigene Substanz und was fremder Geisteseinfluss war. Junge wollte wieder objektiv sehen. Er hatte sich wiederholt zur Front gemeldet, die einzige Möglichkeit für ihn, seinen Dienst bei Hitler aufzugeben. Jedes Mal wurde er abgewiesen, mit der Begründung, er sei Hitler unentbehrlich, es gäbe genug gute Soldaten, aber wenig vertrauenswürdige Diener und Adjutanten. Schließlich sah Junge seine Chance in einer Verlobung mit mir. Er wusste genau, dass Hitler mich als Sekretärin noch weniger hergeben würde als ihn als Diener. Eine Verlobung war auf der anderen Seite keine allzu feste Bindung und bot trotzdem die Möglichkeit eines Beisammenseins und Sichkennenlernens. So fassten wir beide den Entschluss, dem Führer unsere Verlobung mitzuteilen, und Junge wollte gleichzeitig wieder um Versetzung nach der Front ersuchen.

Schaub war selig, als wir ihn baten, den Führer von unserer Absicht zu verständigen. Kurze Zeit nach Hitlers Geburtstag überbrachte er dem Chef diese welterschütternde Nachricht. Die ganze Geschichte war mir furchtbar peinlich. Bei Tisch fühlte ich Hitlers Blick mit einem verstohlenen Lächeln auf mir ruhen. Ich glaubte, rings um mich lauter schadenfrohe Gesichter zu sehen, und wäre am liebsten auf und davon gelaufen. Ich dachte mit ziemlich schlechtem Gewissen daran, dass ich noch vor drei Monaten mit dem Brustton der Überzeugung behauptet hatte: »Männer interessieren mich überhaupt nicht.«

Abends am Kamin bemerkte Hitler plötzlich: »Ich habe wirklich Pech mit meinen Leuten. Erst hat mir der Christian die Dara weggeheiratet und mir damit die beste Sekretärin genommen, dann habe ich endlich einen vollwertigen Ersatz gefunden, nun verlässt mich auch Traudl Humps und nimmt mir noch dazu den besten Diener.« Er wandte sich zu mir: »Aber vorläufig bleiben Sie doch bei mir, der Junge will ja unbedingt zur Front, und wenn Sie schon allein sind, dann können Sie auch bei mir weiterarbeiten.« Nun war ich also plötzlich verlobt, aber ich fühlte mich meiner neuen Würde überhaupt nicht gewachsen. Immerhin dachte ich zuversichtlich, wer weiß, was die Zeit bis zur Heirat noch alles bringt.

Zum Ersten Mai, dem Tag der nationalen Arbeit, gab Hitler mir endlich wieder einmal ein größeres Diktat. Früher hatte er auf Massenkundgebungen gesprochen und war persönlich bei Feiern und Riesenveranstaltungen anwesend gewesen. In den letzten Kriegsjahren sprach Hitler seine Rede fast immer auf ein Tonband, das dann durch Radio übertragen wurde. Oftmals wurden seine Proklamationen auch nur verlesen oder in der Presse veröffentlicht. Vor allem hielt Hitler seit dem Krieg nie mehr öffentliche Reden ohne Manuskript. »Ich spreche am liebsten und am besten frei aus dem Kopf«, sagte er, »aber jetzt während des Krieges muss ich jedes Wort auf die Goldwaage legen, denn die Welt ist aufmerksam und hellhörig. Wenn ich aus einer spontanen Stimmung heraus einmal ein unrechtes Wort sage, kann das zu schweren Verwicklungen führen.« Nur bei internen Anlässen, vor den Gauleitern, den Offizieren oder Industriellen, sprach Hitler ohne Manuskript. Obwohl ich Hitler schon tagelang vorher an die bevorstehende Rede erinnerte, hatte er erst in der Nacht vom 30. April die richtige Stimmung und Zeit zum Diktat. Ich schrieb die ganze Nacht hindurch. In den Morgenstunden war ich fertig, um zehn Uhr besprach Hitler das Tonband und um zwölf Uhr Mittag ging die Rede über alle deutschen Sender.

Bald darauf fuhr Hitler im kleinen Kreis nach München. Er wollte sich die Gelegenheit nicht entgehen lassen, die Ausstellung im Haus der Deutschen Kunst zu sehen, die im Juli eröffnet werden sollte.[53] Bis dahin wollte er längst wieder in Ostpreußen sein, so ließ er sich von Heinrich Hoffmann und Frau Professor Troost[54] die Auswahl der Bilder und Plastiken vorführen.

Ich bin als einzige Frau mitgefahren. Fräulein Schroeder hatte sich zur Kur in das Sanatorium Zabel nach Berchtesgaden begeben, und auf dem Rückweg sollte Fräulein Wolf als zweite Sekretärin mit zum Berghof kommen. Während Hitler sofort in seine Wohnung am Prinzregentenplatz fuhr, überraschte ich meine Mutter mit meinem Besuch. Das Wiedersehensglück dauerte nicht lange, denn wenige Stunden später rief mich Schaub in Hitlers Wohnung. Ich kannte das Haus, aber ich war noch nie in der Privatwohnung gewesen. Vor allem wunderte ich mich, dass Hitler nur eine Etage bewohnte. Im Parterre waren eine Portiersloge und die Diensträume für Kripoleute und

Wachen, im ersten Stock standen noch einige Gastzimmer zu Hitlers Verfügung. In der zweiten Etage war Hitlers Privatwohnung, die er mit seinem Haushälterehepaar Herrn und Frau Winter teilte. Alle übrigen Stockwerke wurden von Privatpersonen bewohnt. Hitlers Wohnung unterschied sich in nichts von dem Heim eines gut situierten, soliden Bürgers. In der geräumigen Diele standen Korbmöbel, die Fenster zierten bunt geblümte Vorhänge, ein Garderobenraum war mit großen Spiegeln und Wandleuchtern geschmackvoll ausgestattet. Überall trat man auf weiche Teppiche. Der breite Korridor schloss links mit einer Tür ab, die in die Räume der Winters führte. Hier waren die Küche, das Bad, das Wohnzimmer und das Schlafzimmer der Haushälterin. Ihr Wohnzimmer diente gleichzeitig als Aufenthaltsraum für Hitlers Angestellte, wenn die Regierung in München weilte. Gleich gegenüber der Eingangstür lagen Hitlers großes Arbeitszimmer und die Bibliothek. Ursprünglich waren es wohl zwei Räume gewesen, die durch das Ausbrechen einer Wand in einen einzigen, sehr großen Raum verwandelt wurden. Hitler hatte eine große Vorliebe für weiträumige Zimmer, und ich wunderte mich manchmal, wie er es in seinem kleinen Bunkerkäfig mit der niedrigen Decke und den winzigen Fenstern aushalten konnte. Neben seiner Bibliothek war ein Zimmer, welches immer verschlossen war. Hier soll sich angeblich Hitlers Nichte, die er sehr gern gehabt hatte, seinetwegen das Leben genommen haben. Der Führer erwähnte manchmal seine Nichte im Gespräch, und in der Halle des Berghofes hatte ein Ölportrait von ihr einen Ehrenplatz. Erich Kempka[55], Hitlers Chauffeur, der schon damals in Hitlers Diensten stand – ich glaube, es war im Jahr 1935[56] –, erzählte mir viel später die ganze Geschichte, über die im Allgemeinen niemand sprach. Hitler war Gelis Vormund – so hieß seine Nichte – und sie lebte in seiner nächsten Nähe. Sie liebte einen Mann, den Hitler ablehnte. Als er zum Reichsparteitag nach Nürnberg fuhr, erschoss sie sich in ihrem Zimmer in seiner Wohnung.[57] Es wurde nicht ganz geklärt, ob ein unglücklicher Zufall beim Reinigen ihrer Pistole den Tod herbeigeführt hatte. Jedenfalls war Hitler sehr schwer erschüttert, und niemand hatte seit Gelis Tod ihr Zimmer wieder bewohnen dürfen.

Auch Eva Braun hatte in Hitlers Wohnung einen Raum zur Verfügung, den sie aber selten bewohnte und nie während Hitlers Anwesenheit in München. Im rechten Teil der Wohnung war noch ein Gastzimmer, das mir als Büro diente, als ich einmal etwas zu schreiben hatte, und irgendwo war wohl auch noch Hitlers Schlafzimmer, das ich nie betreten habe.

Ich war gerufen worden, weil Hitler diktieren wollte. Leider habe ich keine Ahnung mehr, was es war. Jedenfalls keine lange, schwierige Geschichte. Ich brachte die fertige Arbeit in Hitlers Arbeitszimmer. Er saß am Schreibtisch, als ich eintrat, und ich blieb neben ihm stehen, während er das Geschriebene nochmals durchlas und verbesserte. Plötzlich, ohne den Blick zu heben, sagte er: »Sie haben sich mit dem Jungen verlobt, wollen Sie denn nicht lieber gleich noch heiraten, bevor er zur Truppe geht?«

Da hatte ich die Bescherung! Ich blickte ihn im ersten Moment entgeistert an, denn ich hatte absolut nicht die Absicht gehabt, nach einer so kurzen Zeit der Bekanntschaft schon so eine feste Bindung einzugehen. Krampfhaft versuchte ich, ein triftiges Gegenargument zu finden. Es fiel mir nichts Besonderes ein. Schließlich sagte ich: »Ach, mein Führer, warum sollen wir denn heiraten, es ändert sich ja doch nichts. Mein Mann geht an die Front, und ich muss sowieso weiterarbeiten, dazu brauchen wir doch nicht zu heiraten.« Im Stillen fragte ich mich, was der Führer wohl für ein Interesse an meiner Heirat haben konnte. Die Liebe ist doch keine Staatsaffäre, sondern meine ureigenste Privatangelegenheit, und überhaupt war ich verärgert über die Einmischung von höchster Stelle. Immerhin war ich verblüfft, als ich Hitler sagen hörte: »Aber Sie haben sich doch lieb! Da ist es doch am besten, gleich zu heiraten. Und wissen Sie, wenn Sie einmal verheiratet sind, dann kann ich Sie jederzeit schützen, wenn Ihnen irgendjemand zu nahe tritt. Das kann ich aber nicht, wenn Sie nur verlobt sind. Und arbeiten werden Sie ja bei mir, auch wenn Sie verheiratet sind.« Beinahe hätte ich laut gelacht. Wie gutbürgerlich! Aber es war mir leider dabei auch sehr unbehaglich zumute, denn wie sollte ich ihm klar machen, dass die Liebe allein nicht immer Grund genug ist, gleich zu heiraten. Ich sagte nichts weiter, und dachte mir, so wichtig sei die Angelegenheit ja doch nicht, er werde es wohl bald wieder vergessen haben. Ich sagte Hans Junge, was der Führer mir vorgeschlagen hatte, und auch er lachte über das ganze Gesicht. »Das ist wieder einmal typisch für ihn, wenn er nur die leiseste Möglichkeit riecht, eine Ehe zu stiften, dann versucht er es nach besten Kräften. Aber lass' nur, er wird das nicht so ernst gemeint haben.« Ich nahm mir vor, mich eines Tages zu rächen und Hitler zu fragen, warum er nicht längst glücklicher Ehemann sei. Schließlich behauptete er ebenfalls, Eva Braun zu lieben. Damals aber war ich noch zu schüchtern und zu jung, um solche Reden führen zu können.

Zum Mittagessen fuhr Hitler in ein kleines Lokal, in dem er schon in früheren Zeiten meist gegessen hatte, die »Osteria Bavaria« in der Schellingstraße. Der Wirt mit dem echt bayerischen Namen Deutelmoser war kurz vor unserer Ankunft verständigt worden und hatte seinen besten Anzug an, als wir eintrafen. Die Hauptessenszeit war schon vorüber, und nur noch vereinzelte Gäste saßen an einigen Tischen des Lokals. Ich habe natürlich aufgepasst, ob es nicht Kriminalbeamte waren, denn ich wollte doch wissen, wie in einem solchen Fall für Hitlers Sicherheit gesorgt wurde. Aber entweder waren es besonders intelligente Beamte oder wirkliche Gäste, denn sie benahmen sich völlig normal, blickten interessiert auf den hohen Besuch und gingen teilweise auch früher weg.

Der ungemütlichste Tisch ganz hinten in der Ecke war Hitlers Stammplatz. Wir waren nur eine kleine Gesellschaft von sechs Personen. Hitler mit zwei Adjutanten und Professor Morell, Frau Professor Troost und ich. Frau Professor Troost war die Gattin des verstorbenen Baumeisters, des Erbauers des Hauses der Deutschen Kunst. Hitler hatte ihn sehr geschätzt und Frau Troost, die selbst Innenarchitektin war, führte zum Teil die Arbeit ihres Mannes weiter. Sie machte Entwürfe und Ausführungen für Gobelins, Inneneinrichtungen, Mosaike usw. im Auftrag des Führers. So hatte sie auch die kostbare Urkunde für Görings Ernennung zum Reichsmarschall und den Marschallstab entworfen und gearbeitet. Sie war eine sehr temperamentvolle, natürliche und witzige Person, und die Unterhaltung während des Mittagessens wurde in der Hauptsache von ihr bestritten. Sie plapperte mit einer solchen Geschwindigkeit und Lebendigkeit, dass Hitler kaum zu Worte kam. Dabei machte sie sich über ihn und sein Essen lustig und behauptete, er werde bestimmt nicht lange leben, wenn er sich von solch labbrigem Zeug ernähre und nicht endlich mal ein ordentliches Stück Fleisch verzehre.

Das Essen dauerte nicht lange, dann brach Hitler auf, bestieg mit den Herren die Wagen und fuhr zurück in seine Wohnung. Am Nachmittag war im Führerbau am Königsplatz eine Besprechung mit politischen Leitern und Gauleitern, bei der ich nicht gebraucht wurde. Ich wanderte zu Fuß nach Hause und blieb noch einen Tag länger in München, während der Chef mit seinem Stab am Abend wieder nach Berchtesgaden zurückfuhr und Fräulein Wolf mitnahm.

Als ich am übernächsten Tag ebenfalls wieder auf dem Berghof erschien, war inzwischen auch Hans Junge mit dem Vorschlag, doch gleich zu heiraten, traktiert worden. Auch er wusste keinen besonders triftigen Grund, Hitler von seinem Drängen abzuhalten, und im Übrigen glaube ich, es war ihm im Grunde genommen ganz recht. Schließlich freundete auch ich mich mit dem Gedanken an, und die Hochzeit wurde für Mitte Juni 1943 angesetzt. Nur einmal revoltierte ich noch, als ich den Berg von Fragebögen und Formularen sah, die ich ausfüllen sollte, weil ich einen SS-Mann zum Mann begehrte. Ich geriet richtig in Wut und erklärte meinem zukünftigen Mann, dass ich den ganzen Kram in den Papierkorb werfen würde, falls meine Ehe davon abhängen sollte.

Hitler lachte sehr, als ich ihm ein paar von den gestellten Fragen vorlas. »Ist die Braut putzsüchtig?« hieß es da z. B., und er erklärte selbst, das sei natürlich Unsinn, und er werde einmal mit Himmler über diesen Unfug sprechen. Jedenfalls blieb ich davor verschont, einen Papierkrieg zu führen, und ehe ich mich versah, war ich im Juni »Frau Junge«. Vier Wochen lang dauerte mein Eheglück während eines Urlaubs am Bodensee, dann rückte mein Mann ein, und ich kehrte zurück ins Hauptquartier.

IV.*

Inzwischen war der oberste Befehlshaber wieder in die Wolfsschanze nach Ostpreußen übersiedelt. Der Wald hatte [...]
noch mehreren Baracken und Bunkern Platz machen müssen.
Die so genannte Barackenkrankheit war ausgebrochen und
hatte unter den oberen Dienstgraden sehr ansteckend gewirkt.
Jeder wollte in einer Baracke wohnen, die Bunker wurden nur
noch zum Schlafen benutzt. Speer baute sich eine ganze Sied-
lung, Göring den reinsten Palast, die Ärzte und Adjutanten
errichteten ihre Sommersitze, und Morell bekam als einziger
sogar ein Badezimmer bewilligt. Wieder einmal wurde er zur
Witzfigur des Lagers, als sich herausstellte, dass eine normale
Badewanne für ihn zu eng war. Er kam zwar zur Not hinein,
ohne fremde Hilfe aber nicht wieder heraus.

Als ich als frisch gebackene Ehefrau im Lager eintraf, wurde ich natürlich ebenfalls die Zielscheibe manchen männlichen
Spottes. Ich meldete mich am Vormittag bei Hitler zurück, als
er sich gerade auf seinen Spaziergang begeben wollte. »Sie sind
ja ganz blass und mager geworden«, sagte er zwar freundlich
und wohlwollend, aber Linge, Bormann, Hewel und Schaub
grinsten über das ganze Gesicht, sodass ich vor Verlegenheit
rot wurde. Hitler nannte mich von nun an meist »junge Frau«.

Wir Sekretärinnen hatten alles andere als viel Arbeit. Fräulein
Wolf und Fräulein Schroeder als alte Garde arbeiteten für
Schaub. Jeden Morgen erhielten sie einen Stapel Briefe, die zu
beantworten waren, Schaub gab die Inhaltsangabe in Stich-
worten, überlies es aber den Damen, die Briefe zu formulieren.
Ich erledigte die Büroarbeiten für die jungen SS-Adjutanten
Darges, Günsche und Pfeiffer[58]. Ich schrieb Stärkemeldungen
der Leibstandarte, Beförderungsgesuche, Versetzungsbefehle,
Vorschläge für Auszeichnungen. Davon gab es eine ganze Men-

---

* Diese und die folgenden Kapiteleinteilungen wurden von Traudl Junge nachträglich eingefügt.

ge, die Helden mehrten sich, und an der Ostfront wurden freigebig silberne und goldene Kreuze und Medaillen verliehen.

Aber eine erfüllende Beschäftigung war das natürlich nicht, und wenn ich auch den Wald und die Seen genoss, so fühlte ich mich doch eingesperrt und unbefriedigt. Vor allem war das Leben in einer Weise einseitig, der ich auf die Dauer nicht gewachsen war. Vielleicht war ich auch durch die Gedanken meines Mannes aufmerksam geworden, der sich plötzlich bewusst geworden war, wie hermetisch abgeschlossen wir in Hitlers Ideensphären lebten. Ich hatte früher immer geglaubt, hier im Brennpunkt des Geschehens, wo alle Fäden zusammenliefen, könnte man den besten Überblick, den weitesten Gesichtskreis haben. Aber wir standen hinter den Kulissen und wussten doch nicht, was auf der Bühne gespielt wurde. Der Regisseur allein kannte das Stück, jeder aber lernte nur seine eigene Rolle und keiner wusste genau, was der andere spielte.

Es erreichten uns keine Gerüchte, es gab keine Feindessender, keine andere Einstellung, keine Opposition. Es gab nur eine Meinung und eine Überzeugung, es schien mir manchmal sogar, als ob alle diese Menschen die gleichen Worte, die gleiche Ausdrucksweise gebrauchten.

Ich musste erst das bittere Ende mitmachen, erst zurückkehren in das normale Leben, ehe ich das alles so klar erfassen konnte. Damals litt ich an einem unbestimmbaren Gefühl des Unbefriedigtseins, an einer Beklemmung, für die ich keinen Namen fand, weil der tägliche Umgang mit Hitler keinem dieser Gedanken eine feste Form verlieh.

Ich schrieb für Professor Brandt, den chirurgischen Begleitarzt Hitlers und Chef des Gesundheitswesens, ich begann, ein Tagebuch zu führen, suchte unter den Leuten von der Presse nach geistiger Anregung und Ablenkung. Ich sprach mit manchen, mit Näherstehenden, über meine Bedenken. Vielen ging es ebenso wie mir, ich spürte die Verkrampftheit besonders bei Botschafter Hewel, mit dem ich manchen Abend philosophierte. Auch er litt unter der Engstirnigkeit und Künstlichkeit der Atmosphäre und der menschlichen Unzulänglichkeit unserer Umgebung. Wir nannten unsere Stimmung den »Lagerkoller« und fanden uns damit ab, die Wurzel nicht zu finden.

Hitler hatte sich angewöhnt, seine Mahlzeiten mit Fräulein Schroeder zusammen einzunehmen, nachdem auch sie ihre Diät weiter fortsetzen musste und salzlose Kost aß. Nach kurzer Zeit dehnte er seine Einladung auf alle Sekretärinnen aus, und von nun an nahmen wir auch im Hauptquartier die Mahlzeiten mit Hitler gemeinsam ein, aber Gott sei Dank konnten Fräulein Wolf und ich die normale Küche vom »Krümel« genießen.

Langsam verlor ich meine Schüchternheit und Befangenheit Hitler gegenüber und wagte es, ihn anzureden, auch wenn ich nicht gefragt war. Mehr denn je betonte er, wie wohltuend es für ihn sei, während der Mahlzeiten so restlos ausspannen zu können.

Eines Tages, als wir das Essen beendet hatten, wollte ich die Gelegenheit nutzen und mich bei Hitler über den Mangel an Arbeit beklagen. Ausgerechnet an diesem Tag sagte Hitler: »Die Dara (Frau Christian) wird wieder zu mir kommen. Ich fragte Oberst Christian, wie es seiner Frau geht, und er sagte mir, sie wolle beim Roten Kreuz arbeiten. Aber ich meine, wenn sie schon arbeiten will, dann kann sie das doch auch bei mir.«

Meine beiden Kolleginnen blickten ziemlich betreten drein, auch wenn sie lächelten. Sie waren wohl doch ein bisschen eifersüchtig auf Frau Christian gewesen, wogegen sie in mir weder eine Konkurrenz noch eine Nebenbuhlerin sahen. Außerdem fühlten sie sich mit Recht arbeitsmäßig ebenso unausgefüllt wie ich, und der Gedanke, dass wir nun den Dienst auch noch mit einer Vierten teilen sollten, wollte uns gar nicht gefallen.

Fräulein Wolf und ich begannen daraufhin einen Vortrag, dass wir ein schlechtes Gewissen verspürten, wenn wir hier fast nur noch als Gesellschaftsdamen zu fungieren hatten und der Führer so selten diktierte. Wir meinten, wir könnten vielleicht in Berlin oder in irgendeiner anderen Stellung viel nützlicher sein. Schließlich lebten wir mitten im Krieg, und unsere Angehörigen hatten unter den Verhältnissen sehr zu leiden. Aber wir erreichten gar nichts: »Meine Damen, Sie können nicht beurteilen, ob Ihre Arbeit oder Ihre Anwesenheit bei mir nützlich ist. Glauben Sie mir, Ihr Dienst bei mir ist weitaus wichtiger, als in irgendeiner Firma Briefe zu schreiben oder in einer Fabrik Granaten zu drehen. Und in den paar Stunden, in denen Sie für mich schreiben oder mir Kraft und Erholung geben, dienen Sie Ihrem Volk am besten.«

Und so kam nach ein paar Wochen mit vielen Koffern und Hutschachteln Madame Christian wieder zu uns, erfüllte Bunker und Baracken mit Trillern und Kichern und stiftete manche Unruhe in den zahlreichen verlassenen Männerherzen. Wir nahmen nun die Mahlzeiten bei Hitler in zwei Schichten ein. Zwei Damen aßen mit ihm zu Mittag, die anderen beiden zu Abend. Frau Christian erhielt wieder ihren alten Namen und wurde weiterhin Dara genannt. Wenn sie und ich zusammen bei Hitler aßen, kam das Gespräch häufig auf die Ehe. Ich bin bis heute nicht darauf gekommen, wie er zu diesem Problem eingestellt war. Er erzählte von einem früheren Freund Hanfstaengl[59]: »Hanfstaengl hatte eine so bildschöne Frau, und er hat sie mit einer anderen betrogen, die gar nicht hübsch war.« Er konnte anscheinend nicht verstehen, dass die Schönheit der Frau allein keine Grundlage für eine gute Ehe bildet. Und doch war es auf der anderen Seite nicht allein Eva Brauns Schönheit, die ihn anzog. Er benutzte oft die Gelegenheit, mit uns über Eva zu sprechen. Jeden Tag telefonierte er einmal mit ihr, und wenn gar ein Fliegerangriff auf München gemeldet war, lief er unruhig wie ein Löwe im Käfig herum und wartete darauf, telefonische Verbindung mit Eva Braun zu bekommen. Meistens war seine Aufregung grundlos. Nur einmal wurde das »Braunsche Häuschen« beschädigt, und in der Nachbarschaft brannten einige Häuser. Er erzählte den ganzen Tag von Evas Tapferkeit: »Sie geht nicht in den Bunker, obwohl ich sie dauernd darum bitte, und das kleine Häuschen wird eines Tages zusammenfallen wie ein Kartenhaus. Sie will auch nicht in meine Wohnung hinüberlaufen, wo sie absolut sicher wäre. Jetzt habe ich sie endlich so weit gebracht, dass sie sich einen kleinen eigenen Bunker im Haus bauen lässt, aber da nimmt sie wieder die ganze Nachbarschaft herein und geht hinauf aufs Dach, um zu sehen, ob Brandbomben gefallen sind. Sie ist überhaupt sehr stolz. Ich kenne sie seit über zehn Jahren, und sie hat als Angestellte von Hoffmann in der Anfangszeit wirklich sehr sparen müssen. Aber es hat Jahre gedauert, bis sie sich von mir auch nur eine Taxifahrt bezahlen ließ, tagelang hat sie im Büro auf einer Bank geschlafen, damit ich sie telefonisch erreichen konnte, weil sie zu Hause keinen Fernsprechanschluss besaß. Erst vor ein paar Jahren ist es mir gelungen, ihr das kleine Häuschen in Bogenhausen zu schenken.«

Es waren also wohl hier in erster Linie die menschlichen Vorzüge, die Hitler an Eva Braun fesselten. Ich habe einmal, als wir wieder von der Ehe und vom Heiraten sprachen gefragt: »Mein Führer, warum haben Sie nicht geheiratet?« Ich wusste doch, wie gerne er Ehen stiftete. Seine Antwort war ziemlich verblüffend: »Ich wäre kein guter Familienvater, und ich halte es für verantwortungslos, eine Familie zu gründen, wenn ich mich meiner Frau nicht in genügendem Maße widmen kann. Außerdem möchte ich keine eigenen Kinder. Ich finde, die Nachkommen von Genies haben es meist sehr schwer in der Welt. Man erwartet von ihnen das gleiche Format wie das des berühmten Vorfahren und verzeiht ihnen den Durchschnitt nicht. Außerdem werden es meistens Kretins.«

Dies war die erste ernst zu nehmende Äußerung von persönlichem Größenwahn, die ich von Hitler vernahm. Bis jetzt hatte ich zwar manchmal den Eindruck, dass Hitler in seiner Idee und in seinem Fanatismus größenwahnsinnig war, aber immer war seine Person bisher dabei aus dem Spiel geblieben. Er hob vielmehr meistens hervor: »Ich bin ein Werkzeug des Schicksals und muss meinen Weg gehen, auf den mich eine höhere Fügung gestellt hat.« Aber jetzt störte es mich gewaltig, dass ein Mensch sich selbst als Genie betrachtete.

Wenn Hitler auch in dieser kleinen Tischgesellschaft keine Gespräche über Krieg und Politik anschnitt, so häuften sich doch seine Äußerungen, dass er schwere Sorgen habe. Dann sprach er meistens mehr zu sich selbst als zu uns. Es kam öfter vor, dass sein Gesicht noch den verbissen ärgerlichen und harten Ausdruck zeigte, den die vorangegangene Lagebesprechung hervorgerufen hatte. »Mit unfähigen Generalen kann man keinen Krieg führen, ich sollte mir an Stalin ein Beispiel nehmen, er säubert seine Armee rücksichtslos.« Und dann, als würde er erst jetzt gewahr, dass wir Frauen von diesen Dingen nichts verstehen und nichts verstehen sollten, wandte er sich ab von seinen düsteren Gedanken und schaltete um auf charmanten Tischherrn.

Manchmal entstanden auch interessante Diskussionen über Kirche und Menschheitsentwicklung. Diskussionen ist vielleicht zu viel gesagt, denn ausgelöst durch irgendeine Frage oder Bemerkung von uns, begann er seine Gedanken zu entwickeln, denen wir dann zuhörten. Er hatte keinerlei kirchliche Bindung, sondern hielt die christlichen Religionen für überlebte heuchlerische und menschenfängerische Einrichtungen. Seine Religion waren die Naturgesetze. Ihnen konnte er sein gewaltsames Dogma besser unterordnen als der christlichen Lehre von Nächsten- und Feindesliebe. »Die Wissenschaft ist sich noch nicht darüber im Klaren, aus welcher Wurzel das Geschlecht der Menschen entspringt. Wir sind wohl das höchste Entwicklungsstadium irgendeines Säugetieres, das sich vom Reptil zum Säugetier, vielleicht über den Affen zum Menschen entwickelt hat. Wir sind ein Glied der Schöpfung und Kinder der Natur, und für uns gelten die gleichen Gesetze wie für alle Lebewesen. Und in der Natur herrscht das Gesetz des Kampfes von Anfang an. Alles Lebensunfähige und alles Schwache wird ausgemerzt. Erst der Mensch und vor allem die Kirche haben sich zum Ziel gesetzt, gerade das Schwache, das Lebensuntüchtige und Minderwertige künstlich am Leben zu erhalten.«

Schade, dass ich nur noch winzige Splitterchen dieser Theorien behalten habe und leider auch nicht die überzeugende Mitteilungskraft besitze, mit der Hitler uns seine Gedanken nahe brachte.

Wir unterhielten uns auf dem Heimweg in unsere Baracke untereinander über Hitlers Vortrag und ich war fest entschlossen, über diese Sachen noch weiter nachzudenken und sie mir zu merken. Leider musste ich schon am nächsten Tag feststellen, dass ich alles, was mich am Abend vorher beeindruckt und bewegt hatte, im Gespräch mit meinen Freunden nur mehr verschwommen und unklar wiedergeben konnte. Ach wäre ich doch damals schon so reif und so erfahren gewesen, wie ich es heute bin, hätte ich mich nicht einfach treiben lassen und Hitlers Einfluss so vorurteilslos und unvoreingenommen aufgesogen. Dann hätte ich mir Gedanken darüber machen müssen, welche Gefahr die Kraft eines Menschen in sich barg, der es fertig brachte, durch seine Redegabe, seine Suggestivkraft die Menschen in seinen Bann zu ziehen, ihren eigenen Willen und ihre eigene Überzeugung einfach zu unterdrücken.

Manchmal sah ich Hitlers Ratgeber, Generale und Mitarbeiter mit konsternierten Gesichtern von einer Führerbesprechung kommen, sie kauten an dicken Zigarren und grübelten. Mit manchen habe ich später gesprochen. Und obwohl sie stärker, weiser und erfahrener waren als ich, ist es ihnen oftmals so ergangen, dass sie gewappnet mit dem eisernen Vorsatz und mit einwandfreien Unterlagen und Argumenten dem Führer gegenübertraten, um ihn von der Unmöglichkeit eines Befehls, der Undurchführbarkeit einer Anordnung zu überzeugen, und dann begann er zu reden, noch ehe sie fertig waren, und alle ihre Einwände schwanden, wurden sinnlos über seiner Theorie. Sie wussten, es konnte nicht stimmen, aber sie fanden nicht den Pferdefuß. Sie verließen ihn, verzweifelt, über den Haufen gerannt, unsicher geworden in ihrer vorher so festen und unumstößlichen Ansicht, wie hypnotisiert. Ich glaube, viele haben sich gegen diesen Einfluss zu wehren versucht, aber viele sind müde und mürbe geworden und ließen den Karren dann einfach rollen bis zum bitteren Ende.

Aber es hat, wie gesagt, erst des ganzen, restlosen Zusammenbruchs, eines bitteren Endes und vieler tiefer Enttäuschungen bedurft, bis ich meine Klarheit und Sicherheit gewann. Damals rauschte das Leben freundlich an mir vorüber, ich genoss den Sommer an den Seen mitten in den weiten Wäldern. Fast fehlt mir heute, wenn ich zurückdenke, die Erinnerung daran, was im Jahre 1943 in der Welt Furchtbares geschah. Die deutsche Wehrmacht ging Stalingrad entgegen, und die Städte der Heimat begannen den Krieg aus der Luft zu fühlen. Göring hielt seine große Rede: »Ich will Meyer heißen, wenn ein feindliches Flugzeug über Berlin erscheint.« Und die

Sirenen begannen nicht nur über Berlin, sondern in allen Teilen des Reiches zu heulen. Im Hauptquartier wurde gebaut und befestigt, die Bunker verstärkt, Stacheldraht und Minen verunstalteten den Wald.

Eines Tages tauchte eine neue Frau in der Wolfsschanze auf. Professor Morell brachte sie mit und stellte sie als Diätassistentin des Führers vor. Sie sollte von nun an ausschließlich für den Führer kochen. Frau von Exner[60] wurde von den Herren mit Interesse, von den Damen mit eisiger Zurückhaltung aufgenommen. Erst als wir alle in eine Baracke mit geräumigen hellen Zimmern umzogen und Frau von Exner bei uns wohnte, kam ich mit ihr in Kontakt, und wir wurden die besten Freunde. Nun erfuhr ich auch, was sie hierher verschlagen hatte. Sie war Wienerin und Diätassistentin an der Wiener Universitätsklinik gewesen, als sie durch einen Zufall ein Angebot von Marschall Antonescu nach Bukarest erhielt. Er hatte vorübergehende Magenbeschwerden und wollte sich mit Diät kurieren. Frau von Exner hatte mit ihrer Kunst so viel Erfolg gehabt, dass Antonescu nach einigen Monaten völlig gesund war. Als sich die beiden magenleidenden Staatsmänner im Frühjahr in Salzburg getroffen hatten, sprachen sie anscheinend auch über ihre gemeinsame Krankheit. Daraufhin wandte sich Hitler an seinen Leibarzt und befahl ihm, ebenfalls auf die Suche nach einer guten Diätassistentin zu gehen. Morell hielt zwar viel mehr von seinen eigenen Spritzen und Mittelchen, aber um alle Unannehmlichkeiten zu vermeiden, wandte er sich ebenfalls an die Wiener Universitätsklinik und bedrängte Frau von Exner, auch für Hitler zu kochen. Sie war von diesem Angebot gar nicht sehr begeistert gewesen, denn sie wollte ihre selbständige Arbeit und die Weiterentwicklung in ihrem Beruf nicht abbrechen, nahm aber schließlich Morells Angebot doch an. Sie war etwas älter als ich, ungefähr 24 Jahre, als sie zu uns kam. Dunkelhaarig, gut gebaut und ausgestattet mit dem ganzen leidenschaftlichen Charme Wiens, offen und lustig, zog sie mich mit aller Kraft an. Nun hatte Hitler auch noch eine fünfte Gesellschafterin bei seinen Mahlzeiten. Er ließ sich gerne aus Wien erzählen von Frau von Exners Familie. Sie hatte mehrere Geschwister und stammte aus einer angesehenen Wiener

Ärztefamilie. In der illegalen Kampfzeit der Partei in Österreich waren sie und ihre Geschwister begeisterte Anhänger des Nationalsozialismus und wurden später Parteigenossen. Aber als dann der deutsche Gauleiter in Wien wütete und die nationalsozialistische Ordnung und der Krieg auch in Österreich einzogen, verlor die Begeisterung an Kraft. Frau von Exner verteidigte bei Hitler die Wiener Belange: »Mein Führer, Sie haben versprochen, Wien als die Perle Österreichs in Gold zu fassen. Aber Ihre Leute zerstören viel mehr an der alten Wiener Kultur als sie aufbauen. Warum bevorzugen Sie Linz?«

Hitler vertrug ihre Vorwürfe und blieb nachsichtig und liebenswürdig. Er freute sich über ihre lebendige Art, war von den Wiener Mehlspeisen begeistert und bewunderte ihre Kunst, vegetarische Suppen zu bereiten, die besser schmeckten als Fleischbrühen. Er konnte ja nicht ahnen, dass die arme Marlene unglücklich über seine bescheidenen Ansprüche war. Bei Antonescu hatte sie trotz aller Diät in Hummer, Mayonnaisen, Kaviar und anderen Leckerbissen wüten können und bei festlichen Empfängen große Diners gekocht. Hitler verlangte nach wie vor seine Eintopfgerichte, Karotten mit Kartoffeln und langweilige weich gekochte Eier. »Er kann doch bei diesem Essen nichts werden«, klagte sie und kochte manches Knöchelchen in seiner Suppe mit. Vor allem rauchte sie wie ein Schlot, und ich versicherte ihr, sie würde nur so lange Hitlers Köchin bleiben, bis er einen Zigarettenstummel in seinem Kakao fände.

Später kam Antonescu wieder einmal ins Hauptquartier, freute sich sehr über das Wiedersehen mit seiner Diätköchin und sandte ihr per Flugzeug einen jungen Hund, einen Spross jenes Foxterrierpaares, das Frau von Exner in Bukarest mit besonderer Liebe gepflegt hatte. Es war ein winziges kleines Ding, jeder Grasbüschel war ihm ein Hindernis, und er entwickelte sich auch nie zu normaler Hundegröße, wohl aber zu einem entzückenden, temperamentvollen und gescheiten Viecherl. Hitler fand dieses Geschenk eines Staatsmannes unwürdig. Er beeilte sich, Frau von Exner ebenfalls einen Hund zum Geschenk zu machen. »Was so ein Balkanese kann, kann ich noch viel besser«, sagte er sich und beauftragte Reichsleiter

Bormann, den besten, edelsten und preisgekröntesten Foxterrier zu beschaffen. Frau von Exner raufte sich ob dieses Vorhabens die Haare: »Was soll ich bloß mit z w e i Hunden machen«, sagte sie, »ich bin doch den ganzen Tag in der Küche.« Aber das Rassetier kam. Es war ein Prachtexemplar, das Bormann da ausgesucht hatte. Mehrfacher Sieger bei Schönheitswettbewerben und sehr teuer. Hitler überreichte ihn stolz. Purzel hieß der Hund und war ein sehr ruhiger, langweiliger Herr, der nichts anderes gelernt hatte, als in vorschriftsmäßiger Haltung stammbaumbewusst dazustehen und sich bewundern zu lassen. Stubenrein war er allerdings nicht.

Hitler hatte übrigens eine eigene kleine Diätküche neben der Kasinoküche bauen lassen. Als er merkte, dass ich mich mit Marlene von Exner sehr angefreundet hatte und ich wieder einmal darüber klagte, dass mich der Dienst bei ihm nicht ausfülle, schlug er vor, ich sollte doch bei der Exnerin kochen lernen. Ich tat das mit Begeisterung, wurde aber von nun an jedes Mal vor dem Essen gefragt, ob ich meine Hand dabei im Spiele gehabt hätte. Mir schien diese Frage mit einem gewissen Misstrauen gestellt. Dabei war wohl weniger die Angst vor einer Vergiftung der Grund, sondern vielmehr der Zweifel, ob ich nicht statt Salz Zucker erwischt hatte.

Anfang Juli flog Hitler zu einer Besprechung mit Mussolini nach Italien, und ich begleitete ihn.[61] Es war wieder einmal eine Reise, die so geheim gehalten wurde, dass selbst die Beteiligten nicht wussten, worum es sich handelte. Wir saßen noch am Abend vorher bei Hitler zum Essen, und er erwähnte kein Wort von seinem Vorhaben. Am nächsten Morgen bemerkte ich eine gewisse Unruhe in der Umgebung des Führerbunkers. Früher als sonst liefen Ordonnanzen hin und her, Koffer wurden herumgetragen, Schaub lief mit unerhört wichtiger Miene durchs Lager und sprach undeutlicher denn je, weil er der Wichtigkeit halber Hochdeutsch zu sprechen versuchte. Ich glaubte, es sei irgendein Empfang vorgesehen, und machte mir keine besonderen Gedanken, packte aber für alle Fälle den Bürokoffer. Mittags klingelte plötzlich mein Telefon und Linge fragte: »Hast du eine Uniform?« Ich antwortete: »Nein, woher sollte ich eine haben, ich habe bis jetzt nie eine gebraucht.« – »Dann musst du auf dem Flugplatz bleiben.« Ehe ich weiter fragen konnte, hatte er eingehängt. Ich rannte zu Schaub, denn er als Chefadjutant hatte uns zu verständigen, wenn wir gebraucht wurden. Es war ihm peinlich, als ich ihn fragte, ob der Führer verreise und wieso ich nur durch Zufall erführe, dass ich mitfahren muss. Er murmelte irgendetwas Unverständliches und sagte, ich sollte mich um zwei Uhr bereithalten, um zum Flugplatz zu fahren. Als ich ihn fragte, wohin die Reise ginge und wie lange sie dauern würde, antwortete er, das gehe mich nichts an, es sei geheim. Ich lachte und holte mir nähere Informationen bei Linge. Leider war dieser so stark beschäftigt, dass er mir nur kurz mitteilte, die Fahrt sei für drei Tage vorgesehen. Ich konnte aber wieder nicht erfahren, wohin die Reise ging. Nachdem die Lage an der Ostfront nicht besonders erfreulich war, nahm ich an, der Chef würde zur Heeresgruppe in der Ukraine fahren. Ich fuhr mit zwei von den Stenographen, welche die täglichen Lagebesprechungen Wort für Wort mitzuschreiben hatten, zum Flugplatz. Als mich der eine fragte: »Waren Sie schon einmal in Italien?«, wusste ich endlich, wohin die Reise ging.

Wir flogen in vier großen, viermotorigen »Condor«-Maschinen, ich hatte meinen Platz in der Maschine des Führers. Es war ein geräumiges Passagierflugzeug und fasste etwa sechzehn Personen. Hitler hatte einen Einzelplatz unmittelbar hinter der Pilotenkabine auf der rechten Seite. Vor seinem Sessel befand sich ein ziemlich großer, aufklappbarer Tisch. Die anderen Plätze waren angeordnet wie in einem bequemen Speisewagen, immer vier Plätze, in der Mitte ein kleines Tischchen. Der Pilot, Flugkapitän Baur[62], zog die Maschine bald in größere Höhe, damit die Passagiere in der dünneren Luft müde würden und einschliefen. Solange Hitler wach war, lief dauernd jemand hin und her und störte die Balance des Flugzeuges. Professor Morell konnte das Fliegen nur sehr schlecht vertragen, er saß vorne in der Kanzel neben dem Piloten und spie trotzdem unentwegt. Er kam nach jedem Flug mehr tot als lebendig an. Wir machten am Berghof Station. Diesmal war auch mir der Flug schlecht bekommen, und ich zog mich gleich nach dem Essen zurück in mein Bett. Vorher erkundigte ich mich noch, auf welche Zeit der Start am nächsten Morgen angesetzt war und erhielt die Auskunft, dass um halb acht Uhr früh die Wagen für die Fahrt zum Flugplatz zu besteigen seien. Ich schlief sofort ein, nachdem ich die Telefonzentrale mit dem Wecken beauftragt hatte.

Ich saß gerade gemütlich in der Badewanne, als das Telefon klingelte und eine Ordonnanz fragte, warum ich noch nicht fertig sei, alles warte auf mich. Ich war entsetzt und stürzte in meine Kleider, rannte halbfertig die Treppen hinunter und verfluchte meine Uhr, die anscheinend so unzuverlässig war und erst sieben Uhr anzeigte. Ich hatte ihr allerdings Unrecht getan, denn im Laufe des Abends und der Nacht hatten sich die Wetterbedingungen geändert und Hitler hatte beschlossen, eine halbe Stunde früher zu starten. Niemand hatte daran gedacht, mich zu verständigen.

Wir landeten irgendwo in Oberitalien, stiegen um in Mussolinis Sonderzug und hielten auf dem Bahnhof in Treviso. Hitler bestieg mit seinen Herren und dem Gastgeber eine Wagenkolonne, und umgeben von einer Reihe von Carabinieri auf Motorrädern brauste die Wagenschlange davon, um den Ort der Besprechung, eine alte großartige Villa in der Nähe, zu erreichen. Den ganzen Tag über sah ich weder Hitler noch irgendjemand von seiner Begleitung. Ich blieb im Sonderzug Mussolinis, wunderte mich über die Schlamperei und den Schmutz, die altmodischen Wagen, die operettenhafte Aufmachung des Personals und litt entsetzlich unter der großen Hitze.

Am Spätnachmittag ging die Reise nach gleichem Ablauf wieder zurück. Nach einem herrlichen Flug über die Alpen während des Sonnenuntergangs erreichten wir den Berghof, und am nächsten Morgen trafen wir wieder in der Wolfsschanze ein.

Leider erwies sich Hitlers Besuch bei Mussolini als ziemlich wirkungslos, denn kaum vier Wochen später saß Mussolini als Gefangener in einer anderen Villa, und der Faschismus in Italien krachte in allen Fugen.[63] Hitler schimpfte mächtig. Er war wütend über den Abfall Italiens und Mussolinis Missgeschick,

Die etwa zweijährige Traudl mit ihrer Mutter Hildegard Humps

Sommerferien am Ammersee, ca. 1927 (v.l.n.r.: Traudl Humps, Spielgefährtin,
Inge Humps, im Hintergrund Großmutter Agathe Zottmann)

Mit ihrer Freundin Ulla Kares, 1940

Als Mitarbeiterin der Reichskanzlei in Berlin, 1942

Hochzeit mit Hans Junge, 19.6.1943

Frisch vermählt: Traudl und Hans Junge mit ihren Trauzeugen Otto Günsche (links)
und Erich Kempka (rechts)

Im »Sonderzug des Führers«: Traudl und Hans Junge mit Johanna Wolf (rechts) beim Betrachten der Hochzeitsphotos (Foto: Walter Frentz)

Adolf Hitler mit seiner Ordonnanz Hans Junge, Anfang der vierziger Jahre

Auf der Terrasse des Berghofs 1943, sitzend v.l.n.r.: Oberstleutnant Gerhard Engel, Heinrich Hoffmann (dahinter Traudl Junge), Walther Hewel, Gerda Bormann (von hinten), Staatssekretär für Fremdenverkehr Hermann Esser (Foto: Walter Frentz)

Im Gespräch mit Sepp Dietrich 1943 (Foto: Walter Frentz)

Abendliches Ritual des Strümpfestopfens in ihrem Zimmer
im Führerhauptquartier »Wolfsschanze«, 1943

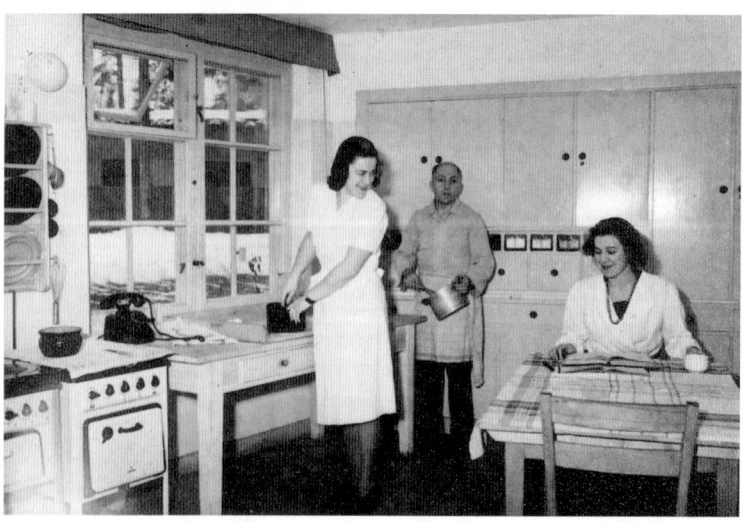

In der Diätküche der Wolfsschanze wurde ausschließlich für Adolf Hitler gekocht.
V.l.n.r.: Marlene von Exner, Küchengehilfe Wilhelm Kleyer, Traudl Junge, Ende 1943

Passphoto für den neuen Personalausweis,
Berlin, November 1945

Traudl Junge mit ihrem Verlobten Heinz Bald, 1955

In der "Wolfschanze"

Es dauerte verhältnismässig kurze Zeit, bis ich mich
in dieser neuen, fremden Welt eingewöhnt hatte. Allerdings
war die Natur, der Wald und die Landschaft eine grosse Kupplerin
in meinen Beziehungen zur neuen Arbeitsstätte. Es gab keine Büroatmosphäre, keine feste Arbeitszeit, ich machte weite Spaziergänge und genoss den Wald. Keine Sekunde hatte ich Sehnsucht
nach der Grosstadt.

Hitler selbst behauptete zwar, man habe das billigste,
sumpfigste, mückenreichste und klimatische ungünstigste Gebiet
für ihn ausgesucht, aber ich fand es herrlich. Zumindest im
Winter hatte die Ostpreussische Gegend einen unbeschreiblichen
Reiz. Die verschneiten Birken, den klaren Himmel und die Weite
der Ebenen mit ihren Seen werde ich nie vergessen. Im Sommer allerdings musste ich meinem Chef zu einem grossen Teil, recht
geben, denn Myriaden von Mücken hausten mit uns und ernährten
sich von unserem Blut. Die Luft war dumpf und feucht und manchmal atembeklemmend. Bei solcher Witterung war es schwer, Hitler
zu seinem täglichen Spaziergang zu bewegen. Er verkroch sich in
seinem kühlen Bunker und nur seinem Hund Blondi zuliebe unternahm
er nach dem Frühstück einen Rundgang in dem kleinen Gelände, das
anschliessend an seinen Bunker für diesen Zweck reserviert war.
Hier musste die Schäferhündin ihre Kunststücke zeigen und wurde
von ihrem Herrn zu einem der gelehrigsten und gewandtesten Hunde
ausgebildet. Hitler hatte das grösste Vergnügen, wenn Blondi
ein paar Zentimeter höher springen konnte, wenn sie ein paar
Minuten länger auf einer schmalen Stange balancieren konnte und
behauptete, dass seine die Beschäftigung mit seinem Hund sei
seine beste Entspannung. Es war auch erstaunlich, was Blondi leistete. Sie sprang durch Reifen, überwand eine 2 m höhe Holzwand
spielend, kletterte eine Leiter hoch und machte oben auf der
kleinen Plattform ihr schönstes Männchen. Es war wirklich eine
Freude, zu beobachten, mit welchem Vergnügen Herr und Hund diese
Übungen verfolgten. Am Rande des Geländes fanden sich manche Zuschauer ein, die das Spiel beobachteten und auch für mich war
es wochenlang die einzige Gelegenheit, bei der ich mit dem"Führer"
in Berührung kam. Wenn er mich sah, begrüsste er mich freundlich
mit Händedruck und fragte mich, wie es mir ginge.

Traudl Junges Original-Aufzeichnungen aus dem Jahr 1947

und seine schlechte Laune blieb an diesem Abend auch uns Frauen nicht verborgen. Hitler war einsilbig und geistesabwesend. »Mussolini ist doch schwächer, als ich dachte«, sagte er. »Ich habe ihm persönlich noch den Rücken gestärkt, und jetzt ist er umgefallen. Aber wir konnten uns ja nie auf die italienischen Verbündeten verlassen und ich glaube, wir werden allein viel besser siegen als mit diesem unzurechnungsfähigen Volk. Sie haben uns mehr Prestigeverluste und wirkliche Niederlagen gekostet, als Erfolge gebracht!«

Hier sitze ich nun und überlege, was im Folgenden weiter geschah. Aus dem gleichmäßigen Ablauf der Tage ragen nur noch einzelne markante Punkte hervor, die heute als Wegweiser dienen für das rapide Abrollen der Lawine, die alles begrub. Alle die kleinen einzelnen Teilchen, die zusammen das große Geschehen bildeten, sind verwischt. Hitler lebte, arbeitete, spielte mit seinem Hund, tobte mit seinen Generalen, speiste mit seinen Sekretärinnen und trieb Europa seinem Schicksal entgegen – und wir bemerkten es kaum. Deutschland dröhnte unter dem Geheul der Sirenen und dem Motorengebrumm feindlicher Flugzeuge. Im Osten wurden schwere Schlachten geschlagen.

Dann kam jener graue regnerische Tag, an dem Fräulein Wolf mir mit verweinten Augen auf der Straße zum Führerbunker begegnete. »Stalingrad ist gefallen, unsere ganze Armee vernichtet und gefallen!«[64] Sie schluchzte fast. Und wir dachten beide an unendlich viel Blut und Tote und an große Verzweiflung.

Hitler war an diesem Abend ein müder alter Herr. Ich weiß nicht mehr, was wir gesprochen haben, aber ein trübes Bild ist mir in Erinnerung geblieben, vielleicht wie der Besuch auf einem öden Friedhof im Novemberregen.

Und doch wurde dieses trübe Bild vorübergehend wieder ausgelöscht von Siegesmeldungen und Hitlers unerschütterlicher Zuversicht. Er hatte sich nun angewöhnt, auch im Hauptquartier eine nächtliche Teestunde abzuhalten. Dazu lud er außer den Sekretärinnen die Ärzte, Adjutanten, Botschafter Hewel, Heinz Lorenz und Reichsleiter Bormann ein. Göring und Himmler waren nie dabei, wohl aber manchmal Speer, einmal auch Sepp Dietrich und natürlich Frau von Exner.

Es wurde viel gelacht, und Hitler versuchte meist, die Unterhaltung von ernsten Dingen fern zu halten. Wenn allerdings Speer da war, bekam das Gespräch eine technische Note. Dann wurde von allen möglichen Erfindungen, neuen Waffen usw. gesprochen, während mit Sepp Dietrich alte Kampferinnerungen aufgefrischt wurden. Ich muss sagen, dass diese Abende weit interessanter und persönlicher waren als die Gesellschaften am Berghof. Wir saßen ja auch geschlossen um einen verhältnismäßig kleinen runden Tisch, und die grelle Beleuchtung in dem weiß getünchten Bunkerraum hielt wach.

Wir teilten den Teedienst wieder in zwei Schichten ein, denn es war unmöglich, jeden Tag erst um fünf oder sechs Uhr ins Bett zu gehen und um neun Uhr wieder aufzustehen. Hitler hatte dafür volles Verständnis, denn er wusste von Eva Braun, wie wichtig der Schlaf für eine Frau ist, aber er hörte nicht gerne, wenn wir die Unterhaltung mit ihm als »Dienst« bezeichneten.

Es gäbe vielleicht hunderttausend kleine Geschichten zu erzählen, die mir damals interessant waren, etwa von Hitlers Kindheits- und Schulerlebnissen, seiner Studentenzeit in Wien, den vielen Streichen während der Soldatenzeit und später den Anfängen der Partei, von seiner Gefangenschaft usw., aber das alles sind so flüchtige, unwichtige Eindrücke geworden angesichts der späteren Erkenntnisse, dass ich sie nicht mehr wiedergeben kann. Damals entwarfen sie mir das Bild eines menschlichen, verständnisvollen, unantastbaren Führers, der sich zwar selbst für ein Genie hielt, aber auch von seiner ganzen Umgebung für ein solches gehalten wurde und lange Zeit seine Erfolge dafür sprechen lassen konnte. Und gerade die Kenntnis dieser seiner gefühlvollen, harmlosen, privaten Seite und seine persönlichen Erlebnisse machte es so schwer, den bösen Geist zu erkennen, der dem Genie innewohnte.

Wieder fehlt ein großes Stück von dem Film meiner Erinnerung. Die ganze lange Zeit des Jahres 1943, als ich täglich und nächtlich mit Hitler gelebt, gesprochen und gegessen habe, ist wie ein einziger langer Tag. Dazwischen sind Bomben gefallen, die Fronten haben sich verändert, wir sind gegen Engelland geflogen und wollten dem Sieg entgegenstürmen. Weihnachten lag dazwischen, im Hauptquartier kaum beachtet, von Hitler völlig ignoriert. Kein Zweig und keine Kerze gaben Zeugnis von einem Fest des Friedens und der Liebe. Mein Mann war auf Urlaub gekommen, ich blieb mit ihm in unserer Baracke. Er war völlig verändert, ein fremder Mann war zurückgekommen, mein Mann war draußen geblieben an der Front. Er vertrug die Etappe nicht mehr, er war verzweifelt, als er nach einem Gespräch mit Hitler erkannte, dass dieser die wahre Situation nicht mehr überblickte. Er floh kurz nach den Feiertagen zurück zu den Soldaten. Irgendwann im Frühjahr 1944 waren in Russland deutsche Gefangene mit irgendwelchen Injektionen zu Geständnissen gebracht worden. Hitler ließ aus Gründen der Geheimhaltung sofort alle Leute aus seiner unmittelbaren Umgebung zurückholen. Darunter fiel auch mein Mann. Er wurde nach dem Westen verlegt.

Hitler sprach immer häufiger von der Möglichkeit eines massierten Fliegerangriffs auf das Führerhauptquartier. »Sie wissen genau, wo wir sind, und sie werden hier einmal mit gezielten Bomben alles zerschlagen. Ich erwarte jeden Tag, dass sie angreifen«, sagte er und meinte die amerikanischen Bomber. Oftmals war jetzt Alarm, aber immer waren es nur einzelne Flugzeuge, die unser Gebiet umkreisten. Die Flak blieb still. Es waren angeblich nur Beobachter, und man wollte sie durch unbedachte Schüsse nicht aufmerksam machen.

Im Frühjahr reisten wir wieder zum Berghof. Die Anlage in Ostpreußen sollte indessen weiter verstärkt werden. Hitler wollte einige ganz stabile und auf jeden Fall bombensichere Bunker bauen lassen. Kolosse aus elf Meter Beton sollten entstehen, und mir graute bei dem Gedanken, dass wir wie die Maulwürfe leben sollten, ohne Tageslicht.

Aber vorerst begann wieder das Drohnendasein auf dem Obersalzberg. Eva Braun war wieder da, munter, frisch, mit unerschöpflicher Garderobe, die Gäste trudelten ein, und der Krieg war fern für sie.

Marlene von Exner war nicht mitgekommen. Sie war in der Wolfsschanze zurückgeblieben, um ihre sämtlichen Koffer zu packen, ihren Haushalt aufzulösen und wieder nach Wien zurückzukehren. Ihr Schicksal war eine Tragikomödie. Sie hatte ihr Herz an den jungen SS-Adjutanten Fritz Darges verloren, obwohl sie die Preußen nicht leiden konnte und die SS hasste. Aber es war nun einmal geschehen und hatte doppelte Folgen. Einerseits war Gretl Braun in Fritz Darges verliebt, aber Fritzchen war diese Liebe ein bisschen zu gefährlich und zu wenig privat, deshalb hatte er sich nicht entscheiden können. Andererseits stimmte etwas mit Marlenes Vorfahren nicht. Sie hatte gleich zu Anfang ihres Dienstes bei Hitler darüber gesprochen, dass die Papiere ihrer Mutter nicht in Ordnung seien. Die Großmutter war ein Findelkind gewesen, und man konnte die Abstammung nicht feststellen. Angesichts der erwiesenen nationalsozialistischen Gesinnung der ganzen Familie hatte Hitler dieser Sache wenig Bedeutung beigemessen, bis plötzlich der tüchtige und emsige SD[65] feststellte, dass tatsächlich jüdisches Blut in der mütterlichen Linie vorhanden war. Marlenes Schreck war groß, weniger wegen der Gefahr, ihren Posten bei Hitler zu verlieren, als wegen der Unmöglichkeit, die Frau eines SS-Mannes zu werden. Hitler hatte eine Unterredung mit Frau von Exner, in welcher er sagte: »Es tut mir außerordentlich Leid um Sie, aber Sie werden verstehen, dass ich nicht anders kann, als Sie aus meinem Dienst zu entlassen. Es ist mir unmöglich, für mich persönlich eine Ausnahme zu machen und meine eigenen Gesetze umzustoßen, wenn es zu meinem Vorteil ist. Ich werde aber, wenn Sie wieder in Wien sind, Ihre ganze Familie arisieren lassen und Ihnen für sechs Monate Ihr Gehalt weiterzahlen. Außerdem bitte ich Sie, ehe Sie mich verlassen, einmal auf dem Berghof mein Gast zu sein.«

Und so geschah es, dass Marlene Abschied nahm. In meinem Beisein wurde Reichsleiter Bormann damit beauftragt, die Arisierung der Familie Exner durchzuführen. Es war ein Auftrag, den Bormann nur mit Widerwillen annahm, denn er hatte mit seinem Werbungsversuch bei der charmanten Wienerin kein Glück gehabt und konnte ihr das nie verzeihen.

Seine Rache blieb auch nicht aus, denn einige Wochen später erhielt ich einen sehr unglücklichen Brief aus Wien, dass allen Familienmitgliedern die Parteibücher abgenommen worden waren und sie alle große Schwierigkeiten hätten. Als ich Bormann nach der Sache fragte, erklärte er, er werde das schon erledigen. Aber es vergingen wieder lange Wochen, und schließlich erhielt ich einen erschütternden Bericht, dass das Leben für die Exners sehr schwer geworden sei. Marlene musste die Universitätsklinik verlassen, ihre Schwester durfte nicht Medizin studieren, der Bruder musste seine Arztpraxis aufgeben, und der Jüngste konnte die Offizierslaufbahn nicht einschlagen.

Ich war so wütend und entrüstet, dass ich mich an die großbuchstabige Schreibmaschine setzte, den Brief wörtlich abschrieb und damit zum Führer ging. Er bekam einen roten Kopf vor Zorn, rief sogleich nach Bormann. Auch der Reichsleiter hatte einen roten Kopf, als er aus Hitlers Zimmer kam und maß mich mit einem wütenden Blick. Aber immerhin erhielt ich im März die glückliche Botschaft, dass nun wieder alles in Ordnung sei, die ganze Familie Exner mir außerordentlich danke und die Arisierung endlich durchgeführt sei. Aber vier Wochen später waren die Alliierten in Wien, und die Parteibücher wurden wahrscheinlich verflucht und verbrannt.[66]

[...] Das Leben war [im anbrechenden Frühjahr 1944, M.M.] unregelmäßiger denn je. Die Lagebesprechungen dauerten endlos lange, die Mahlzeiten fanden zu den unmöglichsten Stunden statt. Hitler fand später denn je ins Bett. Die Heiterkeit, das leichte Geplauder und die vielen wechselnden Gäste konnten nicht über die Unruhe hinwegtäuschen, die in allen Herzen eingezogen war. Die Umgebung Hitlers kannte seine Sorgen und die schwierige Lage, die Unwissenden glaubten an seine Siegesversicherungen und betäubten damit die eigenen bitteren Erfahrungen und dunklen Ahnungen.

Eva Braun suchte Anschluss an mich. Sie fragte: »Wie geht es dem Führer, Frau Junge? Ich will Morell nicht fragen, ich vertraue ihm nicht und hasse ihn. Ich bin erschrocken, als ich den Führer sah, er ist alt geworden und ernst. Wissen Sie, was er für Sorgen hat? Er spricht nicht mit mir über diese Dinge, aber ich glaube, die Lage ist nicht gut.« – »Fräulein Braun, ich weiß weniger als Sie. Sie kennen den Führer besser als ich und können die Dinge erraten, von denen er nicht spricht. Aber der Wehrmachtsbericht allein genügt ja eigentlich schon, um den Verantwortlichen mit Sorgen zu erfüllen.«

Im Teehaus machte Eva dem Führer Vorwürfe, dass er sich so krumm halte. »Das kommt davon, weil ich so schwere Schlüssel in der Hosentasche habe«, antwortete er. »Außerdem schleppe ich einen ganzen Sack voller Sorgen mit mir herum.« Aber dann konnte er es doch nicht unterlassen zu spotten. »Außerdem passe ich dann besser zu dir. Du ziehst hohe Absätze an, damit du größer bist, ich beuge mich ein bisschen, und so passen wir ganz gut zusammen.« – »Ich bin nicht klein«, protestierte sie. »1,63 Meter wie Napoleon!« Niemand wusste, wie groß Napoleon war, auch Hitler nicht. »Wieso war Napoleon 1,63 Meter groß? Woher weißt du denn das?« – »Aber das weiß doch jeder gebildete Mensch«, antwortete sie und abends, als wir nach dem Essen im Wohnzimmer beisammensaßen, ging sie zum Bücherschrank und schaute im Lexikon nach. Es stand aber nichts darin über Napoleons Körpergröße.

In diesen Wochen schneite es unablässig. Die Schneewände türmten sich auf der Terrasse, täglich mussten riesige Mengen beiseite geschaufelt werden, um einen schmalen Weg ins Teehaus freizumachen und die Eingänge und Zugänge freizulegen. Eva wäre für ihr Leben gerne Ski gelaufen, aber Hitler wollte es nicht erlauben. »Du könntest dir einen Fuß brechen, es ist zu gefährlich«, sagte er. So begnügte sie sich mit weiten Spaziergängen und fehlte oftmals beim Mittagessen.

Noch im April schneite es. Neun Meter Schnee wurden in tausend Meter Höhe gemessen. Dann kam endlich der Frühling, und mit ihm machten sich die feindlichen Flieger auch im Berchtesgadener Land bemerkbar. Im Süden hatten die Alliierten so viele Stützpunkte gewonnen, dass von dort aus unentwegt große Geschwader ihren Weg durch Österreich nach Bayern nehmen konnten. Und alle überflogen unser Gebiet. Täglich heulten die Sirenen, gerade als wir den ersten Schlaf in den frühen Morgenstunden genossen. Dann wurden im Tal und auf den Hängen des Führergeländes die Vernebelungsanlagen in Betrieb gesetzt, und das ganze Gebiet war künstlich in dichte Nebelwolken gehüllt.[67] Hitler rechnete mit Angriff auf den Berghof und auf das Hauptquartier. Schon seit Monaten wurde an einer riesigen Stollenanlage im Berghofgebiet gearbeitet. An vielen Stellen wurde der Fels ausgehölt, Maschinen fraßen sich in den Berg und durchzogen ihn mit einem Netz von Stollen. Aber fertig war erst der Bunker des Berghofes. Gegenüber dem Hinterausgang beim Wohnzimmer führte ein großes Tor tief hinein in den Fels. 65 Stufen musste man hinuntersteigen und gelangte dann in einen Luftschutzkeller, in dem alles Wertvolle und Lebenswichtige für den Führer und eine große Zahl von Menschen waren. Ich habe nur die beiden Aufenthaltsräume gesehen, nicht aber die Vorratskammern und Archive, die dort untergebracht waren. Fast täglich versammelten sich die verschlafenen Gäste mit ihren Koffern da unten in der Berghöhle. Aber nie erfolgte ein Angriff.

Immer lagen wir nur auf der Einfluglinie, und der Angriff richtete sich meist auf Wien, auf ungarische Ziele oder auf bayerische Städte. Oftmals sahen wir, wenn sich die Nebelwolken verzogen hatten, den roten Widerschein von Bränden über München. Dann war Eva kaum zu halten. Sie flehte um Erlaubnis, mit dem Auto nach München fahren zu dürfen, um nach ihrem Häuschen zu sehen. Meistens erlaubte es Hitler nicht. Dann hing sie am Telefon und gab Anweisungen und holte sich von allen Bekannten ausführliche Berichte. Als aber einmal einer ihrer besten Freunde, der Münchner Schauspieler Heini Handschuhmacher, bei einem Angriff ums Leben kam, war sie nicht mehr zu halten. Mit ihrer Freundin Herta Schneider und Gretl Braun fuhr sie zur Beerdigung und kam schwer erschüttert und mit drastischen Berichten vom Elend der betroffenen Bevölkerung zurück. Hitler hörte sich ihre Schilderung mit düsterem Gesicht an. Dann schwor er Rache und Vergeltung und versprach, mit den neuen Erfindungen der deutschen Luftwaffe den Feinden alles hundertfach heimzuzahlen.

Leider haben sich diese Drohungen nie erfüllt. Nach wie vor fanden die alliierten Flugzeuge in Schwärmen ihren Weg über das Reichsgebiet, und was half es den deutschen Städten, dass V 1 und V 2 nach London flogen? Hitler war über den Einsatz der V-Waffen begeistert. »Es wird eine Panik ausbrechen in England. Die Wirkung dieser Waffen geht so unerhört auf die Nerven, dass das kein Mensch auf die Dauer aushalten kann. Ich werde es den Barbaren heimzahlen, dass sie auf Frauen und Kinder schießen und die deutsche Kultur vernichten.« Aber die Meldungen, die er über die Abwehr der deutschen Luftwaffe erhielt, waren verheerend. Ich erinnere mich an einen Angriff auf München während des Tages. Hitler wollte genau wissen, was für Abwehrkräfte eingesetzt waren. Oberst von Below hing ständig am Telefon und holte Nachrichten ein. Schließlich musste er melden: »Mein Führer, sechs deutsche Jäger wollten starten, drei kamen überhaupt nicht vom Boden weg, zwei mussten wieder umkehren wegen Maschinendefekt, und die letzte Maschine fühlte sich so einsam, dass sie nicht angriff.« Hitler war wütend. Obwohl seine Gäste um ihn waren, konnte er sich nicht beherrschen, auf die deutsche Luftwaffe zu schimpfen.

So wurden wir weiterhin fast täglich aus den Betten gejagt und sollten ins unterirdische Verlies hinuntersteigen. Nachdem aber dieses Spiel dutzende Male gespielt worden war, ohne dass auch nur in weiterer Umgebung eine Bombe gefallen war, ließ die Bereitwilligkeit, das Bett zu verlassen, bald nach. Hitler selbst stieg nie eher die 65 Stufen hinunter, bis nicht die Flak schoss oder wirklich ein Angriff auf Ziele in der Umgebung erkennbar war. Er stand aber in der Nähe des Eingangs und passte wie ein Höllenhund auf, dass niemand vor Beendigung des Alarms den Bunker verließ. Vor allem Eva Braun wurde in dieser Beziehung sehr streng gehalten.

Als eines Tages wieder einmal die Sirenen heulten und ich bereits auf war und gefrühstückt hatte, ging ich hinunter in den Stollen, um zu sehen, ob sich die Gesellschaft des Berghofes dort unten versammelt hatte. Kein Mensch war zu finden. Aber als ich die obersten Stufen erreichte und mein Kopf bereits in Höhe der Erdoberfläche war, sah ich den Führer vor dem Eingang stehen. Er sprach mit dem Adjutanten Bormann und mit Botschafter Hewel. Als er mich sah, drohte er mit dem Finger und sagte: »Sie, seien Sie nicht so leichtsinnig, junge Frau, und gehen Sie schnell wieder runter, der Alarm ist noch nicht zu Ende.« Nachdem ich nicht verraten wollte, dass sowohl Eva als auch die anderen Gäste überhaupt nicht aus ihren Betten gestiegen, geschweige denn in den Bunker gegangen waren, zog ich mich gehorsam zurück. Zweimal wiederholte ich noch meinen Fluchtversuch, aber immer wurde ich wieder zurückgejagt, und erst als die Entwarnungssirenen ertönten, konnte ich aus dem Verlies heraus.

Bei Tisch hielt Hitler einen Vortrag darüber, dass es unbedingt notwendig sei, bei Fliegeralarm in die Keller zu gehen. »Es ist kein Zeichen von Mut, sondern von Dummheit, wenn die Leute sich nicht in Sicherheit bringen. Meine Mitarbeiter, die zum Teil unersetzlich sind, haben einfach die Pflicht, in die Bunker zu gehen. Es ist idiotisch, sich einzubilden, man könnte Tapferkeit beweisen, wenn man sich der Gefahr aussetzt, von einer Bombe getroffen zu werden.« Damit meinte er weniger mich als einen großen Teil der Herren und Offiziere, die weder an einen Angriff auf das Hauptquartier glaubten, noch Lust hatten, stundenlang ihre Zeit untätig in Kellern zu verbringen.

Während unseres Aufenthalts im Frühjahr 1944 auf dem Berghof versammelte Hitler auf dem Platterhof die Heerführer, Stabsoffiziere und Führer sämtlicher Truppenteile und hielt anfeuernde Reden. Auch die Industriellen und die politischen Leiter wurden zusammengerufen und nahmen Hitlers Instruktionen in Empfang. Obwohl Hitler lange Ansprachen hielt, hatte ich kein Diktat. Bei solchen Gelegenheiten, wenn er zu einem internen Kreis sprach, brauchte er kein Manuskript. Seine Rede kam nicht in die Öffentlichkeit, und er sprach viel lieber frei. Unter den höchsten Heerführern war auch Feldmarschall Dietl, der Befehlshaber der Gebirgsjägertruppen in Norwegen[68]. Er kam direkt von der Front und holte sich bei dieser Gelegenheit die Brillanten zum Ritterkreuz[69]. Hitler schätzte ihn sehr und unterhielt sich lange mit ihm. Dietl wollte selbstverständlich die Gelegenheit nutzen und seine Frau besuchen. Hitler riet ihm, erst am nächsten Morgen mit dem Flugzeug zu starten, da die Wetterverhältnisse in der Salzburger Gegend am Abend meist sehr ungünstig für einen Start waren. Aber Dietl hatte keine Ruhe mehr. Er startete in frühester Morgenstunde, trotz

Nebel. Und Hitler wurde mit der Meldung geweckt, dass sein ausgezeichneter Feldherr mit seinen Brillanten tödlich abgestürzt sei. Hitler zeigte sich schwer erschüttert. Ich kann mir nicht vorstellen, dass er heuchelte. Wir schätzten Dietl alle und waren sehr betrübt über seinen plötzlichen Tod. Hitler aber war gleichzeitig auch noch wütend, dass Dietl so leichtsinnig war und sich selbst in die Gefahr begeben hatte, bei ungünstigen Wetterverhältnissen zu fliegen. Er wiederholte wieder einmal, dass seine unersetzlichen Mitarbeiter einfach die Pflicht hätten, Gefahr zu meiden.

Aber ein paar Wochen später ereignete sich wieder ein Flugzeugunglück in der Nähe von Salzburg, und wieder fand ein Befehlshaber, General Hube[70], den Tod. Diesmal war sogar Botschafter Hewel mit abgestürzt und schwer verletzt in das Berchtesgadener Krankenhaus transportiert worden. Wie es zu dem Unglück kam, habe ich nicht erfahren.

Ich habe ganz vergessen, dass inzwischen ein neues Gesicht in der Umgebung Hitlers aufgetaucht war: Gruppenführer Fegelein.[71] Er fungierte als Verbindungsoffizier zwischen Himmler und Hitler und hatte seinen Arbeitsplatz im Stab Hitlers. Anfangs war er nur bei den Lagebesprechungen zu sehen, aber bald gewann er Reichsleiter Bormann zum Freund, und es dauerte nicht lange, da war er tonangebend.

Hermann Fegelein war der Typ des schneidigen Reiters. Er hatte eine unerhört große Schnauze und das Ritterkreuz mit Eichenlaub und Schwertern. Kein Wunder, dass er gewöhnt war, dass die Frauen auf ihn flogen. Dazu hatte er einen herzerfrischenden, manchmal reichlich derben Witz und nahm nie und nirgends ein Blatt vor den Mund. Um ihn schwebte der Nimbus eines Naturburschen, der es unerhört offen und ehrlich meint. Auf diese Weise machte er schnell und unerwartet eine erstaunliche Karriere. Kaum war er aufgetaucht, saß er schon mit an der Tafel des Berghofs. Er fehlte nicht bei Bormanns nächtlichen Festen, er trank mit allen wichtigen Leuten Bruderschaft, und sämtliche Frauen lagen ihm zu Füßen. Wer nicht sein Freund wurde, wurde sein Feind, bis er ganz fest im Sattel saß. Er war schlau, aber rücksichtslos, hatte einige wirklich sympathische Charaktereigenschaften, nämlich seine Ehrlichkeit, mit der er zugab, dass er im Grunde genommen unerhört feige sei und seine Auszeichnungen bekommen hatte, weil er vor lauter Angst eine Heldentat vollbracht hatte, und weil er außerdem ganz offen zugab, dass ihm nichts so sehr am Herzen lag wie seine Karriere und ein gutes Leben.

Leider begannen bald nach seinem Auftauchen Unstimmigkeiten und Intrigen in der Umgebung von Hitler. Fegelein, der ein guter Unterhalter und Gesellschafter war, fand bald Beachtung bei Eva Braun und ihrer Schwester Gretl. Besonders letztere wurde der Gegenstand von des schönen Hermanns Werben. Als er noch nicht gewusst hatte, dass sie Evas Schwester war, hatte er zwar behauptet: »Das ist aber eine blöde Gans!« Aber diese Meinung hatte er in Anbetracht der verwandtschaftlichen Beziehungen schleunigst geändert. Es gab eine große Überraschung, als die Verlobung von Fegelein mit Gretl Braun bekannt wurde. Damit war Fegeleins Vorzugsstellung auch persönlich gefestigt. Botschafter Hewel, der inzwischen auch geheiratet hatte und nun infolge des Flugzeugunglücks verletzt im Krankenhaus lag, war der einzige, der persönlich so gute menschliche Beziehungen zu Hitler hatte, dass er für Fegelein ein Hindernis war. So nutzte dieser die Abwesenheit Hewels, um ihn bei Hitler zu verleumden, und er hatte Erfolg damit. Hewel, der sich nicht verteidigen konnte, fiel ziemlich in Ungnade, und Hitler ließ sich nicht einmal seine Frau vorstellen.

Aber alle diese persönlichen und menschlichen Erlebnisse wurden zurückgedrängt und unwichtig angesichts der amerikanischen Invasion im Westen. Plötzlich war sie da, lange erwartet und angeblich von vornherein zum Scheitern verurteilt. Mein Mann, der gerade einen kurzen Urlaub mit mir in Berchtesgaden verlebte, musste sofort an die Front zurück. Die Lagebesprechungen dauerten endlos lange. Wir sahen Hitlers ernstes und ziemlich besorgtes Gesicht. Seine Hoffnungen, dass sich der Feind mit dem Angriff im Westen die entscheidende Niederlage holen würde, schienen sich nicht so schnell zu erfüllen. Die Gäste kamen und gingen am Berghof, die Sonne strahlte über die friedliche Landschaft, es wurde geplaudert, gelacht, geliebt und getrunken, und trotzdem nahm die Nervosität von Tag zu Tag zu. Julius Schaubs Unterlippe hing bis zum Kinn, er hatte die Aufgabe, die Fliegermeldungen zu bearbeiten. Die Schadensmeldungen häuften sich so, dass wir dem Führer die Berichte nur noch in Stichworten schreiben konnten. Göring und die Offiziere der Luftwaffe erhielten bei jeder Lagebesprechung Abreibungen. Aus allen Teilen des Reiches, von allen Gauleitern trafen Stöße von Bildern ihrer zerstörten Städte ein. Hitler sah alle wutschnaubend an. Aber niemals hat er das Ausmaß der Verwüstung mit eigenen Augen gesehen.

Als ich eines Tages von München zurückkam, das ich nach einem schweren Angriff verlassen hatte, sagte ich ihm: »Mein Führer, alle Bilder, die Sie sehen, sind nichts gegen das Elend der Wirklichkeit. Sie müssten die Menschen einmal sehen, wenn sie vor den brennenden Häusern stehen und weinend ihre Hände an der Glut der verkohlenden Balken wärmen und zusehen müssen, wie ihr Haus mit allem Hab und Gut zusammenstürzt.« Er antwortete: »Ich weiß, wie es ist, aber ich werde es ändern. Wir haben jetzt neue Flugzeuge gebaut und bald wird dieser ganze Spuk ein Ende haben!«

Niemals hat Hitler gesehen, wie der Krieg in der Heimat aussah, wie groß die Zerstörungen und Verwüstungen waren. Immer nur sprach er von den bevorstehenden Vergeltungen und Erfolgen und vom sicheren Endsieg. Ich konnte nicht anders, ich glaubte, er habe wirklich ein sicheres Mittel, eine letzte Reserve im Hintergrund, die eines Tages das Volk von den schweren Leiden befreien würden.

Schön wäre das Leben gewesen, wenn man nicht das Gefühl gehabt hätte, auf einem Pulverfass zu sitzen, wenn nicht die geheime Nervosität sich immer weiter ausgebreitet hätte. Hitler war zwar im Kreise seiner Gäste nach wie vor bemüht, seine Zuversicht und Siegesgewissheit dadurch zu beweisen, dass er charmant mit den Damen plauderte, zum Teehaus spazierte und abends am Kamin Schallplatten spielte und Geschichten erzählte. Aber saß er nicht manches Mal geistesabwesend [...] in seinem Stuhl, alt und müde? Er, der galante Kavalier, der niemals alt erscheinen wollte, bat die Damen, seine Beine ausstrecken zu dürfen und legte sie auf das Sofa. Und Eva

Brauns Augen blickten besorgt und traurig. Sie bemühte sich mehr denn je, Hitlers Gäste in Stimmung zu bringen, versuchte krampfhaft und mit rührendem Bemühen, für Aufheiterung und Entspannung zu sorgen. Sie fehlte nie mehr bei den Mahlzeiten oder am Kamin.

Es war inzwischen Juli geworden. Hitler hielt es nicht länger auf dem Obersalzberg. Sein Bunker war zwar immer noch nicht fertig, aber er befahl trotzdem die Rückkehr in die Wolfsschanze. Er wollte inzwischen in dem früheren Adjutanten- und Gästebunker wohnen, den wir Sekretärinnen früher bewohnt hatten. In der ersten Juliwoche zogen wir wieder wie die Zugvögel nach Ostpreußen zurück.

Die Anlage war kaum wieder zu erkennen. Anstelle der kleinen niederen Bunker ragten schwere Kolosse aus Beton und Eisen aus den Bäumen hervor. Von oben war nichts zu erkennen. Auf den flachen Dächern war Gras angepflanzt, Bäume, teils natürlich, teils künstlich, wuchsen aus dem Beton und vom Flugzeug aus gesehen, war der Wald nirgends unterbrochen. Im neuen Bunker waren die Räume klein und nur notdürftig eingerichtet. Hitler bestimmte für die Lagebesprechungen die daneben gelegene Baracke, die für Gästezimmer vorgesehen war und einen großen Aufenthaltsraum enthielt. Hier wurden einige große Tische aufgestellt, damit die riesigen Karten ausgebreitet werden konnten, und schon war der Raum als Konferenzzimmer brauchbar. Hier in der Wolfsschanze waren wieder alle vier Sekretärinnen beisammen. Wir hatten erhöhte gesellschaftliche Pflichten und viel Arbeit.

Es war ein heißer Sommer. Die Sonne stach vom Himmel, ein Tag war schöner als der andere. Die Baracken gaben keine Kühlung, die Bunker wurden wieder beliebte Arbeitsplätze. Über den moorigen Wiesen hausten Schwärme von Mücken und Schnaken, die uns das Leben sauer machten. Die Posten mussten Moskitonetze vor den Gesichtern tragen, und die Fenster wurden mit Fliegengittern versehen. Hitler hasste dieses Wetter. Blondi wurde fast nur noch von Feldwebel Tornow, dem Hundeführer, spazieren geführt, während Hitler sich in die Kühle der Betonräume zurückzog. Er war schlechter Laune und klagte über Schlaflosigkeit und Kopfschmerzen. Mehr denn je hatte er das Bedürfnis nach Ablenkung und entspannender Gesellschaft, je schlechter die Kriegslage wurde, desto weniger wurde davon gesprochen. Wir waren auf den Bericht des Oberkommandos der Wehrmacht angewiesen, der im Vorraum des Kasinos neben der Speisekarte und dem Kinospielplan ausgehängt war. Die Nachrichten waren nicht erfreulich.

Aber Hitler setzte den Krieg fort und ebenso seine nächtlichen Teegesellschaften. Er lud sogar Gäste dazu ein, die eigentlich nicht zu seiner ständigen Umgebung gehörten. »Ich habe die Soldaten um mich herum so satt«, sagte er. Die Adjutanten zerbrachen sich den Kopf, wer sich zur Unterhaltung für den Führer eignen könnte. Heinrich Hoffmann war immer die allerletzte Rettung. Aber er war so senil geworden und dem Alkohol so sehr ergeben, dass Hitler keine Freude mehr an den Unterhaltungen mit ihm hatte. Aber der Baumeister und Architekt Professor Hermann Giesler war der richtige Mann für die Bedürfnisse Hitlers. Er war nicht nur ein Künstler in seinem Fach, sondern er hatte außerdem noch ein Talent, das ihn fast zum Hofnarr gemacht hätte: Er konnte täuschend die Sprache und fast auch das Aussehen von Reichsorganisationsleiter Robert Ley nachahmen. Ley hatte nicht nur einen Sprachfehler, der ihn die Worte nur mühsam formulieren ließ, er sprach auch einen solch blühenden Unsinn, dass man ihn kaum ernst nehmen konnte.

Nachdem Ley als Leiter der Deutschen Arbeitsfront auch viele Bauaufträge an Professor Giesler erteilt hatte, kannte dieser alle seine Schwächen ziemlich genau, und mit besonderer Freude hatte er sich die Stilblüten aus seinen Reden gemerkt. »Ich bin schöner geworden und Deutschland freut sich darüber«, hatte der Reichsorganisationsleiter einmal im Brustton der Überzeugung vor einer Arbeiterversammlung ausgerufen und gerade das Gegenteil gemeint: »Deutschland ist schöner geworden und ich freue mich darüber.« Wenn Giesler diese Sätze in Leys Art mühsam herausstotterte, lachte Hitler schallend. [...] Giesler gab die reinste Komikervorstellung. Aber Hitler hatte wohl ein etwas peinliches Gefühl angesichts der Tatsache, dass sein Reichsorganisationsleiter seine Geistesblitze in aller Öffentlichkeit und als leitende Persönlichkeit preisgab und immerhin die Möglichkeit bestand, dass auch andere Leute sich über den Mitarbeiter Hitlers lustig machten. »Der Ley ist ein treuer, alter Parteigenosse und wirklich Idealist. Er hat eine Organisation geschaffen, die einmalig ist. Und ich kann mich vor allem hundertprozentig auf ihn verlassen.« Das waren die Entschuldigungsgründe, die Hitler vorbrachte. Es war die gleiche Toleranz, die er anderen alten Kampfgefährten entgegenbrachte und die er gegenüber den klugen Köpfen, die Widerspruch wagten, so sehr fehlen ließ.

Übrigens war oft auch der Reichsbühnenbildner Professor Benno von Arent[72] aus Berlin ins Hauptquartier eingeladen. Ich finde es jetzt reichlich komisch, dass alle diese Herren »Reichs«-Titel hatten und Professoren waren. Kein Wunder, dass wir den Hundefeldwebel Reichshundeführer nannten, Professor Morell Reichsspritzenmeister und Heinrich Hoffmann Reichtstrunkenbold. Wie gesagt, der Reichsbühnenbildner war also ebenfalls nächtlicher Gesellschafter. Mitten in der schlimmsten Phase des Krieges hatte er im Hauptquartier wirklich nichts zu suchen. Aber trotzdem erfüllte er die kriegswichtige Aufgabe, die Kräfte des »Obersten Feldherrn« erhalten zu helfen. Die Bühnenleute trugen zwar auch im Dritten Reich keine Uniform, aber im geheimen Hintergrund hatten doch die leitenden Künstler irgendeinen parteilichen oder militärischen Rang, sodass sie im Notfall im »Deutschen Ehrenkleid« auftreten konnten. So nimmt es nicht Wunder, dass Benno von Arent in einer schicken feldgrauen Uniform mit ziemlich viel Silber aufkreuzte. Ich muss sagen, er war ein wirklich charmanter, lustiger und geistreicher Mann, ein bisschen weich, aber amüsant. Ob er als Bühnenbildner etwas konnte, weiß ich nicht, als Gesellschafter taugte er vorzüglich, und wenn er mit Giesler zusammen war, wurde so viel gelacht, entspannt und abgelenkt, dass ich wirklich manchmal vergaß, dass Hitler den unerbittlichsten Krieg zu führen hatte und in seiner Person das Schicksal Europas verkörpert war.

Dann kam der 20. Juli 1944.

Heute noch fühle ich die drückende Schwüle dieses Tages, die die Luft leise erzittern machte und uns in den heißen Baracken keinen Schlaf mehr finden ließ, obwohl wir erst bei Sonnenaufgang in die Betten gekommen waren. Frau Christian und ich radelten zum kleinen Moysee außerhalb des Lagers. Im Wasser liegend träumten wir von Frieden und Ruhe. Halbschlafend versuchten wir, die Nachtruhe fortzusetzen. Ich hatte so schöne beruhigende Gedanken in dieser weiten Stille. Nirgends war ein Mensch, und wir sprachen nicht miteinander, bis die Sonne ganz senkrecht herunterbrannte und uns den Mittag ankündigte. Wir wussten nicht, wann die Lagebesprechung angesetzt war. Vielleicht wurden wir vorher noch gebraucht. Wir rissen uns los von einer anderen Welt und kehrten zurück in das Getriebe des Waldes, in das Herz des Krieges. Die Lage hatte anscheinend schon begonnen. Am Parkplatz standen die Wagen der Offiziere, die von anderen Stäben kamen, überall sonst herrschte Mittagsruhe. Die Sekretärinnen waren jede in ihrem Zimmer. Da durchschnitt plötzlich ein fürchterlicher Knall die stille Luft. Unerwartet und erschreckend. Aber es knallte oft in der Nähe. Rehe liefen über Tellerminen oder irgendeine Waffe wurde ausprobiert.

Ich schrieb an einem Brief und ließ mich nicht stören. Aber draußen schrie man nach dem Arzt, und zwar aufgeregt und hastig. Professor Brandt war nicht im Hauptquartier. Die Stimme, die nach Professor von Hasselbach rief, klang verstört und voll panischem Schrecken.

Es war nicht der Knall gewesen, der plötzlich mein Herz stillstehen ließ. Wir waren gewöhnt, dass plötzlich ein Schuss oder eine Explosion durch den Wald hallte. Gewehre wurden ausprobiert, überall wurde gebaut, die Flak schoss zur Übung, und wir nahmen diese Geräusche als selbstverständlich hin. Aber was jetzt eben geschehen war, versetzte mich in Unruhe und Schrecken. Ich rannte hinaus. Aus den anderen Zimmern stürzten mit bleichen, erschrockenen Gesichtern meine Kolleginnen. Und draußen sahen wir die verstörten Gesichter der beiden Ordonnanzen aus dem Führerbunker kommen, die nach dem Arzt suchten. »Eine Bombe ist explodiert, wahrscheinlich im Führerbunker«, stotterten sie.

Wir wussten nicht, ob Hitler schon in seinem Bunker oder ob die Lagebesprechung noch im Gange war. Wir standen beisammen, wie Schafe bei einem Gewitter, gelähmt von einem unbestimmten Schreck. Galt er dem eigenen Leben oder Hitler? »Was wird aus uns, wenn Hitler tot ist?« fragte plötzlich in das lastende Schweigen hinein Fräulein Schroeder und brachte uns plötzlich alle auf die Beine. Der Bann war gelöst und wir stoben auseinander, sinnlos in verschiedene Richtungen. Fräulein Wolf wollte helfen, den Arzt zu suchen, Fräulein Schroeder suchte nach einer Persönlichkeit, die genaue Informationen geben konnte. Frau Christian und ich rannten in Richtung Führerbunker und die angrenzende Baracke.

Noch verbargen die dichten Bäume den Ort des Unglücks. Auf dem schmalen Fußweg, der sich durch den Wald schlängelte, kamen mir General Jodl und Oberstleutnant Waizenegger[73] entgegen. Jodls Gesicht war blutüberströmt, die Uniform zerfetzt. Auf Waizeneggers weißem Uniformrock zeigten sich rote Flecken. So wankten sie daher.

Frau Christian eilte ihnen entgegen und wir wurden zurückgeschickt mit der Weisung, nicht weiterzugehen, es sei abgesperrt. Weiter erfuhren wir nichts. Die beiden Offiziere verstanden uns kaum. Kein Wunder, sie hatten durch die Explosion nicht nur eine Gehirnerschütterung erlitten, sondern auch ihre Trommelfelle waren geplatzt.

Wir kehrten zurück in unsere Baracke. Noch immer wussten wir nichts über Ursache, Verlauf und Wirkung des Unglücks. Wenn wir nur erfahren hätten, was geschehen war! Ob Hitler noch lebte? Wir wagten diese Frage kaum auszusprechen, aber in meinem Kopf spukten unbestimmte Vorstellungen herum, was wohl werden würde, wenn Hitler tot sei. Ich kam zu keinem klaren Bild. Gab es denn unter Hitlers Mitarbeitern einen, der sein Nachfolger werden könnte? Himmler, Göring, Goebbels –? Der Gedanke schien mir unmöglich. Sie waren doch nur Monde, die ihr Licht von der Sonne bezogen und keine eigene Leuchtkraft hatten. Oder war in Deutschland noch irgendjemand anderer, ein Gegner Hitlers, der die Macht an sich reißen konnte?

Wirr kreisten Vermutungen in meinem Kopf, und doch waren erst Minuten vergangen, seit die Explosion sich ereignet hatte. Endlich kam Otto Günsche an unserem Fenster vorbei. Er musste ja auch bei der Lage gewesen sein, aber er schien unverletzt und wohlauf. Wir stürzten uns auf ihn: »Was ist passiert? Lebt der Führer? Hat es Tote gegeben? Was war der Anlass?« Er konnte nicht auf alle Fragen zugleich antworten. »Dem Führer ist nichts passiert. Er ist bereits in seinem Bunker, und Ihr könnt ihn besuchen. Aber die ganze Baracke ist in die Luft geflogen. Wahrscheinlich wurde von den OT-Leuten[74] ein Sprengkörper mit in den Boden eingebaut. Man weiß noch nichts Genaues.«

Die Neugierde trieb uns in den Führerbunker. Beinahe hätte ich gelacht, als ich Hitler sah. Er stand in dem kleinen Vorraum, umgeben von einigen seiner Adjutanten und Diener. Sein Haar war nie besonders gut frisiert gewesen, aber jetzt sah er aus wie ein Igel, so standen ihm die Haare zu Berge. Die schwarze Hose hing in schmalen Streifen vom Gürtel, fast wie ein Baströckchen. Die rechte Hand hatte er zwischen die Knöpfe seines Uniformrockes geschoben, der Arm war geprellt. Lächelnd begrüßte er uns mit der linken: »Na, meine Damen, das ist noch mal gut gegangen. Wieder ein Beweis, dass das Schicksal mich für meine Mission ausersehen hat, sonst wäre ich jetzt nicht mehr am Leben.«

Natürlich wurde über die Ursache der Explosion gesprochen. »Es war das Attentat eines Feiglings«, sagte Hitler. »Wahrscheinlich wurde der Sprengstoff von einem Handwerker der OT eingelegt. An die andere Möglichkeit glaube ich nicht«, wandte er sich an Bormann, der zustimmend nickte. Bormann nickte ja immer zustimmend. Wir hätten gerne noch Genaueres gehört. Aber Linge blickte auf seine Uhr und sagte: »Mein Führer, ich glaube, Sie müssen eine andere Hose anziehen, in einer Stunde kommt der Duce.« Hitler blickte an seinen Fetzen herunter. »Da mögen Sie Recht haben.« Er verabschiedete sich und ging aufgerichtet und straff wie lange nicht, in sein Zimmer.

Wir hätten die Unglücksstelle gerne aus der Nähe besichtigt, aber noch durften wir sie nicht betreten. Vom Eingang des Führerbunkers aus sahen wir nur, dass die leichte Baracke in dem Teil, der den großen Konferenzraum enthielt, zusammengefallen war.

Aber der Grenadier Mandl, der kleinste und jüngste Soldat

im Führerbunker, war selig, als er seine Wichtigkeit beweisen konnte, und schilderte uns ausführlich, was er erlebt hatte, als er während der Lage seinen Dienst als Ordonnanz in der Lagebaracke versah. »Der Sprengstoff ist nur zwei Meter vom Führer entfernt explodiert, aber General Bodenschatz, der neben dem Führer gestanden ist und sich gerade über den Tisch gebeugt hatte, fing im Augenblick der Explosion den Hauptschlag ab. Er ist allerdings auch sehr schwer verwundet. Ebenso General Schmundt. Ihm sind ganze Stücke Fleisch aus dem Rücken herausgerissen und viele Brandwunden hat er abbekommen. Der Stenograph, der am Tischende saß, ist sogar tot. Es hat ihm beide Beine weggerissen. Keitel und Jodl sind auch verwundet, aber der Führer ist unverletzt geblieben. Sturmbannführer Günsche und Major von John[75] wurden durch den Luftdruck durch das offene Fenster hinausgeschleudert und landeten einige Meter von der Baracke entfernt im Gras. Die meisten beteiligten Herren haben Splitterwunden, Verbrennungen oder kleinere Verletzungen.« Grenadier Mandl wusste genau Bescheid.

Überall im Lager herrschte fieberhafte Spannung und Aufregung. Wo zwei Leute beieinander standen, wurde über das Attentat diskutiert. Die Stunden vergingen wie Minuten und die Minuten wie Stunden. Kaum war der letzte Rauch der Explosion verflogen, hatte man den Täter schon entdeckt. Und in Berlin entschied das Schicksal sich zugunsten Hitlers.

Während Hitler mit seinen Herren nach dem Attentat an die Unglücksstelle zurückkehrte und dort wieder alle Einzelheiten besprach, wurde auch erwähnt, dass Oberst von Stauffenberg[76] der einzige Offizier war, der während der Explosion nicht anwesend war, weil er den Raum gerade verlassen hatte, um zu telefonieren.

Plötzlich trat aus dem Hintergrund der Obergefreite Adam von der Nachrichtenabteilung auf den Führer zu. Er hatte Telefondienst in der Lagebaracke und meldete plötzlich: »Mein Führer, Oberst von Stauffenberg verließ kurz vor der Explosion den Konferenzraum, aber er wollte nicht telefonieren, sondern verließ die Baracke. Er hatte einen so merkwürdigen

Gesichtsausdruck, dass ich mich verpflichtet fühle, Sie darauf aufmerksam zu machen, dass er der Täter sein kann.«

Hitler schwieg eine Weile, niemand sprach. Bis jetzt hatte niemand den Verdacht gehabt, dass ein Offizier aus Hitlers Stab als Attentäter in Frage käme. Das war die zweite Bombe, die einschlug. Noch wollte Hitler nicht daran glauben, aber er befahl, nach Stauffenberg zu forschen. Die Lawine kam ins Rollen, die Tragödie nahm ihren Lauf. Erst am Abend, als wir zu Hitler zum Tee kamen, erfuhren wir die ganze Geschichte.

Es war also wirklich Oberst von Stauffenberg gewesen, der in seiner Aktentasche eine Ladung Sprengstoff mitgebracht und sie zwei Meter von Hitlers Platz entfernt an das Tischbein angelehnt hatte. Nur selten war Stauffenberg zur Lage anwesend. Diesmal hatte er sich zum Vortrag bei General Buhle gemeldet. Major von John trug meist die Aktentasche Stauffenbergs, weil dieser an der rechten Hand nur drei Finger hatte. Nun erinnerte sich John plötzlich, dass Stauffenberg diesmal abgelehnt hatte, die Aktentasche aus der Hand zu geben. Mit ihrem verhängnisvollen Inhalt stand sie über eine Stunde in unmittelbarer Nähe Hitlers. Dann verließ Oberst von Stauffenberg den Schauplatz und begab sich zu General Fellgiebel, der zu seinen Verschworenen gehörte, um den Erfolg seines Unternehmens abzuwarten. Programmgemäß erfolgte die Explosion, Stauffenberg bestieg seinen Wagen und fuhr durch das Lager, vorbei an der zertrümmerten Baracke, er sah die Verwundeten im Gras liegen, von Hitler keine Spur, nur rauchende, zerstörte Holztrümmer und blutende Menschen.

Er musste glauben, dass seine Mission geglückt war, und fuhr zum Flugplatz in der Überzeugung, dass Hitler tot sei. Der Führer aber war, als Stauffenberg an der Baracke vorbeifuhr, bereits wohlbehalten und unverletzt in seinen Bunker zurückgekehrt.

Selbstverständlich war sofort Goebbels von dem missglückten Attentat verständigt worden, nicht aber die Öffentlichkeit. Noch wusste man nicht, wie viele Helfer Stauffenberg hatte, was in Berlin vor sich ging. Aber bald ging das Durcheinander los. Es gab einen Wirrwarr von Befehlen und Gegenbefehlen. Im OKW[77] war die Hölle los. Niemand wusste, wohin er gehörte, zur Widerstandsbewegung der Wehrmacht oder zu den Getreuen Hitlers. Die Zusammenhänge der Vorgänge in Berlin sind mir nie ganz klar geworden. Ich weiß nur noch, dass der Kommandeur des Regiments »Großdeutschland«, Oberst Remer[78], die Entscheidung herbeiführte, als er sich dem Befehl Goebbels' unterstellte, die Reichskanzlei und das Funkhaus mit seinen Leuten besetzte und den Offizieren des Widerstandes den Zugang verwehrte. Er holte sich dafür am nächsten Tag bei Hitler das Ritterkreuz und ohne dass ein Schuss gefallen war, war die Ruhe in den Straßen Berlins wiederhergestellt.

Im Hauptquartier aber tobten noch lange die Wogen der Erregung. Als ich Hitler abends sah, war er noch erfüllt von Wut und Entrüstung über den Verrat in der entscheidendsten Phase des Krieges. »Diese Feiglinge, die sie sind! Hätten sie wenigstens geschossen! Ich könnte noch Respekt vor ihnen haben. Aber sie wagen es ja nicht, ihr Leben einzusetzen. Es können nicht viele sein, die so dumm sind, zu glauben, sie könnten es besser machen. Diese Strohköpfe wissen nicht, was für ein Chaos entsteht, wenn ich die Fäden aus der Hand gebe. Aber ich werde ein Exempel statuieren, dass jedem die Lust vergeht, ähnlichen Verrat am deutschen Volk zu begehen!« Hitlers Augen funkelten. Er war so lebendig, wie ich ihn lange nicht gesehen hatte. Nur der rechte Arm verursachte ihm Schmerzen. Er trug ihn unbeweglich zwischen den Knöpfen seines Rockes. Die Tischplatte, die durch den Luftdruck hochgeschleudert wurde, hatte ihm den Arm ausgekegelt.

Ich weiß nicht, was geschehen wäre, wenn das Attentat geglückt wäre. Ich sehe nur Millionen von Soldaten, die jetzt irgendwo draußen begraben liegen, die für immer verschollen sind, heimkehren, sah die Geschütze verstummen und den Himmel wieder ruhiger werden. Der Krieg wäre zu Ende gewesen.

Aber diese Vision wurde schnell gelöscht durch das, was wirklich geschehen war: Das Attentat vom 20. Juli war das größte Unglück, das Deutschland und Europa treffen konnte. Nicht, weil es verübt worden war, sondern weil es missglückte. Alle unglückseligen Zufälle, die den Erfolg des Attentates verhinderten, buchte Hitler als persönlichen Erfolg. Seine Zuversicht, seine Siegesgewissheit und seine Sicherheit, aber auch sein Machtbewusstsein und Größenwahn überschritten nun erst recht alle Grenzen der Vernunft. Wenn er durch die militärischen Niederlagen der vergangenen letzten Zeit vielleicht zu einem Kompromiss bereit gewesen wäre, wenn er in seinem Glauben an den Sieg in seinem Innersten vielleicht manchmal schwankend geworden war, jetzt fand er sich und seine Idee, seine Macht und seine Taten vom Schicksal bestätigt.

»Diese Verbrecher, die mich beseitigen wollten, ahnen nicht, was dem deutschen Volk passiert wäre. Sie kennen nicht die Pläne unserer Feinde, die Deutschland so vernichten wollen, dass es niemals mehr auferstehen kann. Wenn erst das Judentum mit seinem ganzen Hass Macht über uns bekommt, dann ist es endgültig mit der deutschen und europäischen Kultur vorbei. Und wenn sie glauben, dass die Westmächte ohne Deutschland stark genug sind, den Bolschewismus aufzuhalten, dann täuschen sie sich. Dieser Krieg muss gewonnen werden, sonst ist Europa verloren an den Bolschewismus. Und ich werde dafür sorgen, dass niemand mehr mich davon abhalten oder beseitigen kann. Ich bin der Einzige, der die Gefahr kennt, und der einzige, der sie aufhalten kann.« Hitler hielt es für notwendig, an diesem Tag zum deutschen Volk zu sprechen. Während wir im Bunker beisammensaßen, wurde ein Funkwagen aus Königsberg bestellt und im Teehaus[79] die Übertragungsleitung aufgebaut. Kurz vor Mitternacht gingen wir mit Hitler hinüber. Im Teehaus waren auch die leicht verwundeten Offiziere anwesend, die das Attentat miterlebt hatten. General Jodl trug einen Kopfverband, Keitel hatte verbundene Hände, andere waren mit Pflastern beklebt. Es sah aus wie nach einer Schlacht, zum ersten Mal hatte man den Eindruck eines Feldquartiers, es hatte Verwundete gegeben.

Sie benahmen sich, als hätten sie nach einem harten Kampf gesiegt, als wäre eine große Gefahr vorübergegangen. Sie beglückwünschten den Führer zu seiner wunderbaren Rettung, und wir standen dabei und ließen uns anstecken von dieser Stimmung und glaubten weiter an ihn, ohne zu realisieren, dass an diesem Tage die Würfel über unser Schicksal gefallen waren.

Dann sprach Hitler. Er hielt eine kurze Rede, die das deutsche Volk davon überzeugen sollte, dass er unversehrt geblieben war. Er dankte der Vorsehung, dass sie großes Unglück vom deutschen Volk abgewendet habe und rüttelte die Menschen auf, weiter an den Sieg zu glauben und mit allen Kräften daran mitzuarbeiten.

Wir hörten zu, eingeschlossen und betäubt vom Taumel der Überlegenheit, die von den Helden des 20. Juli ausging, und es kam uns gar nicht zum Bewusstsein, dass draußen an den Lautsprechern tausende von Menschen enttäuscht aufstöhnten, ihre Hoffnungen begruben und das Schicksal, dem Hitler so dankte, verfluchten. Ich glaubte ja immer noch, wir müssten siegen, weil sonst alle die fürchterlichen Dinge passierten, von denen Hitler gesprochen hatte und die das Ende bedeuteten.

Nach der Rede kehrten wir zurück in den Bunker. Hitler bestellte Professor Morell zur Untersuchung. Er hatte sich gleich nach dem Attentat den Puls fühlen lassen und war sehr stolz, dass er völlig regelmäßig und ohne jede Beschleunigung gewesen war. Jetzt wollte er sich seine Unverletztheit nochmals bestätigen lassen, ehe er sich zur Ruhe begab. Wir saßen noch kurze Zeit beisammen, bis sich der dicke Arzt durch die Tür drängte, dann zogen wir uns zurück. Durch die Bäume schimmerte schon der helle Morgenhimmel. Bald musste die Sonne aufgehen.

Selbstverständlich war noch lange das Attentat das Hauptgesprächsthema aller Unterhaltungen. Eva Braun war völlig durcheinander und schrieb Hitler einen sorgenvollen und verzweifelten Brief, dass er ganz gerührt von ihrer Anhänglichkeit war. Er sandte als Andenken seine zerfetzte Uniform nach München. Einmal sagte er: »Ich kann mich absolut auf meine Ahnungen verlassen. Schon auf dem Berghof hatte ich so ein unruhig merkwürdiges Gefühl, ich musste einfach weg. Ich weiß jetzt auch, dass man schon auf dem Obersalzberg ein Attentat vorbereitet hatte. Es sollten mir neue Ausrüstungen gezeigt werden und dabei sollte einem der Soldaten ohne sein Wissen ein Sprengkörper in den Tornister gepackt werden. Zufällig war ein General der Verschwörer bei der Vorführung mit dabei, den wollten sie schonen, deshalb musste das Attentat unterbleiben. Aber wenn die Explosion im Berghof passiert wäre oder gar im neuen Bunker, wären wir alle nicht mehr am Leben. Ich fürchte den Tod nicht. Mein Leben ist so voller Sorgen und so schwer, dass der Tod mir nur eine Erlösung bedeuten würde. Aber ich habe eine Pflicht dem deutschen Volk gegenüber, und ich werde diese Pflicht erfüllen ...«

Übrigens ließ Hitler, obwohl er sich »unverletzt« fühlte, doch einen Ohrenspezialisten aus Berlin kommen, weil ihm sein Gehör zu schaffen machte und er unter Kopfschmerzen litt. Dr. Giesing[80] stellte fest, dass ein Trommelfell ganz zerrissen, das andere ebenfalls verletzt war. Professor Brandt, der das Attentat nicht miterlebt hatte, war nicht gekommen. Wir wunderten uns darüber. Professor Morell, der Internist, konnte hier mit Spritzen nicht helfen. Die Schwerverwundeten, die in Rastenburg im Krankenhaus lagen, erholten sich nach seiner Behandlung nur schwer. General Schmundt war nicht mehr zu retten. Er starb nach einigen Wochen an seinen schweren Verletzungen, obwohl Morell an ihm sein neuestes Sulfonamidmittel ausprobierte.

Gruppenführer Fegelein war mit der Aufklärung des Attentats und mit der Auffindung der Schuldigen beauftragt. Er war persönlich empört, dass man so einen Prachtkerl wie ihn mit in die Luft sprengen wollte. Ich glaube, er fand das frevelhafter als die Absicht, Hitler zu beseitigen, und stürzte sich mit von Rachsucht genährtem Eifer auf die Verfolgung. Schließlich wurde auch Hitler offenbar, dass der Widerstand in der Armee weitere Kreise gezogen hatte, als er angenommen hatte. Hochklingende Namen hoher Dienstgrade wurden genannt. Er tobte und schimpfte und sprach viel von Verrätern und Schurken.

Hitler sah sehr schlecht aus und führte ein ungesunderes Leben denn je. Er ging fast überhaupt nicht mehr an die frische Luft, aß wenig und ohne Appetit, und seine linke Hand begann leise zu zittern. Hitler bemerkte: »Vor dem Attentat hatte ich dieses Zittern im rechten Bein, jetzt ist es in die linke Hand gefahren. Ich bin sehr froh, dass ich es nicht im Kopf habe. Wenn ich dauernd mit dem Kopf wackeln müsste, wäre es sehr schlimm.«

Für die abendlichen Unterhaltungen gab es ein neues

Gesprächsthema: Blondi sollte eine Familie gründen. Hitler suchte nach einem passenden Partner. Seine Wahl fiel auf Frau Professor Troosts Schäferhund, den er ihr einmal zum Geschenk gemacht hatte. So erschien eines Tages als einziger weiblicher Gast im Führerhauptquartier Gerdy Troost mit ihrem Hund Harras. Blondi, von der erwartet wurde, dass sie sich über das Auftauchen eines männlichen Genossen freuen würde, schenkte dem Besucher keinerlei Beachtung und biss beim ersten Annäherungsversuch wütend auf ihn ein. Hitler war enttäuscht, aber er gab die Hoffnung nicht auf, dass die beiden Tiere sich nach einiger Zeit schätzen und lieben lernten und er eines Tages einen kleinen Rüden großziehen könne.

Abends saßen wir mit Frau Troost zusammen beim Tee. Sie setzte Hitler zu, dass er mehr spazieren gehen solle. »Mein Führer, das ist doch kein Leben hier. Sie können sich ja gleich die Landschaft auf die Betonwände malen lassen und überhaupt den Bunker nicht mehr verlassen!« Er lachte und sagte, das preußische Klima sei ihm im Sommer so unangenehm, dass es für ihn viel gesünder sei, in den kühlen Räumen zu bleiben. Als Frau Troost riet, er solle sich wenigstens massieren lassen, das sei auch für seinen Arm sehr gut, wurde er aber sehr ablehnend. Er hasste jegliche Berührung. Bei dem Novemberputsch in München im Jahr 1923 hatte er sich das Schultergelenk verrenkt und war von einem Feldwebel massiert worden, der ihm mehr geschadet hatte als genützt und dessen Behandlung ihm noch schmerzhaft in Erinnerung war.

Frau Professor Troost reiste wieder ab und ließ ihren Hund zurück. Dieser, von Blondi so herb zurückgewiesen, interessierte sich nun lebhaft für meine winzige Foxlhündin, die um diese Zeit ebenfalls ihre ersten sehnsuchtsvollen Regungen verspürte. Ich bin nicht wenig erschrocken, als eines Nachts ein großer grauer Schatten durch mein Barackenfenster sprang, aber es wurde mir bald klar, dass der Besuch nur meinem kleinen Hund galt.

Harras magerte infolge der dauernden Aufregungen zusehends ab. Endlich wurde Blondi freundlicher und entgegenkommend und schließlich erzählte Hitler eines Tages strahlend, die beiden hätten sich in Liebe vereint! Harras blieb noch ein paar Wochen, um sich an den Fleischtöpfen des Hauptquartiers satt zu futtern.

Während im Hauptquartier das Leben für uns gleichmäßig dahinfloss und Hitler sich unverändert freundlich, zuversichtlich, lustig und charmant zeigte, tobten an allen Fronten harte Kämpfe. Im Osten wurden nur noch Abwehrsiege errungen und Frontverkürzungen vorgenommen, wobei die Russen immer näher rückten. Und im Westen hatte die Invasion sich ausgebreitet und die deutschen Verbände in die Verteidigung gedrängt. Die Division meines Mannes hatte im Osten blutige Kämpfe bestanden und war dann nach Frankreich zurückgezogen worden, um auf neue Panzer und Auffrischung zu warten. Hans Junge wurde als Kurier ins Führerhauptquartier gesandt, gerade als ich nach München fahren wollte, um meiner ausgebombten Familie zu helfen. Wir verlebten ein paar gemeinsame Tage im zerstörten, trostlosen Berlin, dann trennten wir uns. Ich fuhr nach Bayern, er kehrte zu seiner Truppe zurück.

Auch in München traf ich auf ein Bild der Zerstörung. Unser Haus war vollkommen zerstört, nichts konnte gerettet werden. Die Menschen waren verzweifelt und hoffnungslos, ich traf wenige, die noch an einen Sieg glaubten. Ich versuchte, ihnen Mut zu machen, aber ich hatte selber nicht viel. Wenn ich Hitlers Worte wiederholte, fehlte mir die Überzeugungskraft und die Sicherheit, die er hatte, und mein Herz füllte sich mit Zweifel und Zwiespalt. Als ich nach drei Wochen – Ende August – ins Hauptquartier zurückkehrte, fragte ich die Offiziere, die Adjutanten und alle, die es wissen mussten: »Sagen Sie, wie ist die Lage? Glauben Sie wirklich an einen Sieg?« Und ich erhielt immer die gleiche Antwort: »Es sieht schlecht aus, aber nicht hoffnungslos. Wir müssen durchhalten und warten, bis unsere neuen Waffen zum Einsatz kommen.«

Und wieder saßen wir abends bei Hitler. Seit die meisten deutschen Städte in Schutt und Asche lagen, beschäftigte er sich mit leidenschaftlicher Intensität mit Aufbauplänen. Wenn Giesler da war, besprach er bis in die kleinsten Einzelheiten den Wiederaufbau Deutschlands. Die Pläne für Hamburg, Köln,

München, Linz und viele andere Städte hatten nicht nur in Hitlers Kopf, sondern als fertiger Plan auf dem Papier feste Formen angenommen. Und wie ein Gärtner seine Rosen, so hegte und pflegte Hitler seine Baupläne. Manchmal hörten wir fassungslos zu, wenn seine Schilderungen die schönsten Städte der Welt, die breitesten Straßen, die höchsten Türme der Erde vor unseren Augen erstehen ließen. Es sollte alles viel schöner werden als es je gewesen war, und er schwelgte in Superlativen. Ob er wohl selbst an seine Worte glaubte? Ich habe mir damals den Kopf nicht darüber zerbrochen. [...]

Ich wünschte mir keine Monumentalbauten, sondern Ruhe und Frieden. Freilich hatte ich ein besseres Leben als die meisten anderen Menschen während des Krieges, und ich brauchte nicht in einem stumpfsinnigen Büro zu sitzen und kaum Fliegerangriffe mitzuerleben. Aber ich kam mir vor wie eine Gefangene in einem goldenen Käfig, und ich wünschte, ich könnte endlich fort von hier, zurück zu den anderen Menschen, zu denen ich gehörte. Ich war doch schon über ein Jahr verheiratet und merkte überhaupt nichts davon. Hitler behandelte mich immer noch als Nesthäkchen. Besonders mit mir scherzte er gern. Ich musste einen Wiener Filmkomiker nachmachen, im sächsischen Dialekt sprechen und seine Witze parieren. Und Frau Christian war der Gegenstand von Hitlers charmanter Verehrung. Es sah manchmal aus wie ein kleiner Flirt, aber fast jeden Tag kam einmal das Gespräch auf Eva Braun, und ich konnte immer bemerken, dass Hitlers Augen dann einen tiefen warmen Glanz bekamen und seine Stimme weich und sanft wurde.

Aber als er etwa Mitte August wieder einmal eine Offiziersversammlung einberief und im Hauptquartier vor den hohen und höchsten militärischen Führern eine Ansprache hielt, war nichts von Toleranz und Weichheit in seinem Wesen. Ich habe die Versammlung nicht miterlebt, aber ich sah die blitzenden Uniformen nachher im Kasino in heftiger und erregter Diskussion. Es schienen scharfe Worte gefallen zu sein. Hitler hatte seiner Empörung über den Verrat vom 20. Juli gründlich Ausdruck verliehen und für die gesamte deutsche Wehrmacht den »Deutschen Gruß« eingeführt. Gleichzeitig appellierte er an die Treue und das Gewissen der Offiziere und ihre unbedingte Gefolgschaft. Später kam mir durch Zufall das Protokoll dieser Versammlung zu Gesicht. Ich hatte kein Recht, es zu lesen, aber ich warf doch einen flüchtigen Blick auf einige Seiten. Hier stand: »... Und ich habe geglaubt, in meiner letzten Stunde würden sich meine Offiziere mit gezogenem Degen um mich scharen in unverbrüchlicher Treue ...«. Und General Manstein[81] hatte ausgerufen: »Das wird auch so sein, mein Führer.« Und in Klammern stand dabei: tosender Beifall.

In diesen Tagen verlieh Hitler auch Auszeichnungen für die Verwundeten des 20. Juli. Manche waren inzwischen ihren Verletzungen erlegen, darunter auch General Schmundt. Die Überlebenden erhielten das Verwundetenabzeichen feierlich überreicht. Wochenschau und Bildberichter hielten den großen Moment fest. Ich sah, dass Hitler stets die linke Hand unbeweglich auf dem Rücken hielt. Er war sehr darauf bedacht, dass man das ständige Zittern nicht bemerkte. Es fiel mir überhaupt auf, dass sein Gesundheitszustand nicht besonders gut war. Er nahm unheimlich viele Medikamente. Beim Essen musste ihm Linge mindestens fünf verschiedene Pillen entweder vorher oder nachher reichen. Eine Sorte sollte den Appetit anregen, andere Tabletten die Verdauung anregen, die dritten Blähungen verhindern usw. Außerdem kam jeden Tag Professor Morell unter Ächzen und Stöhnen höchstpersönlich, um die gewohnten wunderwirkenden Spritzen zu verabreichen. Der Arzt hatte in letzter Zeit besonders starke Herzbeschwerden. Er versuchte wieder einmal, eine Abmagerungskur zu machen, aber sein wilder Appetit war ein großes Hindernis. Wenn er abends zum Tee erschien, dauerte es nur wenige Minuten, dann ertönte sein leises Schnarchen, das erst wieder aufhörte, wenn Hitler aufbrach. Dann versicherte Morell, er habe sich ausgezeichnet unterhalten, aber er sei nun sehr müde. Hitler war nie böse über ihn, sondern nachsichtig wie gegen ein Kind. In seinen Augen war eine große Dankbarkeit und etwas wie Mitleid, wenn er von Morell sprach. Er vertraute ihm so hundertprozentig, dass er sagte: »Ohne Morell wäre ich vielleicht schon längst gestorben, oder ich könnte zumindest nicht mehr arbeiten. Er war und ist der Einzige, der mir helfen kann.« Dabei wusste aber niemand, worunter Hitler eigentlich litt. Nie ist eine bestimmte Diagnose bekannt geworden.

V.

Wir saßen wieder einmal beim Essen, es war Ende August [1944]. Hitler war sehr merkwürdig zu mir, er kam mir fast unfreundlich vor. Während der ganzen Mahlzeit richtete er nie das Wort an mich, und wenn ich seinem Blick zufällig begegnete, blickten mich seine Augen ernst und prüfend an.

Ich konnte mir gar nicht denken, was ich angestellt oder womit ich seinen Ärger hervorgerufen haben könnte. Ich zerbrach mir nicht weiter den Kopf und dachte, es wird wohl nur schlechte Laune gewesen sein.

Am gleichen Tag rief mich Fegelein an. »Kann ich heute Nachmittag zu dir zum Kaffee kommen«, fragte er. Ich wunderte mich, warum er wohl plötzlich zu mir kommen wollte, er hatte das noch nie getan, aber ich sagte zu. Die Kaffeestunde war längst vorüber, aber Fegelein erschien nicht. Schließlich klingelte wieder das Telefon. Er sagte, die Lage habe so lange gedauert und nun müsse er arbeiten, ob ich nicht schnell zu ihm hinüberkommen könnte. Na gut, dachte ich, dann kann ich gleich meinen Hund spazieren führen, und ich machte mich auf den Weg hinüber zu Fegeleins neuer Baracke, dem letzten Bau des Hauptquartiers. Fegelein begrüßte mich: »Servus, das ist aber nett, dass du kommst, magst einen Schnaps?« Nanu, dachte ich, was will er denn, ich nahm an, er wollte irgendetwas mit mir besprechen. »Nein«, sagte ich, »jetzt mag ich keinen Schnaps, aber du wolltest doch zu mir zum Kaffee kommen? Was ist los, dass du mir solche Ehre erweist, obwohl du weißt, dass ich meinem Mann treu bin?« Da kam er auf mich zu, umarmte mich väterlich und sagte: »Ich sag dir's lieber gleich, wie's ist: Dein Mann ist gefallen.[82] Der Chef wusste es schon seit gestern, aber er wollte erst die Bestätigung abwarten, und er konnte es dir nicht selbst sagen. Wenn du irgendwelche Sorgen hast, dann komm zu mir, ich helfe dir immer.« Damit ließ er mich los und goss mir nun doch einen Schnaps ein, den ich jetzt auch austrank. Ich konnte im Moment überhaupt nichts denken, und Fegelein ließ mir auch gar keine Zeit. Er redete weiter, ich hörte wie aus weiter Ferne, wie er davon sprach, dass alles »große Scheiße« sei, dieser Krieg und die Bolschewisten und alles, alles, aber dass eines Tages alles anders würde … Merkwürdig, wie ich das heute noch weiß, obwohl ich kaum zugehört habe.

Plötzlich war ich wieder draußen im Freien. Ganz leise fiel ein warmer Sommerregen, und ich lief die Landstraße weiter, aus dem Lager hinaus über die frischen grünen Wiesen, und es war sehr still und einsam. Ich kam mir sehr allein vor, und alles war entsetzlich traurig. Spät kehrte ich zurück in mein Zimmer. Ich wollte niemanden sehen und hören. Jetzt bloß kein Beileid und kein Mitleid hören. Da rief der Führerbunker an: »Frau Junge, kommen Sie heute zum Essen?« Ich sagte: »Nein, heute komme ich nicht.« Die Ordonnanz hängte ein. Aber schon nach ein paar Minuten klingelte es wieder. Linge selbst war diesmal dran. Er sagte: »Der Führer möchte dich auf jeden Fall kurz sprechen, auch wenn du nicht zum Essen bleibst, komm schnell herüber.« Schließlich dachte ich, je eher je besser, dann habe ich es hinter mir.

Ich wurde in den kleinen Raum geführt, den früher Fräulein Schroeder als Wohnzimmer hatte. Jetzt diente er Hitler als provisorisches Arbeitszimmer. Wie düster und nüchtern der Raum jetzt wirkte. Hitler kam mir wortlos entgegen, nachdem Linge die Tür hinter mir geschlossen hatte. Er nahm meine beiden Hände und sagte: »Ach Kind, es tut mir so Leid. Ihr Mann war ein prächtiger Kerl.« Seine Stimme war ganz leise und traurig. Fast habe ich Hitler mehr bedauert als mich, weil es so schwer ist, Beileid auszudrücken. »Sie bleiben ja nun bei mir, machen Sie sich keine Sorgen, ich werde Ihnen immer helfen!«

Alle wollten mir plötzlich helfen, und ich wäre am liebsten davongelaufen.

Ich nahm bald wieder an den Mahlzeiten mit Hitler teil. Er fühlte sich sehr schlecht, war schweigsam und sah alt und müde aus. Es war schwer, seine Anteilnahme an einem Gespräch zu wecken. Selbst Speer sprach manchmal, ohne dass Hitler zuhörte. »Ich habe so schwere Sorgen ... Wenn Sie wüssten, was ich für Entscheidungen zu treffen habe, ich ganz allein, niemand teilt meine Verantwortung ...« Das waren die Sätze, die er jedes Mal wiederholte, wenn wir ihn fragten, wie es ihm geht. Die Ärzte gingen im Bunker aus und ein. Der Oberarzt aus Berlin war immer noch da, auch Brandt wurde konsultiert und untersuchte den schmerzenden Arm und die zitternde Hand. Schließlich wurde Professor von Eicken[83] aus Berlin gerufen, der früher einmal eine erfolgreiche Kehlkopfoperation bei Hitler durchgeführt hatte und sein volles Vertrauen besaß. Und Morell war krank. Es half ihm nichts mehr, er musste sich hinlegen und seinem Vertreter Weber die Behandlung Hitlers überlassen. Es war der schwerste Schlag in Morells ehrgeizigem Leben, dass Hitler mit seinem Vertreter zufrieden war. Er sah plötzlich, dass es außer Morell auch noch andere Ärzte gab, die Injektionen geben konnten. Hitler behauptete, bei ihm sei es geradezu ein Kunststück, die Vene zu finden, und es sei selten, dass ein Arzt ihn gut behandeln könne. Morell war wahnsinnig eifersüchtig und ehrgeizig. Aber nun musste er vorübergehend das Feld räumen, gerade, als Hitler ihn am notwendigsten gebraucht hätte. Und dunkle Wolken ballten sich über seinem dicken Kopf zusammen. Brandt hatte nämlich zusammen mit seinem Kollegen von Hasselbach festgestellt, dass die Tabletten, die Morell Hitler verabreichen ließ, einen gewissen Prozentsatz Strychnin enthielten, der eines Tages tödlich wirken musste, wenn Hitler weiterhin eine so große Dosierung einnahm.

Es war unkontrolliert, was Hitler im Laufe eines Tages an Medikamenten zu sich nahm. Linge hatte einen gewissen Vorrat in seinem Schränkchen, und wenn Hitler es verlangte, brachte er ihm, was er wollte, ohne vorher Morell zu befragen. Schließlich verfassten die beiden Chirurgen eine Denkschrift, die sie Hitler überreichten. Der Erfolg war ein Wutausbruch des Führers und die Absetzung Brandts als Begleitarzt des Führers. Er hatte Hitlers Vertrauen verloren, obwohl ihn eine gewisse menschliche Freundschaft vorher mit ihm und Eva Braun verbunden hatte. Aber es war ein gefährliches und fast hoffnungsloses Unternehmen, gegen Morell irgendetwas einzuwenden.

Ein paar Tage später hieß es: »Der Führer lässt sich entschuldigen, er isst allein.« Und auch die Teestunde fiel aus. Und schließlich blieb der Führer eines Tages im Bett liegen. Das war die größte Sensation. Niemand hatte Hitler jemals im Bett liegen sehen. Selbst sein Diener weckte ihn durch die geschlossene Tür und legte die Morgennachrichten draußen auf ein kleines Tischchen. Selbst im Morgenrock hatte Hitler noch keinen seiner Mitarbeiter empfangen. Plötzlich war er krank geworden, und niemand kannte die Ursache. War das Attentat doch nicht so spurlos an ihm vorübergegangen? Die Ärzte meinten, es sei vielleicht die Nachwirkung einer Gehirnerschütterung, die erst jetzt zum Ausbruch kommt. Jedenfalls bekamen wir Hitler tagelang nicht zu sehen. Die Adjutanten waren verzweifelt. Der Führer wollte niemanden empfangen. Otto Günsche kam einmal zu mir und erzählte: »Der Führer ist vollkommen teilnahmslos, wir wissen nicht, was wir machen sollen. Selbst die Lage im Osten interessiert ihn nicht, obwohl wir dort verzweifelt schlecht stehen.«

Morell gab von seinem Krankenlager aus telefonisch dem Assistenten die Anweisung für Hitlers Behandlung. Und siehe da, plötzlich erwachten seine Lebensgeister wieder, er erteilte Befehle vom Bett aus, ließ sich die Lage vortragen, und nach einigen Tagen nahm er sogar die nächtlichen Teestunden wieder auf. Ich glaube, es ist einmalig in Hitlers Leben, dass er seine Gäste im Schlafzimmer und im Bett liegend empfing. Ich muss sagen, es war recht ungemütlich.

Der kleine Bunkerraum war recht schäbig möbliert. Eben wie eine Soldatenunterkunft in einer Kaserne. Außerdem hatte Hitler noch eine riesige Holzkiste im Zimmer, die für Blondi und ihre Familie bestimmt war, sodass wirklich wenig Platz war. Ich musste an Eva Brauns Sorgen denken, die nie wusste, was sie Hitler zum Geburtstag oder zu Weihnachten schenken sollte. Er trug einen unscheinbaren grauen Flanellmorgenrock, keine bunten Krawatten, nur hässliche schwarze Socken, nicht einmal moderne Pyjamas. Er lag in seinem Bett, gut frisiert und rasiert, in einem so biederen weißen Nachthemd, wie es nur von der Wehrmacht entworfen sein konnte. Die Ärmel hatte er nicht zugeknöpft, weil es ihn beengte und so sahen wir die weiße Haut seiner Arme. Leuchtend weiß! Wir konnten verstehen, dass er nicht gerne mit kurzen Hosen herumlief! Vor das Bett war ein kleiner Tisch gerückt worden, wir zogen ein paar Stühle heran und gruppierten uns mühsam um das Bett. Wenn einer der Gäste hinauswollte, es waren nicht viele, außer zwei Sekretärinnen, der Adjutant Bormann und Hewel – mussten alle aufstehen, und das Servieren machte Schwierigkeiten.

Hitler sprach noch nicht viel. Er ließ sich erzählen, was wir in den letzten Tagen getrieben hätten. Wir konnten nicht viel berichten. Unsere Haupttätigkeit hatte darin bestanden, ganze Stöße von Schadensmeldungen abzuschreiben. Es war eine trostlose Arbeit gewesen, und sie kam uns so sinnlos vor. Hitler hatte die Berichte in den letzten Tagen ja gar nicht mehr angeschaut. Es war ein verzweifeltes Gefühl, zu sehen, wie der einzige Mann, der alle Not mit einem einzigen Federstrich hätte beenden können, fast teilnahmslos in seinem Bett lag und mit müden Augen vor sich hinblickte, während um ihn herum die Hölle los war. Mir schien, als hätte plötzlich der Körper die Sinnlosigkeit aller Bemühungen des Geistes und des starken Willens eingesehen und gestreikt. Sich einfach hingelegt und gesagt: »Ich will nicht mehr.« Dieser Ungehorsam war Hitler nie vorher begegnet, und nun hatte er sich überrumpeln lassen.

Es dauerte aber nicht lange, da war alle Schwäche überwunden. Die Meldung, dass die Russen in Ostpreußen eindringen würden, brachte ihn auf die Beine und machte ihn über Nacht gesund. Inzwischen war auch der neue Bunker, eine wahre Festung, fertig geworden. Hitler zog um. Der neue Betonkoloss enthielt ein Labyrinth an Gängen, Räumen und Sälen. Nun war auch eine Diätküche im Bunker eingebaut worden, und alle direkten Mitarbeiter Hitlers hatten in seinem

Bunker eigene Räume. Er rechnete ja täglich damit, dass ein gezielter Luftangriff auf das Hauptquartier erfolgen würde, dann sollten alle wichtigen Leute beisammen sein. Alle anderen Bunker wurden gleichzeitig verstärkt. Wirklich, wir hatten jetzt auch täglichen Fliegeralarm. Aber es war immer nur ein einzelnes Flugzeug, das über dem Wald kreiste, nie fiel eine Bombe. Immerhin nahm Hitler die Gefahr sehr ernst und hielt alle diese Aufklärungsflüge für die Vorbereitung auf den erwarteten großen Angriff.

Mit unheimlicher Geschwindigkeit rückten die Russen vor. Es kamen grauenhafte Berichte aus den Dörfern, die von ihnen besetzt worden waren. Hitler hatte seine gute Laune verloren. Wenn wir abends zum Tee kamen, blickte er finster und sorgenvoll, und er musste sich anstrengen, die Bilder und Berichte, die er aus dem Osten erhielt, wenigstens für Stunden zu vergessen. Vergewaltigte Frauen, getötete Kinder und misshandelte Männer, Tod, Not und Verzweiflung klagten ihn an.

Er schwor Rache und schürte Hass. »Das sind keine Menschen mehr, das sind die Bestien der asiatischen Steppe, und der Kampf, den ich gegen sie führe, ist der Kampf um die Würde des europäischen Menschen. Kein Preis ist zu hoch für den Sieg. Wir müssen hart sein und kämpfen mit allen Mitteln, die uns zur Verfügung stehen.«

Aber es sah nicht so aus, als ob der Sieg näher rücke. Im Gegenteil, es waren die feindlichen Truppen. Auch im Westen drangen die Alliierten allmählich auf die deutschen Grenzen vor. Und wir saßen immer noch in Ostpreußen. Es konnte nicht mehr lange dauern, dann vertrieben uns die Russen. An manchen klaren Herbsttagen hörten wir den Donner der Geschütze. Und Hitler ließ bauen und befestigen und zur Verteidigung einrichten. Es war mittlerweile ein riesenhafter Apparat entstanden. Überall waren Sperren und neue Posten, Minen, Stacheldrahtverhaue, Beobachtungstürme. Die Wege, die ich am Tag vorher noch mit meinem Hund spazieren gegangen war, waren am nächsten plötzlich versperrt und ein Posten fragte nach dem Ausweis. Hätte der Feind gewusst, was für ein heilloses Durcheinander so ein Fliegeralarm jedes Mal in unserem Lager auslöste, er hätte bestimmt angegriffen.

Bei Nacht war es entsetzlich. Sämtliche Lampen wurden plötzlich gelöscht, alles sollte in die Bunker eilen, aber überall standen Bäume im Weg, und die Orientierung war schwer. Dazu sollten alle die Parole und Gegenparole kennen, denn die Posten verstanden keinen Spaß und schossen schneller, als man denken konnte. Normalerweise kümmerte sich aber niemand darum, weil bei Tag der Ausweis genügte und nachts ging niemand mehr außerhalb des Sperrkreises spazieren.

Hitler versuchte, neue Divisionen aus dem Boden zu stampfen und sie im Osten einzusetzen. Als dort die Front verkürzt und einigermaßen stabilisiert war, entschloss Hitler sich, in sein westliches Hauptquartier im Taunus zu gehen, um von dort aus die Westfront zu beruhigen. In den ersten Novembertagen 1944 zogen wir aus der Wolfsschanze aus und nahmen gleich alles mit, was wir besaßen, denn die Russen waren nah.

Mit dem etwas schmerzlichen Gefühl eines endgültigen Abschieds verließen wir die Wolfsschanze und bestiegen eines Morgens im November den Sonderzug, der uns nach Berlin bringen sollte. Ich hatte das Leben im Wald geliebt und die ostpreußische Landschaft ins Herz geschlossen. Nun fuhren wir ab – für immer. Hitler wusste es wohl selbst. Und obwohl er weiter bauen ließ, als hätte er die Absicht, eines Tages zurückzukehren, war auch er in Abschiedsstimmung. Hatte er nicht selbst immer behauptet, solange er persönlich einen Frontabschnitt hielt, würde er nicht aufgegeben. Er war von dem Glauben besessen, dass seine Persönlichkeit Unmögliches möglich machen könnte.

Der Sonderzug war voll besetzt. Der weitere Stab war im Vorzug bereits eine Stunde früher abgefahren. Diesmal reisten wir bei Tag. Hitler wollte nach Einbruch der Dunkelheit in Berlin eintreffen, um seine Ankunft geheim zu halten. Langsam drang die Sonne durch den Nebel und schenkte uns noch einen strahlenden klaren Herbsttag.

Aber Hitlers Wagenfenster waren verdunkelt. Er saß in seinem Abteil bei künstlichem Licht. Wie düster war das Mittagessen in seinem Salonwagen! Draußen schien die helle Sonne, und hier herrschte Halbdunkel wie in einem Mausoleum. Morell, Bormann, Hewel und Schaub nahmen an der Mahlzeit teil. Fräulein Schroeder und Frau Christian waren bereits in Berlin. Und Fräulein Manziarly[84], die junge Innsbrucker Diätköchin, die eigentlich Lehrerin werden wollte und nur vorübergehend bei Hitler in Dienst getreten war, war noch zu neu, um an diesem internen Kreis teilzunehmen. So waren Fräulein Wolf und ich die einzigen Frauen.

Ich habe Hitler nie so niedergedrückt und geistesabwesend gesehen, wie an diesem Tag. Seine Stimme hob sich kaum über ein lautes Flüstern, seine Augen blieben auf seinen Teller gesenkt oder starrten abwesend auf einen Punkt des weißen Tischtuchs. Eine drückende Atmosphäre lastete über dem engen schaukelnden Käfig, in dem wir uns zusammengefunden hatten, und uns alle befiel ein unheimliches Gefühl. Plötzlich sprach Hitler von einer Operation. Ich wusste im ersten Moment nicht, was er meinte. Er sprach von dem großen Vertrauen, das er zu Professor Eickens Kunst habe. »Er hat eine große Verantwortung, aber er ist der Einzige, der es schaffen kann. So eine Stimmbandoperation ist nicht gerade lebensgefährlich. Aber es könnte sein, dass ich die Stimme verliere …« Er ließ den Satz unvollendet. Und wir sahen über seinem Kopf die dunkle Wolke der Stummheit fast greifbar hängen. Er wusste wohl, dass seine Stimme ein wichtiges Instrument seiner Macht war und dass seine Worte das Volk betörten und mitrissen. Wie sollte er die Massen halten, wenn er nicht mehr reden konnte?

Seit Wochen lagen ihm seine Mitarbeiter schon in den Ohren: »Mein Führer, Sie müssen wieder einmal zum deutschen Volk sprechen. Die Menschen sind mutlos geworden und zweifeln an Ihnen. Es gehen Gerüchte um, Sie seien nicht mehr am Leben.« Die Adjutanten hatten auch uns Sekretärinnen gebeten, den Führer nach einem Diktat zu fragen. Aber immer hatte er geantwortet: »Jetzt ist keine Zeit zum Reden. Ich muss Entscheidungen treffen und handeln. Und ich habe dem deutschen Volk nichts zu sagen. Erst muss ich Erfolge erringen, dann kann ich den Menschen wieder Kraft und Mut geben.« Und nun, kurz nachdem er dem Attentat entgangen war, hing ein neues Damoklesschwert über seinem Haupt. Überall brannten die Fronten, er hätte gleichzeitig im Westen und im Osten sein müssen. Er entschied sich, vorläufig in Berlin zu bleiben.

Ohne Fliegeralarm kamen wir am Abend in Berlin an. Wir mussten in den Bahnhof Grunewald einfahren, der Schlesische Bahnhof war am Tag vorher beschossen worden. Als wir aus dem Gästewagen ausstiegen, war Hitler schon längst nicht mehr zu sehen. Die Schlusslichter seines Wagens bogen gerade um die Ecke, als wir den Bahnhof verließen. Die verdunkelte Stadt sah finsterer und trostloser aus als der nächtliche Wald. Die Autokolonne suchte ihren Weg durch möglichst unzerstörte Straßen. Hitler hatte wieder keine Gelegenheit, Berlins Wunden zu sehen. Die abgeblendeten Scheinwerfer der Autos streiften nur Schuttberge rechts und links der Straße.

Als wir in der Reichskanzlei eintrafen, war schon eine größere Gesellschaft im Damenzimmer versammelt. Das Damenzimmer hatte schon seit langem nichts mehr mit Damen zu tun. Es war ein großer Raum mit einem Kamin, hohen Spiegeln und verschiedenen gemütlichen Sitzecken und trug seine Bezeichnung noch aus Zeiten glanzvoller Feste, als Hitler Scharen von Künstlern empfing. Nun waren die dicken Teppiche in die Bunker gebracht worden, und die kostbaren Möbel hatten bequemen, aber einfachen Tischen und Stühlen Platz gemacht.

Hitler blieb nur kurze Zeit bei uns sitzen. Das Abendessen hatten wir bereits im Zug eingenommen. Er befahl Linge, sein Schlafzimmer herzurichten und Blondi hinauszuführen. Er selbst zog sich sehr bald zurück. Seine Nervosität war nicht zu verkennen. Morgen sollte er operiert werden.

Ich war noch nie mit Hitler und dem ganzen Stab längere Zeit in Berlin gewesen. Zum ersten Mal seit Beginn des Krieges war nun das Hauptquartier in das Herz Deutschlands, nach Berlin, verlegt worden. Der riesige Komplex der Reichskanzlei, der von der früheren Hermann-Göring-Straße, der Voss-Straße und der Wilhelmstraße umgeben wurde, blieb für mich immer ein nicht zu überblickendes Labyrinth. Zwar kannte ich Hitlers Wohnung in dem alten Palais an der Wilhelmstraße, aber die Räume waren tot und leer, wie eine Herrschaftswohnung, deren Besitzer aufs Land gezogen waren.

Inzwischen waren auch hier einige Bomben gefallen, und das alte Haus zeigte manchen Schaden. Es war ein sehr merkwürdiges altes Bauwerk, das auch Hitlers Umgestaltung nie ganz praktisch und zweckmäßig machen konnte. Es gab eine Menge von Treppen und Hintertreppen und erstaunlich viele Vorplätze und Dielen, die nur dazu da waren, das Auffinden von wichtigen, dringend benötigten Personen zu erschweren.

Im ersten Stockwerk waren Hitlers Bibliothek und Arbeitszimmer, sein Schlafzimmer und Eva Brauns Appartement. Außerdem gab es noch einen großen, sehr schönen Kongress-Saal, von dem Hitler erzählte, er habe ihn vor dem Zusammenfallen gerettet. »Der alte Herr« – so nannte er Hindenburg – »hat mich damals in diesem Saal empfangen, als er mich zum Reichskanzler machte. ›Gehen Sie möglichst an den Wänden entlang, Hitler‹, sagte er mit tiefer Stimme. ›Der Boden hält nicht mehr sehr lange!‹ Ich glaube, das Haus wäre langsam zusammengefallen, weil nie etwas gerichtet wurde.« Nun hatte Hitler zwar neue Decken einziehen lassen, aber eine Bombe war ausgerechnet in diesen Saal gefallen, er war leer und verlassen und nicht mehr gerichtet worden. Durch drei verschiedene Aufgänge konnte man in dieses Obergeschoss gelangen.

Direkt gegenüber der Tür zu Hitlers Arbeitszimmer führten ein paar Stufen zu einem langen Gang, von dem die Zimmer von Hitlers Begleitern abgingen. Das erste Zimmer, direkt am Fuß einiger Stufen, wurde das »Treppenzimmer« genannt. Nun war es unser Aufenthaltsraum, der Warteraum für die Adjutanten und manchmal auch das Schlafzimmer irgendeines unvorhergesehenen Besuchers. Daneben wohnte Schaub, dann Dr. Otto Dietrich, der Pressechef, anschließend kam das Zimmer, das eigentlich für Sepp Dietrich bestimmt war, das nun aber der Adjutant Bormann bewohnte, und schließlich war da noch das ständige Wohnzimmer von Gruppenführer Albrecht, dem ständigen Adjutanten in Berlin.

Der Korridor bog um die Ecke zu den Wohnräumen für Morell, Oberst von Below, General Burgdorf[85] und Professor Hoffmann. Im Parterre lagen die Räume in der gleichen Einteilung. Hier war das Büro des Hausintendanten Kannenberg[86], ein kleines Bauernstübchen als Essraum für die Angestellten, das Zimmer des Dieners, ein Arztraum und Dusch- und Badezimmer. Hier unten wohnten auch die Köchin, das Hausmädchen, hier waren die Wäschekammern und Bügelzimmer.

Unter Hitlers Privaträumen waren die Representationsräume. Die riesige Vorhalle war auch jetzt noch mit weniger wertvollen Teppichen, Möbeln und Bildern ein schöner, angenehmer Raum, der allerdings nie benutzt wurde. Durch ein kleineres Vorzimmer erreichte man den so genannten Salon. Rechts davon gelangte man in den »Damensalon«, links in den Kino- und Konzertsaal. Hier führten drei schöne breite Türen direkt in den Park der Reichskanzlei. Der »Wintergarten« war der schönste Raum des ganzen Hauses. Es war ein Bau für sich, lang gestreckt mit einem halbrunden Ende mit vielen hohen Fenstern und Türen zum Park. Die Bezeichnung »Garten« war allerdings jetzt nicht mehr am Platz, denn die schönen Pflanzen, Blumen und Gewächse, die früher hier standen, waren längst verschwunden. In der Rundung des Raumes standen zwei runde Tische, an denen das Frühstück eingenommen wurde, im Übrigen hielt Hitler die normale Lagebesprechung hier ab, wenn er nicht einen besonders großen Stab nötig hatte, mit dem er dann das riesige Arbeitszimmer in der Neuen Reichskanzlei benutzte. Nun waren diese lange verödeten Räume plötzlich wieder mit Leben erfüllt.

In den ersten Tagen unseres Aufenthalts herrschte überall eine gedrückte Nervosität. Hitler hatte die Operation überstanden. Ein Stimmbandknoten war von Professor Eicken entfernt worden. Ich weiß nicht einmal, ob er in seinem Zimmer oder in einer Klinik operiert wurde. Jedenfalls bekamen wir ihn drei Tage lang nicht zu Gesicht. Dann erschien er plötzlich eines Tages völlig unerwartet am Frühstückstisch. Es war am Morgen Alarm gewesen, wir waren alle aus dem Bunker gekommen und hatten uns am Frühstückstisch versammelt. Hitler war durch den Alarm früher aufgestanden, als er beabsichtigt hatte, und wusste nun nicht recht, was er bis zur Lagebesprechung unternehmen sollte. Er suchte Gesellschaft, ging den Stimmen nach und fand uns beim Frühstück. Selbstverständlich wurden sofort einige Zigaretten ausgedrückt und die Fenster geöffnet. Die meisten von uns hatten Hitler seit seiner Operation noch nicht gesehen. Der neue Begleitarzt, der anstelle von Professor Brandt zu uns gekommen war, stolperte vor Befangenheit über sein eigenes Stuhlbein, als er sich zur Begrüßung Hitlers erhob, blieb am Tischtuch hängen und warf seine Tasse um. Er wurde entsetzlich rot und verlegen und tat mir Leid, wie er in seiner ganzen Länge von fast zwei Metern hilflos seinem »Führer« gegenüberstand. Er war bisher noch kaum mit Hitler gesellschaftlich in Berührung gekommen.

Der Führer konnte nur flüstern. Eine Woche lang durfte er nicht laut sprechen. Nach kurzer Zeit der Unterhaltung begann die ganze Gesellschaft, ebenfalls im Flüsterton zu sprechen, bis Hitler darauf aufmerksam machte, dass sein Gehör in Ordnung sei und nicht geschont werden müsse. Wir brachen in lautes Gelächter aus, und Hitler lachte mit. Er hatte übrigens eine herbe Enttäuschung mit Blondi zu melden: »Sie bekommt keine Jungen«, sagte er. »Sie ist zwar dicker geworden und hat auch so ausgesehen, als würde sie bald säugen können. Aber ich glaube, sie hat bloß zugenommen, weil sie mehr zu fressen bekommen hat und weil sie nicht so viel Bewegung hatte. Der Tornow, der Hundeführer, hat mir gesagt, sie sei scheinträchtig gewesen, aber ich glaube, sie war nur niederträchtig!« Der Führer meinte außerdem, vielleicht sei der Partner unterernährt gewesen, er wolle bei nächster Gelegenheit noch einmal einen Versuch machen.

Allmählich stand einer nach dem anderen vom Frühstückstisch auf. Schaub musste zu seiner Arbeit ans Telefon. Die Adjutanten der Wehrmacht und der SS hatten die Lage vorzubereiten. Lorenz und Dr. Dietrich mussten die neuen Pressemeldungen einholen. Schließlich blieben nur Frentz, der Fotograf, Frau Christian und ich und der Arzt Dr. Stumpfegger[87] übrig. Wir sprachen von Weihnachten. Würden wir dieses Jahr in Berlin sein? Hitler schüttelte den Kopf. »Ich muss nach dem Westen. Wahrscheinlich sind wir in unserem ›Adlerhorst‹ im Taunus.« Ich benutzte gleich die Gelegenheit und erkundigte mich, ob ich dieses Jahr nicht zu Weihnachten Urlaub bekommen könnte. [...] Frau Christian konnte ja mit ihrem Mann zusammen bei Hitler bleiben.

Ich erhielt die Erlaubnis. Es war ja auch gar nicht mehr so lange hin. In vier Wochen war schon der Heilige Abend. Wir vier Sekretärinnen nutzten die Zeit in Berlin, um die Listen für Hitlers Weihnachtsgratifikationen und Pakete vorzubereiten.

»Ja, Weihnachten muss man mit der Familie feiern«, flüsterte Hitler, und es klang scheu und traurig. »Eva schreibt mir auch dringende Bittbriefe, ich soll dieses Jahr zum Berghof kommen. Sie behauptet, ich müsste dringend ausspannen nach dem Attentat und der Krankheit. Aber ich weiß auch, dass hauptsächlich die Gretl dahintersteckt, die ihren Hermann bei sich haben will.« Im Vorjahr hatte Fegelein nämlich wirklich Evas Schwester geheiratet.[88] Wir waren damals noch in Berchtesgaden, und die Hochzeit wurde glanzvoll in 2000 Meter Höhe auf dem Kehlsteinhaus gefeiert. Ich war allerdings nicht eingeladen. Und nun erwartete Gretl im Frühjahr [1945] bereits ihr erstes Kind. Erstaunlicherweise war es dem schönen Hermann gelungen, Evas Freundschaft zu erwerben, d.h., so erstaunlich war es gar nicht, wenn man bedenkt, wie frisch, lustig und amüsant Fegelein sein konnte. Und die junge lebenslustige Eva, die so zurückgezogen und sittsam leben musste, war selig, endlich einen Schwager zu haben, mit dem sie nach Herzenslust tanzen und scherzen konnte, ohne dass es einen Prestigeverlust für sie bedeutete.

Aber Hitler blieb eisern. Wenn er es dienstlich nicht verantworten zu können glaubte, dann konnte Eva ihn mit all ihrem Liebreiz und mit den höchsten Versprechungen nicht beeinflussen. Und Hitler hatte keine Ruhe. Er musste nach dem Westen. Nur noch zwei Wochen wollte er in Berlin ausruhen. Ich aber hatte eine wunderbare Gelegenheit, früher als ich erwartet hatte, nach München zu kommen. Flugkapitän Baur musste am 10. Dezember eine Maschine von Berlin nach München überführen. Ich fragte, ob er mich mitnehmen würde, und er sagte selbstverständlich ja. So hatte ich wenigstens keine Sorgen, was mit meinem kleinen Foxl geschehen sollte, während ich fort war. Im Flugzeug konnte ich ihn ja wunderbar mitnehmen, während es im Zug seit einigen Jahren verboten war, Hunde zu befördern.

Ich hatte eine Menge Koffer voller Geschenke und Herrlichkeiten, mit denen ich meine Familie und viele Freunde beglücken wollte. Aus dem großen Warenlager, das Hitlers Geburtstagsgeschenke enthielt, hatte ich für meine ausgebombte Mutter, die jetzt mit meiner Schwester in einem kleinen Dorf am Ammersee vor München lebte, viele nützliche Dinge bekommen: Wäsche, Geschirr, Kleidung usw., und die ganze Garderobe meines Mannes schleppte ich mit, völlig vergessend, dass das Flugzeug nur bis München flog und ich dann mit meinem Siebensachen auf normalem Wege versuchen musste, nach Breitbrunn zu gelangen, das nicht einmal eine Bahnstation hatte. Und ich hatte auch vergessen, dass im Winter die Schifffahrt auf dem See eingestellt war, sodass ich nach vielen Scherereien meine Koffer im nächsten größeren Ort an der Bahn lassen musste und mit Hund und Reisetasche eine Fußwanderung anzutreten hatte. Aber die Freude über meinen unerwarteten und verfrühten Besuch war riesig. Endlich wieder ein Weihnachtsbaum mit dem alten lieben Schmuck, das vertraute häusliche Gebäck und einige gerettete Kleinigkeiten aus früheren Zeiten.

Hitler saß jetzt mit seinem Stab im »Adlerhorst« und merkte nicht, dass im ganzen Volk ein Fest der Liebe und der Versöhnung gefeiert wurde, auch in der größten Notzeit. Ich war etwas unruhig in unserer kleinen engen Wohnküche, ohne Telefon und mit einem Radio, das mit Mühe und Not den Sender München übertrug. Und meist waren die Sendungen unterbrochen von dem leisen unheimlichen Ticken, das das »Stöhnen des Gauleiters« genannt wurde und bedeutete, dass feindliche Flugzeuge in der Nähe waren. Kurz bevor ich mich zur Rückkehr ins Hauptquartier rüsten musste, am 8. Januar 1945, erlebte München einen seiner schwersten Luftangriffe. Wir sahen von unserem kleinen Dorf, etwa 40 Kilometer vor der Stadt, den blutroten Himmel und die grellweißen Explosionen der schweren Bomben.

Am nächsten Tag war die Verbindung zu München völlig abgerissen. Die Bahnstrecke war beschädigt, die Telefone funktionierten nicht. Aber ich musste am 10. Januar in Berlin sein. Meine Mutter war bekümmert und unglücklich. Sie bat mich, noch zu warten, denn sie hatte das Gefühl drohenden Unheils. Aber ich hatte keine Ruhe. Hund und Koffer zurücklassend, fuhr ich auf einem Lastwagen in die Stadt. Durch Rauch, Trümmer und viele Menschen gelangte ich endlich in die Führerwohnung am Prinzregentenplatz, holte meine Fahrkarte ab und reiste in der Nacht nach Berlin. Ich nahm wieder ein sehr schweres Herz und trostlose Bilder von den Grauen des Krieges mit.

Fräulein Wolf, die ebenfalls über Weihnachten in München gewesen, aber schon einige Tage früher nach Berlin zurückgekehrt war, erwartete mich, und am nächsten Tag bestiegen wir gemeinsam den Zug ins Führerhauptquartier, diesmal in westliche Richtung.

Wieder brachte mich der Kurierzug in eine Gegend Deutschlands, die ich noch nicht kannte. Auf einem kleinen, verschneiten Bahnhof in Hessen kamen wir am Morgen an. Hungen hieß das Nest.

Hier standen Autos bereit, die die Ankommenden ins Führerhauptquartier brachten. Wir fuhren durch Bad Nauheim, das in diesen frühen winterlichen Morgenstunden noch verträumt und ohne Leben war, und fraßen uns durch tiefen Schnee eine gewundene Straße durch die waldigen Hügel des Taunus hinauf, bis wir auf einem der Gebirgsrücken das gut getarnte Führerhauptquartier entdeckten. Es war eine wunderschöne Anlage. Lauter kleine Blockhäuschen aus Holz schmiegten sich an die waldigen Hänge, aber jedes einzelne hatte unterirdisch einen tiefen soliden Bunker. Die Räume waren klein, aber besser eingerichtet als in der Wolfsschanze. Der Führer bewohnte zwei etwas größere Zimmer im niedrigst gelegenen Haus.

Ich machte am ersten Tag einen kleinen Spaziergang in die Umgebung. Ganz in der Nähe auf dem nächsten Hügel lag eine Burg. Es war das Hauptquartier General Rundstedts, des damaligen Befehlshabers der Heeresgruppe West[89]. Mit ihm hatte Hitler entscheidende Besprechungen. Er war hierhergekommen, um die Westfront zu beruhigen und das Vordringen der Amerikaner aufzuhalten.

Den ganzen Tag herrschte ein fieberhaftes Treiben im Führerbunker. Die Lagebesprechungen dauerten stundenlang. Erst abends trafen wir Hitler beim Essen. Er war wieder erholt und wirkte frischer als in Berlin. Ich erzählte ihm von dem schweren Angriff auf München. Er hörte sich meinen Bericht an und sagte dann: »Der Spuk wird in einigen Wochen schlagartig aufhören. Unsere neuen Flugzeuge kommen jetzt in Serien heraus, und dann werden sich die Alliierten überlegen, das Reichsgebiet zu überfliegen.« Blondi lag neben Hitlers Stuhl, als wir zum Tee beisammensaßen. Ein paar Mal versuchte sie, des Führers Aufmerksamkeit zu erregen, aber er verwies sie zur Ruhe, und gehorsam legte sie sich auf ihren Platz zurück. Wenn ich meiner Nase trauen durfte, musste der Hund wirklich dringend hinaus. Aber Hitler merkte nichts. Er, der jede Zigarette unweigerlich zu erschnuppern behauptete, war völlig unempfindlich für seines Lieblings Düfte. Schließlich sagte ich. »Mein Führer, ich glaube, die Blondi muss wirklich hinaus.« Sie reagierte auf meine Worte mit einem Freudentanz, rannte zur Tür, sprang daran in die Höhe und raste nur so hinaus, als Hitler nach Linge geklingelt hatte. Wir waren alle ziemlich erlöst, als frische Luft durch die Tür hereinkam. Ich meinte: »Mein Führer, es ist doch erstaunlich, was man einem Hund mit so einer Kleinigkeit für Freude machen kann.« Da lachte er und sagte: »Haben Sie eine Ahnung, was das auch für Menschen eine Freude sein kann. Ich bin einmal mit meinen Leuten lange unterwegs gewesen. Früher machte ich viele Autoreisen durch ganz Deutschland. Schließlich sollte ich noch nach Magdeburg, um das erste Stück der fertig gestellten Autobahn einzuweihen. Wenn meine Kolonne auf den Straßen erkannt wurde, schlossen sich immer viele Wagen an und folgten mir, und ich hatte oftmals große Schwierigkeiten, zu entkommen. Es war manchmal unmöglich, in einen dringend benötigten Wald zu verschwinden und allein zu sein. Aber damals, als wir auf die Autobahn kamen, wäre wirklich beinah ein Unglück passiert. Stundenlang fuhren wir schon und sehnten uns nach einer Pause. Aber überall stand Spalier. Erst HJ, dann BDM, SA, SS, alle Formationen. Ich hab gar nicht gewusst, wie viele Formationen meine Partei eigentlich hat, und damals fand ich, es seien viel zu viele. Ich musste auch noch stehen und ein freundliches Gesicht machen. Der Brückner und der Schaub saßen mit völlig versteinerten Gesichtern neben mir, bis plötzlich dem Brückner eine wunderbare Idee kam: ›Mein Führer, ich habe den Sonderzug in Magdeburg abstellen lassen, für alle Fälle. Könnten wir nicht …? Und wir rasten zum Bahnhof und freuten uns wahnsinnig über unseren Zug.« Schaub, der mit am Tisch saß, hielt aufmerksam die Hand ans Ohr und grunzte vor Vergnügen, als Hitler diese Geschichte erzählte. Dann warf er ein: »Mein Führer, erinnern Sie sich noch an Weimar? Als Sie im ›Elephanten‹ wohnten?« – »Ja«, sagte Hitler lachend. »Das war auch so eine peinliche Sache. Ich war früher oft in Weimar und bin dann immer im Hotel ›Elephant‹ abgestiegen. Damals war das noch ein älteres Hotel, aber sehr gut geführt. Ich hatte meine ständigen Zimmer, die zwar fließendes Wasser, aber kein Bad und auch keine Toilette hatten. Ich musste einen langen Gang entlanggehen und in der letzten Tür verschwinden. Es wurde jedes Mal ein Gang nach Canossa, denn wenn ich mein Zimmer verließ, dann ging es sofort wie ein Lauffeuer durch das ganze Hotel, und wenn ich das delikate Kabinett verließ, brachten mir die Leute ihre Ovationen dar, und ich musste mit erhobenem Arm und einem etwas peinlichen Lächeln bis zu meinem Zimmer Spießruten laufen. Später habe ich dann das Hotel umbauen lassen.«

Es war eine recht angeregte Unterhaltung an diesem Abend. Man hätte meinen können, es gäbe keinen Krieg und keine Sorgen für Hitler. Aber wer ihn so gut kannte wie wir, der wusste, dass er sich mit solchen Gesprächen nur betäubte und ablenkte von den Verlusten an Land, Leuten und Material, die ihm täglich und stündlich gemeldet wurden. Und auch die Flugzeuge, die ständig über das westliche Hauptquartier flogen und den ganzen Tag über die Alarmsirenen in Aktion setzten, bewiesen, dass der Friede und die Sorglosigkeit in weiter Ferne waren.

Ich hatte nicht einmal Gelegenheit, das Lager richtig kennenzulernen, als wir es schon wieder verlassen mussten. Hitler drängte wieder nach Berlin zurück. Er wollte jetzt wieder der Ostfront näher sein. Er hätte an beiden Fronten zugleich sein müssen und am besten auch den Südabschnitt unter direkter Kontrolle haben wollen. Nach Ostpreußen konnte er nicht mehr zurück. Die Wolfsschanze lag schon zu nahe an der Front. Nur drei Tage lang war ich im westlichen Hauptquartier. Am 15. Januar 1945 rollte der Führersonderzug wieder nach Berlin zurück, der Katastrophe entgegen. Noch wurden Witze gemacht. Jemand erklärte, Berlin sei sehr praktisch als Hauptquartier, man könne bald mit der S-Bahn von der Ostfront zur Westfront fahren, und Hitler konnte noch darüber lachen.

Inzwischen war im Park der Reichskanzlei der riesige unterirdische Bunker des Führers fertig gestellt worden. Elf Meter dicker Eisenbeton deckte die kleinen Kabinen und Räume zu. Aber nur ein Plateau von etwa einem Meter Höhe ragte über den Erdboden. Der Bunker war zwar nur für vorübergehenden Aufenthalt während eines Fliegerangriffs gedacht, aber als eine Brandbombe seine oberen Wohnräume, vor allem seine Bibliothek unbewohnbar machte, wurde er für Hitler und seinen Stab zum ständigen Aufenthaltsort. Der so genannte Adjutantenflügel, der das kleine Treppenzimmer enthielt, war unbeschädigt geblieben. Hier, wo wir auch unsere Schreibmaschinen stehen hatten und unsere Arbeiten erledigten, aßen wir nun auch mit Hitler zu Mittag.

Aber abends kamen pünktlich wie die Uhrzeiger die feindlichen Flugzeuge. Wir mussten mit Hitler in seinem kleinen Wohn- und Arbeitszimmer im Bunker essen. Es war ein winziger Raum, der im tiefsten Kern des neuen Führerbunkers lag. Wenn wir nicht vom Park aus direkt durch das Treppenhaus hinunterstiegen in die unterirdische Festung, mussten wir durch die Küche der Führerwohnung und etliche verschlungene Korridore in den früheren Luftschutzkeller hinuntersteigen. Dann gelangte man in einen breiten Korridor, der rechts und links verschiedene Mannschaftsräume und Zimmer barg, und von hier aus wieder einige Treppenabsätze tiefer in den eigentlichen neuen Führerbunker. Schwere Eisentüren führten zu einem breiten Gang. Links eine Tür zu den Toiletten, rechts der Maschinenraum mit den Licht- und Lüftungsanlagen, dann kam die Tür zur Telefonzentrale und zum Dienerzimmer. Von hier aus ging es weiter zu einem allgemeinen Aufenthaltsraum, den man durchqueren musste, wenn man in das Zimmer Professor Morells, den Arztraum und einen kleinen Schlafraum für die Mannschaften gelangen wollte. Dieser Teil des Bunkers war wieder durch schwere Eisentüren zu schließen, die aber meist offen standen. Danach kam der Teil des Korridors, der zu Hitlers Räumen führte. Er wurde gleichzeitig als Warte- und Aufenthaltsraum benutzt. Ein breiter roter Läufer bedeckte die Steinfliesen. An der rechten Längswand hingen die kostbaren Gemälde, die aus den oberen Räumen der Führerwohnung und der Reichskanzlei hierher in Sicherheit gebracht worden waren. Schöne Sessel standen in Reih und Glied darunter. Von diesem Korridor aus führten also die Türen zu Hitlers Räumen. Sein Arbeitszimmer betrat man vom Gang aus durch einen kleinen Vorplatz. Es war ein etwa drei mal vier Meter großer Raum mit einer niederen Decke, die aufs Gemüt drückte. Wenig Mobiliar fand darin Platz. Rechts neben der Tür stand ein Schreibtisch an der Wand, gegenüber ein kleines Sofa mit blau-weiß-gemusterten Leinenpolstern, das eher eine Sitzbank war. Davor ein kleiner viereckiger Tisch und drei Sessel. Ein kleines Tischchen, rechts vom Sofa, auf dem ein Radio stand, vervollständigte die Einrichtung. Rechts führte eine Tür zu Hitlers Schlafzimmer, das keinen eigenen Eingang vom Korridor aus hatte und das ich nie betreten habe. Links gelangte man in Hitlers Bad, von da aus in einen kleinen Ankleideraum, der sich an Eva Brauns Bunkerwohnung anschloss. Dieses Zimmer hatte auch einen Zugang von dem kleinen Vorplatz aus, den die Diener als Vorratsraum und als Abstellgelegenheit beim Servieren benutzten, aber noch hatte die Herrin niemals hier gewohnt.

Neben Hitlers Schlafzimmer war noch ein kleiner Raum, der als Konferenz-, Besprechungs- und Lagezimmer benutzt wurde. Es stand nichts weiter drin als ein großer Tisch, eine ringsum laufende Bank und einige Stühle und Hocker. Dann kam die Abschlusstür des Korridors, die wieder zu einem kleinen Vorplatz führte, durch den man in das Treppenhaus und schließlich in den Park gelangen konnte. Hier in diesem verhältnismäßig kleinen Komplex, der so verworren angelegt war, dass man ihn kaum verständlich beschreiben kann, fand der letzte Akt des Dramas statt.

Heute erscheint es mir fast unglaublich, dass wir noch Anfang Februar Hitlers Zuversicht und seinem Glauben an den Sieg vertrauten. Noch plätscherten heitere, leichte Gespräche bei

Tisch dahin und selten wurde vom Ernst der Lage gesprochen. Aber in meinem Herzen begannen bange Zweifel wach zu werden, denn die Russen rückten immer näher. Die Wolfsschanze war schon längst gesprengt worden, noch ehe die Bautrupps der OT ihre Arbeit an den Mammutbunkern vollendet hatten. Die Russen hatten Ostpreußen überflutet und grauenhafte Berichte kamen aus den Dörfern, die in feindliche Hand gefallen waren. Getötete Männer und Kinder, vergewaltigte Frauen, brennende Dörfer klagten an. Hitlers Züge waren voll Härte und Hass, und er erklärte immer wieder: »Es kann und darf nicht sein, dass diese kulturlosen Bestien Europa überschwemmen. Ich bin das letzte Bollwerk gegen diese Gefahr, und wenn es eine Gerechtigkeit gibt, dann werden wir siegen, und eines Tages wird die Welt erkennen, worum dieser Kampf ging!« Oft zitierte er Worte Friedrichs des Großen, dessen Bild über seinem Schreibtisch hing: »Wer das letzte Bataillon in die Schlacht wirft, wird Sieger sein!« Und die Schlacht von Kunersdorf stand als flammendes Mahnmal vor Hitlers Gedächtnis.

20. April 1945 – Hitlers Geburtstag! Die ersten russischen Panzer standen vor Berlin. Der Donner der Infanteriegeschütze drang bis in das Gebiet der Reichskanzlei. Der »Führer« empfing die Glückwünsche seiner Getreuen. Alle kamen, drückten ihm die Hand, gelobten Treue, und versuchten, ihn zum Verlassen der Stadt zu bewegen. »Mein Führer, bald ist die Stadt eingeschlossen! Bald sind Sie abgeschnitten vom Süden. Noch ist es Zeit, die südlichen Armeen zu befehligen, wenn Sie nach Berchtesgaden ausweichen.« Goebbels, Ribbentrop, Himmler, Dönitz[90] – sie versuchten es alle umsonst. Hitler wollte abwarten und bleiben. Draußen im Park dekorierte er Hitlerjungen. Kinder waren es, die sich ausgezeichnet hatten im Kampf gegen russische Panzer. Wollte er sich auf diese Verteidigung verlassen? Wenigstens erklärte er sich bereit, alle Stäbe, alle nicht unentbehrlichen Leute, Ministerien und Dienststellen nach Süden zu verlagern.

Abends saßen wir zusammengepfercht im kleinen Arbeitszimmer. Hitler war schweigsam und starrte vor sich hin. Auch wir fragten ihn, ob er Berlin nicht verlassen wolle. »Nein, das kann ich nicht«, antwortete er. »Ich käme mir vor wie ein Lamapriester, der eine leere Gebetsmühle betätigt. Ich muss hier in Berlin die Entscheidung herbeiführen – oder untergehen!« Wir schwiegen, und der Sekt, den wir auf Hitlers Wohl tranken, schmeckte fade.

Nun hatte Hitler ausgesprochen, was uns längst bange Gewissheit war: Er glaubte selbst nicht mehr an einen Sieg. Früh erhob er sich. Die Geburtstagsgesellschaft löste sich auf. Eva Braun aber kehrte noch einmal zurück, nachdem sie Hitler in sein Zimmer geleitet hatte. In ihren Augen brannte ein unruhiges Feuer. Sie trug ein neues Kleid aus blausilbernem Brokat; es war dafür bestimmt gewesen, ein Fest zu feiern, an der Seite des geliebten Mannes. Hitler hatte es nicht bemerkt. Er hatte auch nicht bemerkt, dass vier junge Frauen an seinem Tisch saßen, die leben wollten, die an ihn geglaubt hatten und von ihm den Sieg erhofften.

Eva Braun wollte die Angst betäuben, die in ihrem Herzen wach geworden war. Sie wollte noch ein einziges Mal feiern, wo es nichts mehr zu feiern gab, tanzen, trinken, vergessen… Ich ließ mich nur zu gern anstecken von dem letzten Impuls der Lebenslust und noch einmal heraus aus dem Bunker, dessen schwere Decke plötzlich so fühlbar aufs Gemüt drückte und dessen Wände weiß und kalt waren.

Wen sie traf, wer ihr über den Weg lief, den nahm Eva Braun mit hinauf in ihr altes Wohnzimmer im ersten Stock, das noch erhalten geblieben war, wenn auch die schönen Möbel jetzt drunten im Bunker standen. Der große runde Tisch wurde noch einmal festlich gedeckt für alle, die noch in Berlin waren und zu Hitlers Kreis gehörten. Sogar Reichsleiter Bormann wich von Hitlers Seite und verließ seinen Schreibtisch, der dicke Theo Morell kam aus seinem sicheren Bunker trotz des ständigen Dröhnens des Artilleriefeuers. Irgendwoher brachte jemand ein altes Grammophon mit einer einzigen Schallplatte. »Blutrote Rosen erzählen Dir vom Glück …« Eva Braun wollte tanzen! Ganz gleich, mit wem, und sie riss alle mit in einen verzweifelten Taumel, wie jedermann, der schon den leichten Hauch des Todes gefühlt hat. Es wurde Champagner getrunken und schrill gelacht, und ich lachte mit, weil ich nicht weinen wollte. Dazwischen ließ eine Explosion die Gesellschaft für einen Moment verstummen, eilte einer zum Telefon, holte ein anderer wichtige Meldungen ein. Aber keiner sprach vom Krieg, keiner vom Sieg und keiner vom Tod. Gespenster gaben hier ein Fest. Und immer erzählten rote Rosen vom Glück …

Mir war plötzlich, als müsste ich mich jeden Moment übergeben. Es war mir entsetzlich jämmerlich zumute. Ich hörte nur noch das dumpfe Brüllen der Geschütze und war aus der Narkose erwacht. Still und unauffällig verließ ich das wilde, letzte Fest und schlich durch das Labyrinth der Bunker- und Kellergänge hinüber in die Neue Reichskanzlei. Was würden die nächsten Tage bringen? Ich schlief ein, ehe ich eine Antwort gefunden hatte.

Am nächsten Morgen hatten sich die Reihen gelichtet. Die prominenten Gratulanten hatten das sinkende Schiff verlassen und sich durch den letzten Engpass nach dem Süden zurückgezogen. Ribbentrop hatte noch eine letzte Möglichkeit, Hitler ebenfalls zur Abreise zu bewegen, zu nutzen versucht. Er hatte eine Aussprache mit Eva Braun, von der sie mir später erzählte. »Sie sind die Einzige, die den Führer von hier wegbringen kann«, erklärte er beschwörend. »Sagen sie ihm, dass Sie Berlin mit ihm verlassen wollen. Sie können damit ganz Deutschland einen großen Dienst erweisen.« Aber Eva Braun entgegnete: »Ich werde dem Führer kein Wort von Ihrem Vorschlag sagen. Er muss allein entscheiden. Wenn er es für richtig hält, in Berlin zu bleiben, dann bleibe ich bei ihm. Wenn er weggeht, gehe ich auch.«

Wagenkolonnen und Flugzeuge starteten ununterbrochen in südlicher Richtung. Auch Fräulein Wolf und Fräulein Schroeder, die beiden anderen Sekretärinnen, waren unter den Scheidenden. Fräulein Wolf hatte Tränen in den Augen, als sie Abschied nahm, als fühlte sie, dass es kein Wiedersehen mit Hitler, der 25 Jahre[91] lang ihr Chef gewesen war, mehr geben würde. Einer nach dem anderen reichte Hitler zum Abschied die Hand. Nur die wichtigsten Verbindungsoffiziere blieben zurück.

VI.

22. April 1945. Im Bunker herrscht fieberhafte Unruhe. Droben ist die Hölle los. Den ganzen Tag schießt und donnert es, man kann kaum den Kopf zur Tür hinausstrecken. Trostlos sieht der Wilhelmsplatz aus, wie ein Kartenhaus ist der Kaiserhof zusammengefallen, seine Trümmer reichen fast bis zur Reichskanzlei. Vom Propagandaministerium steht symbolhaft nur noch die weiße Fassade auf dem kahlen Platz.

Ich frage jeden, der mir begegnet, nach dem Erfolg des Angriffs. Er müsste jetzt im Rollen sein. Sind es deutsche Geschütze und Panzer, die solchen Lärm machen? Keiner der Offiziere weiß eine Antwort. Sie laufen alle herum, wie Wachsfiguren, tun geschäftig und betrügen sich selbst.

Die Türen zu Hitlers Konferenzzimmer sind geschlossen. Dahinter ist eine erregte Besprechung im Gang. Frau Christian, meine Kollegin, Fräulein Krüger[92], die Sekretärin Martin Bormanns und ich sitzen in der Diätküche und trinken starken Kaffee. Wir reden von belanglosen Dingen, damit die verzweifelte Angst in uns nicht übermächtig wird. Jede versucht auf ihre Art, mit dieser Situation fertig zu werden. An Mittagessen denkt niemand, obwohl es längst Zeit wäre. Die Unruhe treibt uns wieder in die Nähe der Konferenz. Wir hören Stimmen an- und abschwellen. Hitler schreit etwas, wir können nichts verstehen. Martin Bormann kommt mit erregtem Gesicht heraus und drückt Fräulein Krüger einige Blätter in die Hand, die sofort abgeschrieben werden müssen. Einen Augenblick lang sehen wir gebeugte Uniformrücken über dem Stadtplan von Berlin. Die Versammlung wirkt ratlos. Verstört ziehen wir uns zurück in das Vorzimmer, rauchen, warten, flüstern …

Endlich öffnet sich die schwere Eisentür. Linge ruft Frau Christian und mich zum »Führer«. Mit einem Gesicht, das uns nichts verrät, geht er weiter, um auch Fräulein Manziarly zu holen. Nur noch ein paar Schritte trennen uns von der Entscheidung über Leben und Tod. Jetzt werden wir die Wahrheit erfahren.

Vor der geöffneten Tür des Konferenzraumes stehen mit weißen, steinernen Gesichtern alle Offiziere der Lagebesprechung. In dem kleinen Vorraum vor seinem Zimmer steht Hitler regungslos. Sein Gesicht hat jeden Ausdruck verloren, die Augen sind erloschen. Er sieht aus wie seine eigene Totenmaske. Sein Blick erfasst nichts. Unpersönlich und befehlend, wie ich ihn nie einer Frau gegenüber habe sprechen hören, stößt er hervor: »Ziehen Sie sich sofort um. In einer Stunde geht ein Flugzeug, das Sie nach Süden bringt. Es ist alles verloren, hoffnungslos verloren.«

Ich bin ganz steif. Das Bild an der Wand hängt schief, und auf Hitlers Rockaufschlag ist ein Fleck. Alles ist wie in Watte gepackt und weit weg.

Eva Braun löst sich als Erste aus der Erstarrung. Sie geht auf Hitler zu, der schon die Hand auf die Klinke seiner Tür gelegt hat, nimmt seine beiden Hände und sagt lächelnd und tröstend, so wie man einem traurigen Kind zuredet: »Aber du weißt doch, dass ich bei dir bleibe. Ich lasse mich nicht wegschicken.« Da beginnen die Augen Hitlers von innen her zu leuchten, und er tut etwas, was noch keiner, auch nicht seine vertrautesten Freunde und Diener, je erlebt haben: Er küsst Eva Braun auf den Mund, während draußen die Offiziere stehen und darauf warten, entlassen zu werden. Ich will es gar nicht sagen, aber es kommt von selbst; ich will nicht hier bleiben und ich will nicht sterben, aber ich kann nicht anders. »Ich bleibe auch«, sage ich.

Ich musste eine Kiste mit den wichtigsten Akten, Schriftstücken und Dokumenten packen, die mir Schaub reichte. Mechanisch legte ich Stück für Stück zusammen. Sollte ich auch meine eigenen Sachen nach Hause schicken? Vielleicht würde morgen schon in den letzten paar Maschinen, die nach Süden flogen, kein Platz mehr für Gepäck sein? Aber vielleicht auch mussten wir noch Wochen hier aushalten? Ich schickte nichts mit. Die Maschine, die mit ihrer wichtigen Last und zwei von Hitlers Ordonnanzen abflog, ist nie mehr aufgetaucht.

Einer nach dem anderen reichte Hitler zum Abschied die Hand. Nur die wichtigsten Verbindungsoffiziere blieben zurück. Selbstverständlich auch Bormann, der immer noch die unumgängliche Schleuse für jede Nachricht war, die Hitler erreichen sollte.

Am Nachmittag wieder eine große Besprechung der Lage. Die Russen standen jetzt unmittelbar vor den Toren der Stadt. Hitler befahl einen letzten endgültigen Angriff mit allen noch in Berlin befindlichen Truppen und Flugzeugen. Jeder einzelne Panzer, jedes Gewehr musste an die Front. Der Bunker dröhnte unter den Explosionen der kleinen Bomben, die die Russen ununterbrochen über Berlin streuten, und unter Hitlers befehlender Stimme. Die Generale verließen mit roten Köpfen das kleine stickige Konferenzzimmer. Frau Christian und ich saßen verschüchtert draußen im Korridor. Fräulein Krüger, die Sekretärin Bormanns, hatte sich in diesen Tagen zu uns gesellt. Auch sie konnte nur berichten, dass ihr Chef damit rechne, entweder in den nächsten Tagen Berlin zu verlassen oder ... Wir hatten keine klare Vorstellung von der anderen Möglichkeit.

Wieder hieß es warten. Auch Hitler konnte nichts anderes mehr tun. Er schlich zu seinen Hunden, die jetzt in einem Abteil der Toilette untergebracht waren. Dann saß er mit dem kleinen Welpen auf dem Schoß schweigend auf der kleinen Bank im Korridor und beobachtete die ein- und ausgehenden Menschen. Das Personal tat unbeirrt seinen Dienst. Die Diener funktionierten ruhig und sicher wie immer und erfüllten Hitlers Wünsche. Theo Morell saß mit Herzbeschwerden in seinem Bunkerzimmer und machte sich Sorgen. Die Spannung war unerträglich.

Eva Braun kam aus ihrem Zimmer. Droben war es jetzt ruhig. Wir wussten gar nicht, was für Wetter war. Kein Fenster zeigte uns den Stand der Sonne. Wir wollten einmal hinaufschauen in den Park, den Hunden und uns ein bisschen frische Luft und Tageslicht vergönnen. Über Berlin hing eine dunstige Wolke aus Staub und Rauch. Die Luft war mild, und man spürte den Frühling. Schweigsam wanderten Eva Braun, Frau Christian und ich durch den Park der Reichskanzlei. Überall waren tiefe Löcher in dem gepflegten Rasen, lagen leere Kanister, zerbrochene Äste herum. An der Umfassungsmauer entlang sahen wir in regelmäßigen Abständen Unterstände und Haufen von Panzerfäusten gelagert. Das sollte wohl die allerletzte Verteidigungslinie sein? Wir glaubten nicht daran. Morgen schon oder vielleicht in den nächsten Tagen würden die deutschen Truppen den Feind vertreiben.

Durch die zerstörte, zusammengefallene Mauer schlichen wir hinüber in den Park des Auswärtigen Amtes. Still und friedlich blühten die Bäume. Noch vor ein paar Tagen hatten wir Frauen hier Pistolenschießen geübt. Hitler hatte es uns endlich erlaubt. Früher in Ostpreußen, als die Russen immer näher kamen, hatten Frau Christian und ich schon einmal gefragt, ob wir nicht auf jeden Fall lernen sollten, mit der Pistole umzugehen. Damals hatte Hitler lächelnd erwidert: »Nein, meine Damen! Ich möchte nicht durch die Hand einer Sekretärin fallen. Schießen Sie mit den Augen, das genügt!« Aber nun hatte er plötzlich nichts mehr dagegen. Unter der Aufsicht von Rattenhuber hatten wir auf Jagdscheiben geschossen. Hitler verwies uns in den verlassenen Park des Auswärtigen Amtes, damit wir keinen Schaden anrichten konnten und hier hingen nun die zerfetzten Papierscheiben, die unsere Meisterschüsse aufzeigten. Wir hatten jetzt keine Gelegenheit mehr, unsere Übungen fortzusetzen, denn das Schießen in dieser Gegend hatten bereits die russischen Artilleriegeschütze übernommen. Aber heute war alles für kurze Zeit still. Versteckt hinter Sträuchern auf einem kleinen Rondell entdeckten wir eine wunderhübsche Bronzestatue. Eine junge Najade mit reizenden Linien stand hier im Garten unter blühenden Bäumen. Sie kam uns plötzlich in all der Trostlosigkeit unsagbar schön vor. Wir hörten auf einmal, dass es noch Vogelgezwitscher gab, wir sahen, dass im Gras die Märzenbecher blühten und alles in der Natur zu neuem Leben ansetzte. Wir wurden fast fröhlich, dass es all das noch gab. Sicher war dieser entsetzliche Bunker schuld daran, dass die Stimmung so grauenhaft drückend war. Hier oben in der frischen Luft atmete man leichter, war der Kopf klarer. Die Hunde tobten spielend durch die Wiese, wir saßen auf einem Stein und rauchten eine Zigarette. Sogar Eva Braun steckte sich eine an. Auf unseren erstaunten Blick erwiderte sie: »Ach Kinder, ich muss auch mal wieder rauchen. Wenn ich schon so außergewöhnliche Sorgen habe, darf ich auch etwas Außergewöhnliches tun.« Aber sie hatte eine Schachtel Mentholpastillen in der Tasche und steckte sich doch vorsorglich eine in den Mund, als wir beim ersten Sirenenton wieder hinunterstiegen.

Drunten saß Hitler mit Goebbels, Bormann und Burgdorf im Korridor. Sie sprachen von dem bevorstehenden Angriff. Hitlers Körper schien wieder etwas gestrafft und gestärkt zu sein. Wir kamen von oben, erholt und voll gepumpt mit frischer Luft und wurden von einer Welle der Hoffnung und Zuversicht empfangen. Wenigstens würde endlich eine Entscheidung fallen. Morgen würde sich herausstellen, ob Hitler nach Berchtesgaden fahren oder für immer in Berlin bleiben würde. Hitler forderte uns auf, bei ihm Platz zu nehmen. Es war alles ganz unkonventionell geworden, seit sich der Kreis so stark verkleinert hatte. Eva Braun setzte sich an Hitlers Seite und begann ohne Rücksicht auf die anderen Herren, sofort auf ihn einzureden: »Du, kennst du die Figur im Auswärtigen Amt? Eine zauberhafte Plastik! Sie würde schrecklich gut in meinen Garten passen zu dem Bassin. Bitte kaufe sie mir doch, wenn alles gut geht, und wir noch aus Berlin herauskommen!« Sie sah ihn bittend an. Hitler nahm ihre Hand: »Aber ich weiß ja gar nicht, wem sie gehört. Wahrscheinlich ist sie Staatseigentum, dann kann ich sie nicht kaufen und in einen Privatgarten stellen.« – »Ach«, sagte sie. »Wenn es dir gelingt, die Russen zurückzuschlagen und Berlin zu befreien, dann kannst du schon mal eine Ausnahme machen!« Hitler lachte über die Logik der Frauen, aber er sprach nicht mehr weiter über diese Sache. Eva, die peinlich saubere, entdeckte einige rote und blaue Flecken auf Hitlers feldgrauem Uniformrock. »Schau, du bist ganz schmutzig! Den Rock kannst du doch nicht mehr anziehen. Du musst dem ›Alten Fritz‹ nicht alles nachmachen und auch so unappetitlich herumlaufen wie er.« Hitler protestierte. Er war nicht mehr Feldherr, nicht mehr Politiker, kein Diktator. »Aber das ist doch schließlich mein Arbeitsanzug. Ich kann mir doch nicht eine Schürze umbinden, wenn ich zur Lagebesprechung gehe und mit Farbstiften hantieren muss.« Sie tat ihm wirklich Unrecht, denn er war pedantisch sauber.

Es kam nie vor, dass er jemand die Hand gab, wenn er vorher seinen Hund auch nur ganz leicht berührt hatte.

Die Unterhaltung wurde unterbrochen durch Bomben und Flakfeuer, eben war wieder ein Angriff im Gang, wie jeden Abend um diese Zeit. Der Bunker füllte sich, die schwere Eisentür zum ersten Teil des Korridors wurde geschlossen. Hitler ließ das Radio anstellen. Er hörte niemals Musik, nur die sachlichen Meldungen über den Anflug der feindlichen Flugzeuge, unterbrochen vom gleichförmigen Ticken der Wanduhr, hörte er sich an. Berlin hatte wieder schwer zu leiden. Und plötzlich war das Gespenst der Hoffnungslosigkeit zu uns zurückgekehrt.

[...]⁹³ Jetzt hat der Selbstbetrug ein Ende. Er bringt endlich und endgültig diese verzweifelte, verführerische Stimme in mir zum Schweigen, die die Wirklichkeit nicht sehen und wissen wollte, die glauben w o l l t e. Daneben fühle ich plötzlich großes Mitleid mit Hitler. Ein grenzenlos Enttäuschter, ein von der höchsten Höhe gestürzter, gebrochener, einsamer Mensch. [...] Ich fühle mich plötzlich schuldig. Ich denke an all das Unglück, das droben, einige Meter über uns seinen Lauf nimmt und schon seit Jahren genommen hat, hervorgerufen durch meinen Chef. Soll ich jetzt weggehen, zurückkehren zu den Menschen, die mich mit vorwurfsvollen Augen ansehen werden, und ihnen sagen: »Hier bin ich wieder. Ich habe mich geirrt, aber als es an mein eigenes Leben ging, habe ich meinen Irrtum eingesehen.« Mitleid und Schuldgefühl hielten mich hier fest, und Frau Christian mochte ähnliche Gefühle haben. Fast gleichzeitig sagten wir: »Wir bleiben auch hier!« Hitler blickte uns einen Moment an: »Ich befehle Ihnen, wegzugehen.« Aber wir schüttelten den Kopf. Da gab er uns die Hand. »Ich wollte, meine Generale wären so tapfer wie Sie«, sagte er noch. Auch Fräulein Manziarly, die stille kleine Frau, die eigentlich hätte Lehrerin werden wollen, die keinerlei Verpflichtung hatte hier zu bleiben, wollte Berlin nicht verlassen.

Hitler ging schleppend hinaus zu den Offizieren: »Meine Herren, es ist zu Ende. Ich werde hier in Berlin bleiben und mich erschießen, wenn es so weit ist. Wer gehen will, kann gehen, es steht jedem frei.«

Einer nach dem anderen verließen sie den Bunker, schweigend den Führer grüßend. Die meisten verließen Berlin für immer, nur wenige kehrten zurück zu ihren Stäben und Dienststellen in der Umgebung Berlins.

Hitler ordnete in seinem Zimmer aus allen Schubladen und Schränken die Dokumente und Schriftstücke, die vernichtet werden sollten. Julius Schaub wurde dieser vertrauliche Auftrag übergeben. Mit einem todunglücklichen Gesicht humpelte er durch den Bunker, die Treppe hinauf zum Park und verbrannte dort blutenden Herzens die Kostbarkeiten seines Führers. Er erhielt den gleichen Auftrag auch für München und Berchtesgaden. Mit feuchten Augen nahm er Abschied von uns, als er noch am gleichen Tag abreisen musste. Jetzt waren auch die Verbindungsoffiziere nicht mehr hier, nur noch Botschafter Hewel, Reichsleiter Bormann, General Krebs[94], General Burgdorf, Hermann Fegelein, Admiral Voss[95], die Adjutanten von Below und Günsche und Heinz Lorenz. Von den Dienern war Heinz Linge mit drei Ordonnanzen allein zurückgeblieben. Nur das Personal, die kleinen Leute der Küche, der Hausverwaltung, der Telefonzentrale, Kraftfahrer usw., war fast vollständig geblieben. Alle hausten notdürftig auf Feldbetten und provisorischen Schlafstellen in den höher gelegenen Räumen des Führerbunkers. Auch die Küche war jetzt unter der Erde eingerichtet, und der vorderste Teil des Korridors diente als Speisesaal. Wir Sekretärinnen teilten nun unseren Bunkerschlafraum drüben in der Neuen Reichskanzlei ebenfalls noch mit einigen anderen Frauen, meist Sekretärinnen und Telefonistinnen der Adjutantur des Führers. Durch einen langen unterirdischen Gang konnten wir direkt in den Führerbunker gelangen.

Die Stunden krochen dahin. Ich war ganz leer, ausgehöhlt und stumpf. Eigentlich sollte ich ein paar Stunden schlafen. Aber eine Unruhe hielt mich im Führerbunker fest. Vielleicht kam schon in der nächsten Stunde eine entscheidende Neuigkeit? Es war wohl schon Spätnachmittag. Hatte Hitler heute zu Mittag gegessen? Es war wohl keine Zeit dafür gewesen. Jetzt saß er drinnen in seinem Zimmer und sprach mit Goebbels. Wie würde der große Propagandaminister mit Hitlers Entschluss, in Berlin zu sterben, fertig werden? Was würde er dem deutschen Volk sagen? Die Tür öffnete sich und Goebbels ging zum Telefon. Als er zurückkam, blickte er sich suchend um. Es war niemand da, außer den Ordonnanzen und mir. Der Minister kam auf mich zu. »Nachher kommt meine Frau mit den Kindern. Sie werden auf Wunsch des Führers von jetzt an im Führerbunker bleiben. Bitte seien Sie so gut und nehmen Sie meine Familie in Empfang.« Mein Gott, dachte ich, wo sollen all die Menschen unterkommen. Sechs kleine Kinder in diesem Durcheinander! Ich ging ein paar Stufen hinauf in den oberen Teil des Bunkers und suchte nach Günsche. Er ließ einen der Räume, der mit Koffern, Kisten, Möbeln und Vorräten voll gepfropft war, ausräumen und stellte lauter Betten hinein.

Hitler hatte inzwischen noch einmal Keitel und Jodl rufen lassen. Die beiden Generale hatten noch eine kurze letzte Aussprache mit Hitler. Ich hörte, wie sie nachher mit Bormann und Hewel sprachen. Noch einmal hatten sie vergeblich versucht, Hitler klar zu machen, dass er in Berlin nichts mehr tun könne. Die Kommandostellen des OKW würden nach dem Süden gehen. Von Berlin aus konnte er seine Generale nicht mehr lange befehligen. […] Hitler betonte seinen unumstößlichen Entschluss, in Berlin zu bleiben und zu sterben. Er werde sich erschießen, denn er wolle weder lebend noch tot in die Hand der Feinde fallen. Kämpfen könne er nicht mehr, er sei körperlich ein gebrochener Mann. Damit hatte er seine Generale entlassen, die jetzt endgültig den Bunker verließen.

Inzwischen war die Familie Goebbels aus dem Bunker des Propagandaministeriums in den Führerbunker herübergekommen. Ich ging ihnen entgegen und nahm die Kinder in Empfang. Frau Goebbels wurde sofort zu Hitler geführt. Die fünf kleinen Mädchen und der Junge waren fröhlich und unbefangen. Sie freuten sich, bei »Onkel Hitler« sein zu dürfen. Sie erfüllten den Bunker bald mit ihren Spielen. Es waren reizende, gut erzogene, natürliche Kinder. Sie wussten nichts von dem Schicksal, dem sie entgegengingen, und die Erwachsenen setzten alles daran, um es ihnen nicht bewusst werden zu lassen. Ich ging mit ihnen hinüber in das Geburtstagslager, wo Hitlers Geburtstagsgeschenke aufgestapelt lagen. Hier waren auch

Kinderspielsachen und Kleider. Sie suchten sich aus, was ihnen gefiel.

Als wir zurückkamen, war wieder Alarm. Die Angriffe wurden jetzt immer stärker und konzentrierten sich mehr und mehr auf das Gebiet der Reichskanzlei. An das Artilleriefeuer hatten wir uns schon fast gewöhnt. Nur wenn das Dröhnen aufhörte, wurden wir aufmerksam. Wieder einmal saßen wir bei Hitler. Er wurde mir immer unverständlicher und unheimlicher. So wie er gestern noch mit keinem Wort einen Zweifel geäußert hatte, dass der Sieg sicher sei, so behauptete er heute mit der gleichen Unumstößlichkeit, dass es keine Hoffnung auf eine Wendung der Lage mehr gäbe. Wir deuteten auf das Bild des Fridericus, das von der Wand herunterschaute, und nun zitierten wir alle die Schlagworte, die Hitler so oft gebraucht hatte. »Mein Führer, wo bleibt das letzte Bataillon?« – »Glauben Sie nicht mehr an die Beispiele der Geschichte?« Er schüttelte müde den Kopf: »Die Armee hat mich verraten, die Generale taugen nichts. Meine Befehle sind nicht ausgeführt worden. Es ist endgültig vorbei. Der Nationalsozialismus ist tot und wird nie mehr auferstehen!« Wir waren wie erschlagen, als wir diese Worte hörten. Zu plötzlich war die Wandlung gekommen. Vielleicht hatten wir es nicht so ganz ehrlich gemeint, als wir in Berlin bleiben wollten? Vielleicht hatten wir doch gehofft, mit dem Leben davonzukommen. Jetzt nahm uns Hitler selbst diese Hoffnung.

Eva Braun bekam so etwas wie einen Treuekomplex. »Weißt du«, sagte sie zu Hitler, »dass dich alle verlassen haben, verstehe ich nicht. Wo ist Himmler, wo sind Speer, Ribbentrop, Göring? Warum sind sie nicht bei dir geblieben, wo sie hingehören? Und warum ist Brandt nicht hier?« Und Hitler, der wohl fühlen mochte, wie gern und leichten Herzens ihn mancher verlassen hatte, der durch ihn groß geworden war, nahm seine Leute in Schutz. »Das verstehst du nicht, Kind. Sie dienen mir mehr, wenn sie draußen sind. Himmler muss seine Divisionen führen, Speer hat wichtige Aufgaben zu erfüllen, alle haben ihre Ämter, die wichtiger sind als mein Leben.« – »Ja«, sagte Eva Braun, »das verstehe ich. Aber Speer zum Beispiel. Er war doch dein Freund. Er wird bestimmt kommen, ich kenne ihn.«

Während der Unterhaltung rief Himmler an. Hitler verließ das Zimmer und ging ans Telefon. Er kam bleich und mit starrem Gesicht zurück. Der Reichsführer hatte noch einmal telefonisch versucht, Hitler aus der Stadt zu locken. Wieder hatte der Führer eindeutig abgelehnt. Ganz selbstverständlich und unpersönlich sprach er von seinem beabsichtigten Selbstmord. Und immer sahen wir mit seinem Tod auch unseren Tod vor Augen. Und wir gewöhnten uns daran. Aber in dieser Nacht habe ich kaum geschlafen.

Am nächsten Tag rücken die Einschläge der Artillerie schon wieder näher. In den Vororten der Stadt sind die Russen eingedrungen. Es wird verzweifelt gegen ein Riesenaufgebot an starken Panzern gekämpft. Die Lage im Bunker ist unverändert. Wir sitzen und warten. Hitler ist stumpf und teilnahmslos geworden, nach seinem gestrigen Wutausbruch, wo er von Verrat schrie. Es scheint, als habe er sein Amt niedergelegt. Keine offiziellen Besprechungen finden statt, der Tag hat keine feste Einteilung. In dem grellen Licht, das von den weißen Betonwänden widerspiegelt, merken wir nicht, dass die Nacht den Tag ablöst. Wir Sekretärinnen treiben uns in Hitlers Nähe herum, immer in der unheimlichen Erwartung, dass er seinem Leben ein Ende macht. Aber vorläufig lebt er sein Scheinleben weiter. Goebbels hat seinen Staatssekretär Dr. Naumann[96] mitgebracht und den Adjutanten Schwägermann[97]. Sie besprechen mit Hitler einen letzten Propagandafeldzug. Die Bevölkerung soll jetzt wissen, dass der Führer in der belagerten Stadt ist und die Verteidigung in die Hand genommen hat. Das soll den Menschen Kraft und Widerstand verleihen und Unmögliches möglich machen. Aber während die verzweifelten Obdachlosen aus ihren zertrümmerten Häusern fliehen und in den U-Bahn-Schächten Zuflucht suchen, während jeder Mann und jeder Knabe mit irgendeiner notdürftigen Waffe zum Kampf antritt und sein Leben einsetzen soll, hat Hitler bereits jede Hoffnung begraben.

Die sechs Kinder spielen glücklich und zufrieden in den Korridoren. Sie lesen ihre Märchen an dem runden Tisch, der auf einem Treppenabsatz auf halber Höhe zum tiefsten Teil des Bunkers steht. Sie hören nicht die immer stärker werdenden Einschläge, sondern fühlen sich sicher in »Onkel Führers« Nähe. Am Nachmittag trinken sie Schokolade mit dem Onkel und erzählen Schulerlebnisse. Helmut, der einzige Junge, liest seinen Aufsatz vor, den er zu Hitlers Geburtstag geschrieben hat. »Das hast du von Vati geklaut«, meint seine Schwester Helga. Und die Erwachsenen lachen, als der Junge antwortet: »Oder Vati von mir.« Die Mutter aber trägt in ihrer Handtasche das Gift, das für sechs kleine Leben das Ende bedeutet.

Ich vermisse plötzlich Professor Morell. Sein Zimmer wird jetzt vom Ehepaar Goebbels bewohnt, der Leibarzt ist verschwunden. Linge, der unverändert ruhig und freundlich seinen Dienst tut, erklärt mir, dass Morell nach einer dramatischen Szene mit dem Führer in der Früh Berlin mit einem Flugzeug verlassen hat. Am Abend vorher war Morell wie gewöhnlich zum Führer gegangen, um ihm die tägliche Spritze vor dem Schlafengehen zu verabreichen. Und plötzlich überfiel Hitler ein Gefühl von Angst und Misstrauen, von Verrat und Komplott. »Morell, verlassen Sie sofort mein Zimmer! Sie wollen mich betäuben, damit man mich gewaltsam von Berlin fortbringen kann. Das wollen sie alle, aber ich gehe nicht«, schrie er. Und als der zitternde Morell fast einen Herzanfall vor Schreck erlitt, befahl er ihm, Berlin mit dem nächsten Flugzeug zu verlassen. Nie vorher hatte Hitler auch nur einen Tag ohne den Leibarzt auskommen können, auf jedem Flug, auf jeder Fahrt musste er ihn begleiten. Jetzt schickte er ihn fort. Er brauchte keinen Arzt mehr, er brauchte keine Medikamente und keine besondere Kost mehr. Alles war gleichgültig.

Neue Gesichter tauchten plötzlich im Führerbunker auf: Artur Axmann[98], der Reichsjugendführer. Einer jener ergebenen Gläubigen, ein blinder Idealist! Er hatte nur einen Arm, aber aus seinem ruhigen besonnenen Gesicht leuchteten die Augen voll kämpferischer Begeisterung. Auch er war gekommen, um in letzter Stunde bei seinem Führer zu sein. Dann war da ein unauffälliger kleiner Herr mit grauen Schläfen. Er trug die feldgraue SS-Uniform und war immer und überall gegenwärtig, wo zwei Offiziere beisammen standen und die Lage besprachen. Es war der Vertreter Kaltenbrunners, Obergruppenführer Müller[99].

Speer war plötzlich wieder da. Eva Braun ging ihm mit ausgestreckter Hand entgegen: »Ich wusste ja, dass Sie kommen würden. Sie lassen den Führer nicht allein.« Aber Speer lächelte still. »Ich verlasse Berlin heute Abend wieder«, entgegnete er nach einer Pause. Dann begab er sich zu Hitler. Wir erfuhren nichts von dieser langen, ersten Besprechung.

Ein anderes Ereignis wurde erregt diskutiert: Görings »Verrat«. Im Korridor vor dem Konferenzzimmer standen Goebbels, Hewel, Voss, Axmann und Burgdorf beisammen. Ich hörte gedämpfte Worte draußen am Vorplatz, Göring habe den Führer verraten, jetzt in der entscheidendsten Stunde. Was war passiert? Ich traf auf meinem Weg in den oberen Bunkerteil Frau Christian. Sie war durch Oberst von Below, einen Kollegen ihres Mannes, unterrichtet worden. Göring hatte ein Telegramm geschickt, dass er die Nachfolge Hitlers antreten werde, da er annehme, der Führer sei nicht mehr im vollen Besitz seiner Handlungsfähigkeit. Falls bis 22 Uhr keine Antwort des Führers eingetroffen sei, betrachte er seine Nachfolge als in Kraft getreten.

Dieses Telegramm fiel Bormann in die Hände. Er legte es dem Führer vor und setzte es ins rechte Licht. Kein Wunder, dass Hitler daraufhin in Görings Vorschlag verräterische Absichten erblickte, sich in wüsten Beschimpfungen des Reichsmarschalls erging und ihn von allen Ämtern enthob. Bormann mag selbstzufrieden gelächelt haben, als es ihm jetzt, fünf Minuten vor zwölf, noch einmal gelungen war, seine Macht zu stärken. Auf seinen Befehl hin wurden Göring und sein ganzer Stab auf dem Obersalzberg verhaftet.

Den ganzen Tag ist Görings Telegramm das einzige Bunkergespräch. Dass Speer nach einer langen Unterredung mit Hitler wieder verschwunden ist und Berlin endgültig verlassen hat, fällt kaum auf. Hitler hat sich in sein Zimmer zurückgezogen und will niemanden sehen. Im Konferenzzimmer stecken unterdessen die Offiziere die Köpfe über dem Berliner Stadtplan zusammen und beraten rettende Operationen. Der Führer interessiert sich nicht mehr dafür. Aber der Generalstab gibt noch nicht auf. Irgendeine Armee, befehligt von General Wenck[100], soll irgendwo auf dem Weg nach Westen sein. Wenn Wenck zurückbefohlen wird und gegen Berlin anstürmt, könnten wir gerettet werden! Und Obergruppenführer Steiner[101] soll von Norden her zur Unterstützung Wencks einen Angriff führen! Mit diesem Plan, dessen militärische Einzelheiten ich nicht verstehe, der für mich aber wieder ein kleines Fünkchen Hoffnung bedeutet, gehen die Offiziere zum Obersten Befehlshaber. Es gelingt ihnen, den Führer vor den Kartentisch zu bringen. Noch einmal reißt er sich aus seiner Lethargie heraus, der Angriff wird befohlen! Wenck wird umkehren und Berlin entsetzen.

Niemand von uns findet Schlaf. Wie Schatten irren wir durch die Räume und warten. Manchmal schleichen wir hinauf in das Treppenhaus, warten auf eine Feuerpause der Artillerie und sehen mit Entsetzen, wie sich die Verwüstung immer mehr ausbreitet. Wir sind nur noch von Ruinen und Häuserresten umgeben. Auf dem Wilhelmsplatz liegt mitten auf dem einsamen weißen Pflaster ein totes Pferd. Aber ich bin stumpf geworden, ganz ausgehöhlt komme ich mir vor. Nichts ist mehr echt und natürlich an uns. Wir sind gleichgültig und gelassen, lachen, weil wir nicht weinen können, und reden, damit die bange Stimme unserer verzweifelten Herzen nicht zu Wort kommt, die uns an zu Hause erinnert, an die Mutter, die Familie. Manchmal kommt mir der flüchtige Gedanke, dass an einem bayerischen See Menschen leben, die auf mich warten, mich lieben und sich sorgen. Für die es keine Entscheidung gibt. Wo die Frauen sich nicht vor der Besatzungsmacht fürchten müssen. Wo das Leben weitergeht. Aber diese verkrampfte drückende Atmosphäre des Bunkers hat Gewalt über mich. Der Führer, jetzt ein gebrochener greiser Mann, hat immer noch die Fäden unsichtbar in der Hand. Seine Gegenwart genügt, um jede echte Regung, jedes natürliche Gefühl zu ersticken.

Wir Frauen sind meist zusammen. Auch Eva Braun schließt sich uns an. Wir spielen mit den Kindern und den Hunden. Alle Räume stehen uns offen, nirgends mehr wird offiziell gearbeitet. Wenn eine Meldung eintrifft, wenn ein verstaubter, verschwitzter Offizier von der nahen Front kommt, um das weitere Vordringen der russischen Panzer zu melden, nimmt Hitler den Bericht entgegen. Schweigend und teilnahmslos. Jetzt hat die Reichskanzlei einen Verteidigungskommandanten: Gruppenführer Mohnke[102]. Mir wird ganz schwach und verzweifelt zumute, wenn ich mir vorstelle, dass wir immer noch drinnen in der Falle sitzen werden, wenn die Russen schon gegen das Gebäude der Reichskanzlei anstürmen. Aber »Kopf hoch, solange er noch dran ist«, heißt die Parole, und wir leben danach, starr und stumpf wie Marionetten. Wir wissen kein Datum mehr. Manchmal stehlen wir uns eine Stunde Schlaf, aber die Nervosität weckt uns nach kurzer Zeit wieder auf. Wir möchten dabei sein, wenn die Meldung kommt, dass General Wenck angreift. Immer wieder wagen wir uns hinaus in die Hölle und lauschen, ob wir den Donner deutscher Geschütze endlich hören.

Tief in der Stadt wird jetzt schon gekämpft. Die schweren russischen Panzer erobern Straßenzug um Straßenzug. Was hilft es, dass die Buben der Hitlerjugend jede einzelne Brücke verteidigen und sprengen? Sie bekommen vom Führer persönlich eine Auszeichnung, ein paar russische Panzer werden abgeschossen, hunderte kommen nach. Und von Wenck keine Spur. Keine Meldung von Steiners Angriff.[103] Die Spähtrupps, die von der Reichskanzlei losziehen, kommen ohne Ergebnis zurück. [... *Manuskript unleserlich* ...]. Hanna Reitsch[104] landet mit einem Fieseler Storch auf der Ost-Westachse, kurz vor dem Brandenburger Tor, und bringt Generaloberst Greim[105], einen ausgezeichneten Luftwaffenoffizier, mit. Ich sehe beide an jenem Tag zum ersten Mal. Hanna Reitsch, eine kleine zierliche, sehr weibliche Person, der man die männliche Tapferkeit gar nicht zugetraut hätte. Auf dem glatten schwarzen Rollkragenpullover trägt sie das Eiserne Kreuz. Auf ihre Schulter gestützt humpelt Greim auf einem Bein in den Bunker. Er war auf dem abenteuerlichen Flug von russischen Jagdfliegern durch einen Schuss ins Bein verwundet worden. Nun ist er gekommen, um Görings Nachfolger zu werden und den Oberbefehl über die Luftwaffe zu übernehmen. Zunächst jedoch verschwindet er im Operationszimmer und wird von Dr. Stumpfegger, dem schweigsamen, blassen und bescheidenen

Arzt behandelt. Hanna Reitsch aber eilt zum Führer. Sie war wohl eine der Frauen, die Hitler anbeteten, bedingungslos und ohne Vorbehalte. Mir erscheint das heute erstaunlich, denn sie war die einzige Frau, die Hitler nicht nur privat und menschlich, sondern auch als Soldat und militärischen Befehlshaber kannte. Sie versprühte temperamentvoll eine fanatische und besessene Todesbereitschaft für den Führer und seine Idee. [...]

Abends brachte sie die Goebbels-Kinder ins Bett. Eva Braun leistete ihr Gesellschaft. Die Mutter hatte kaum mehr die Kraft, ihren Kindern gelassen gegenüberzutreten. Jedes Zusammensein mit ihnen bedeutete ihr eine so ungeheure Belastung, dass sie hinterher in Tränen ausbrach. Auch sie und ihr Mann waren nur noch Schatten und schon dem Tod geweiht.

Als ich an der Tür des Kinderzimmers vorbeiging, hörte ich die sechs klaren Kinderstimmen singen. Ich trat ein, da saßen sie in drei zweistöckigen Betten und hielten sich die Ohren zu, damit sie sich bei dem dreistimmigen Gesang nicht gegenseitig rausbrachten. Hanna Reitsch sang mit und dirigierte. Dann wünschten sie einander fröhlich »gute Nacht« und schliefen schließlich ein. Nur die Größte, Helga, hatte manchmal einen traurigen wissenden Ausdruck in den großen braunen Augen. Sie war die Stillste, und manchmal denke ich mit Grauen daran, dass diese Kinderseele in der tiefsten Tiefe das Heucheln der Erwachsenen fühlte.

Ich verließ das Kinderzimmer und grübelte darüber nach, wie ein Mensch es zulassen könnte, dass seinetwegen diese unschuldigen Geschöpfe sterben müssten. Frau Goebbels sprach mit mir darüber. Es gab ja keine Standesunterschiede mehr, nur noch eine Schicksalsverbundenheit. Diese Frau litt die größten Qualen von uns allen. Ihr stand ein sechsfacher Tod bevor, während wir nur einen einzigen zu überwinden hatten. »Meine Kinder sollen lieber sterben, als in Schande und Spott zu leben. In einem Deutschland, wie es nach dem Krieg sein wird, haben unsere Kinder keinen Platz.«

Noch immer saßen wir mit Hitler bei den Mahlzeiten beisammen. Nur Eva Braun, Frau Christian, Fräulein Manziarly und ich. Es gibt jetzt kein Thema mehr, das interessant genug gewesen wäre, um darüber zu sprechen. Ich höre meine Stimme wie die einer Fremden. »Glauben Sie, mein Führer, dass der Nationalsozialismus wiederkommen wird?«, fragte ich. »Nein. Der Nationalsozialismus ist tot. Vielleicht wird in hundert Jahren einmal eine ähnliche Idee entstehen, mit der Kraft einer Religion, die über die ganze Welt geht. Aber Deutschland ist verloren. Es war wohl nicht reif genug und nicht stark genug für die Aufgabe, die ich ihm zugedacht hatte«, sagte der Führer über uns hinweg wie zu sich selbst. Ich verstand ihn nicht mehr.

Drüben in den Bunkerräumen der Neuen Reichskanzlei war ein heilloses Durcheinander. Dort wohnten die Offiziere von Below, Fegelein, Burgdorf, Krebs, Hewel und Flugkapitän Baur und Oberführer Rattenhuber, die sich nach ihrer bayerischen Heimat sehnten. Die beiden waren außer mir die einzigen, die aus München stammten. Dann war da noch Admiral Voss, einige unbekannte Stabsoffiziere und Heinz Lorenz von der Presse. Irgendwo hatte auch Bormann mit seinem Mitarbeiter sein Quartier. In den langen Gängen hausten erschöpfte Soldaten von Volkssturm und Wehrmacht. Eine Feldküche versorgte sie mit warmen Getränken und Suppen. Überall lagen schlafende Gestalten auf dem Boden, dazwischen rannten hilfsbereite Frauen, Flüchtlinge, Mädchen und Krankenschwestern, Angestellte der Reichskanzlei herum, die zupackten, wo es nötig war. In einem der großen Räume war notdürftig ein Operationssaal eingerichtet worden. Oberarzt Haase[106], der drüben in der Charité ausgebombt worden war, arbeitete Tag und Nacht, amputierte, operierte, verband und half, wo er konnte. Die Betten, die überall, wo es möglich war, aufgestellt wurden, reichten nicht mehr aus. Bald gab es keine Hemden, keine Wäsche mehr für die Verwundeten.

Der lange Gang, der unter der Erde von diesem Teil der Reichskanzlei hinüberführte zum Führerbunker, war schon an vielen Stellen zerschossen, die dünne Decke eingestürzt. Hitler wünschte, dass Frau Christian und ich auch nachts in seiner Nähe waren. Ein paar Matratzen wurden auf dem Boden des kleinen Konferenzzimmers ausgebreitet, wir schliefen ein paar Stunden in unseren Kleidern und draußen vor der halbgeöffneten Tür lagen die Offiziere Krebs, Burgdorf, Bormann usw. in Sesseln, schnarchten und erwarteten die Armee Wenck! Stattdessen ging über uns die Hölle los. Die Beschießung erreichte am 25./26. April ihren Höhepunkt; pausenlos krachten die Schüsse, und jeder einzelne schien direkt auf unseren Bunker gezielt zu sein. Plötzlich rannte ein Posten herein und meldete: »Die Russen schießen schon mit Maschinengewehr auf den Eingang.« In panischem Schrecken eilte er durch die Räume, aber seine Meldung hatte keine Reaktion bei den apathisch Wartenden. Schließlich stellte sich heraus, dass es ein Irrtum gewesen war. Nur ein einfacher Artillerieschuss war ganz in die Nähe gegangen. Noch eine Gnadenfrist! Wie ich die Stunden verbrachte, weiß ich nicht mehr. Es wurde überall und viel geraucht, ganz gleich ob der Führer dabei war oder nicht. Die dicken Rauchschwaden störten ihn nicht mehr und Eva Braun verbarg ihr »Laster« nicht länger. Manchmal kam ein abgekämpfter Berichterstatter von der Front. Die Hauptkampflinie schob sich immer mehr gegen den Anhalter Bahnhof vor. Jetzt waren es schon die Berliner Frauen und Kinder, deren Schreie wir zu hören glaubten, wenn wir hinaufstiegen und hinausblickten in Flammen und Rauch. Wir hörten, dass deutsche Frauen von russischen Panzern als Kugelfang missbraucht wurden, und wir sahen wieder nur als einzigen Ausweg den Tod.

Wenn ich heute daran denke, mit welcher Ausschließlichkeit und zermürbenden Genauigkeit ständig und überall von der besten Möglichkeit zu sterben gesprochen wurde, dann verstehe ich selbst nicht mehr, dass ich noch lebe. Hitler hatte von Mussolinis schmachvollem Tod gehört.[107] Ich glaube, irgendjemand hatte ihm sogar die Fotos gezeigt von der nackten Leiche, mit den Füßen nach oben aufgehängt mitten auf dem Marktplatz von Mailand. »Ich will weder tot noch lebendig in die Hand der Feinde fallen. Wenn ich tot bin, soll meine Leiche verbrannt werden und unauffindbar bleiben für alle Zeiten«, bestimmte Hitler. Und während wir mechanisch unsere Mahlzeiten nahmen, ohne zu merken, was wir aßen, sprachen wir davon, wie man gründlich und sicher sterben könnte. »Am besten ist es, sich in den Mund zu schießen. Dann platzt der Schädel, man merkt überhaupt nichts. Der Tod tritt sofort ein«, erklärte uns Hitler. Aber uns Frauen graute bei diesem Gedanken. »Ich will eine schöne Leiche sein«, sagte Eva Braun, »ich nehme Gift.« Und sie zog aus der Tasche ihres eleganten Kleides eine kleine Messingkapsel mit einer Phiole Zyankali. »Ob es sehr wehtut? Ich habe solche Angst davor, lange leiden zu müssen«, gestand sie. »Und wenn ich schon bereit bin, heldenhaft zu sterben, so soll es wenigstens schmerzlos geschehen.« Hitler erklärte uns, dass der Tod durch dieses Gift völlig schmerzlos sei. Durch eine Lähmung des Nerven- und Atmungssystems würde der Tod innerhalb weniger Sekunden eintreten. Und dieses »tröstliche« Bewusstsein veranlasste Frau Christian und mich, den Führer ebenfalls um eine solche Ampulle zu bitten. Er hatte zehn Stück von Himmler bekommen, und als wir ihn nach dem Essen verließen, gab er uns persönlich je eine mit den Worten: »Es tut mir sehr Leid, dass ich Ihnen zum Abschied kein schöneres Geschenk machen kann.«

26. April. Wir sind abgeschnitten von der Außenwelt, nur noch eine drahtlose Telefonverbindung zu Keitel. Und von der Armee Wenck und dem Angriff Steiner keiner Spur. Es wird zur Gewissheit, dass keine Armee mehr existiert, die uns noch retten könnte. Jetzt sind die Russen schon in den Tiergarten eingedrungen. Sie finden wenig Widerstand auf ihrem Weg in die Stadtmitte und nähern sich unaufhaltsam dem Anhalter Bahnhof.

Immer noch führt der Führer sein Schattendasein im Bunker. Ruhelos wandert er durch die Räume. Manchmal frage ich mich, worauf er noch wartet, warum er nicht endlich ein Ende macht, es ist doch nichts mehr zu retten. Aber der Gedanke an seinen Selbstmord enttäuscht mich. Der »erste Soldat des Reiches« verübt Selbstmord, während Kinder die Reichshauptstadt verteidigen. Einmal spreche ich mit ihm darüber und frage: »Mein Führer, glauben Sie nicht, dass das deutsche Volk erwartet, dass Sie an der Spitze Ihrer Truppen im Kampf fallen?« Man kann jetzt über alles mit ihm sprechen. Seine Antwort klingt müde: »Ich bin körperlich nicht mehr in der Lage, zu kämpfen. Meine zitternden Hände können kaum eine Pistole halten. Wenn ich verwundet werde, finde ich keinen von meinen Männern, der mich erschießt. Und ich will nicht in die Hand der Russen fallen.« Er hat Recht. Seine Hand führt zitternd das Essbesteck zum Mund, er erhebt sich nur mühsam aus seinem Sessel und wenn er geht, schleifen die Füße über den Boden.

Eva Braun schreibt Abschiedsbriefe. Alle ihre geliebten Kleider, der Schmuck und alles, was Wert besaß und woran ihr Herz hing, ist nach München geschickt worden. Auch sie wartet und leidet. Nach außen hin zeigt sie immer die gleiche ruhige Gelassenheit, fast Heiterkeit. Aber einmal kommt sie zu mir, nimmt meine Hände und sagt mit einer zitternden, heiseren Stimme: »Frau Junge, ich habe solche entsetzliche Angst. Wenn es nur endlich vorbei wäre!« Ihre Augen zeigen die ganze Qual, die sie in ihrem Herzen verborgen hält. Sie wundert sich, dass Hermann Fegelein sich nicht ein bisschen um sie kümmert. Seit zwei Tagen hat sie ihn nicht mehr gesehen. Und schon vorher schien es ihr, als ginge er ihr aus dem Weg. Sie fragt mich, ob ich ihn nicht gesehen hätte. Nein, Fegelein war an diesem Tag überhaupt nicht im Bunker. Niemand weiß, wo er ist. Er wird in einer dienstlichen Angelegenheit gesucht, aber man findet ihn nicht. Vielleicht hat er einen Erkundungsgang an die Front gemacht? Die Offiziere, die mit ihm einen Raum in der Neuen Reichskanzlei teilen, wissen es nicht. Am 27. April will auch Hitler Fegelein sehen. Er ist nicht auffindbar. Jetzt verfolgt der Sicherheitsdienst seine Spur. In der Nacht ist der SS-General wieder in der Reichskanzlei, aber ohne Orden und Ehrenzeichen, als Zivilist und völlig betrunken. Ich habe ihn nie mehr gesehen. Aber Eva Braun erzählt mir enttäuscht und erschüttert, dass Hermann sie noch in der vergangenen Nacht von seiner Privatwohnung aus angerufen habe. »Eva, du musst den Führer verlassen, wenn es dir nicht gelingt, ihn aus Berlin herauszubekommen. Sei nicht so dumm, jetzt geht es um Leben und Tod!« Sie antwortet: »Hermann, wo bist du denn? Komm sofort hierher, der Führer fragt schon nach dir, er will dich sprechen!« Aber die Verbindung ist schon unterbrochen.[108]
Zeitungen erscheinen nicht mehr in Berlin. Nur der Rundfunk gibt immer wieder bekannt, dass der Führer in der un-

glücklichen Stadt weilt, ihr Schicksal mit ihr teilt und die Verteidigung persönlich leitet. Nur die kleine Gesellschaft im Führerbunker weiß, dass Hitler sich längst aus dem Kampf zurückgezogen hat und auf seinen Tod wartet. Drüben im Bunker der Reichskanzlei spielen und singen die Soldaten der Wachkompanie alte Kampflieder, arbeiten Krankenschwestern und helfende Frauen wie besessen. Aus der ganzen Stadt sammeln sich Flüchtlinge, Helfer und Helferinnen in der Reichskanzlei. Hier sind lebendige Menschen, die noch hoffen, kämpfen und arbeiten. Der Führerbunker aber ist ein Wachsfigurenkabinett. Und doch gibt es auch hier noch Menschliches. Einer hat Geburtstag. Der alte Rattenhuber wird 60 Jahre alt. Im oberen Bunkerkorridor, wo Tische und Bänke stehen, wo das Personal des Führerbunkers seine Mahlzeiten einnimmt, sitzen wir und trinken einen Schnaps mit dem Geburtstagskind. Eva Braun auf der einen Seite, ich auf der anderen. Wir sprechen von München, von Bayern und wie traurig es ist, dass wir so weit von unserer Heimat entfernt sterben müssen. »Ausgerechnet bei den Preußen«, sagt Rattenhuber, und seine lustigen Augen werden feucht. Noch einmal lachen wir und versuchen, für ein paar Minuten alles zu vergessen.

Plötzlich kommen viele Menschen in den Bunker. Teils fremde, teils bekannte Gesichter aus den anderen Bunkerteilen. Eine lange Reihe bildet sich, die hinunter reicht bis in den Führerbunker. Und dann sehen wir, wie der Führer langsam näher kommt. Gebeugt, die Linke auf dem Rücken, reicht er jedem die Hand, schaut in alle Gesichter und sieht doch keinen. Die Augen der Leute leuchten auf, sie freuen sich, dass der Führer ihnen dankt und gehen stolz und erfrischt zurück an ihre Arbeit. Aber wir wissen es besser. Das ist kein Dank für Tapferkeit und Fleiß, das ist der Abschied. Wir sind stumm geworden. Ich frage Eva Braun: »Ist es schon so weit?« Aber sie antwortet: »Nein, Sie werden es vorher erfahren. Der Führer wird sich auch von Ihnen verabschieden.«

In der gleichen Nacht findet sogar eine Hochzeit statt. Ein Küchenmädchen heiratet einen Fahrer der Kraftwagenkolonne. Aus dem Inferno der Stadt hat ein mutiger Fahrer sogar die Mutter und die Familie der Braut geholt. Wir gehen durch finstere Gänge hinauf in die verfallenen Ruinen der Führerwohnung. Irgendwo ist ein hoher, halbdunkler Raum, in dem Kerzen brennen. Es ist fremd und unheimlich. Stuhlreihen stehen da und ein Podium. Staatssekretär Dr. Naumann hält eine Ansprache, das Paar legt die Hände zusammen, und die Stalinorgeln machen eine grausige Musik dazu. Die Wände und Fenster zittern und klirren, man versteht kaum die feierlichen Worte. Dann gratulieren wir dem jungen Paar und kehren zurück in den Bunker des Todes. Die Hochzeitsgäste feiern, einer hat eine Ziehharmonika, einer eine Geige. Das Brautpaar tanzt – auf dem Vulkan.

Ich spiele mit den Goebbels-Kindern, lese ihnen Märchen vor, mache Pfänderspiele mit ihnen und versuche, sie von allem Schrecklichen fern zu halten. Die Mutter hat kaum mehr die Kraft, sich mit ihnen zu unterhalten. Nachts schlafen sie ruhig in ihren sechs Bettchen, während im Bunker das Warten weitergeht und das Verhängnis immer näher rückt.

Am 28. April kommt der letzte große Schlag für Hitler. Noch ist er sich nicht klar darüber, was mit Hermann Fegelein, von dem er sich verlassen und verraten fühlt, geschehen soll, da bringt Heinz Lorenz, der Pressemann, eine bestürzende Meldung: Nach einem Reuterbericht hat der Reichsführer SS, Heinrich Himmler, durch Graf Bernadotte Verhandlungen mit den Alliierten geführt.[109]

Ich weiß nicht, wo ich mich gerade aufhielt, als die Nachricht Hitler erreichte. Er mag noch ein letztes Mal getobt und gewütet haben, aber als ich ihn wieder sah, war er ruhig wie vorher. Nur Eva Braun hatte verweinte Augen, denn ihr Schwager war zum Tod verurteilt worden. Im Park des Auswärtigen Amtes, unter den blühenden Bäumen, bei der süßen bronzenen Mädchenfigur, war er erschossen worden wie ein Hund. Sie hatte noch versucht, Hitler zu erklären, wie menschlich es von Fegelein gewesen sei, dass er an seine Frau, an das Kind gedacht habe und versuchen wollte, in ein neues Leben hinüberzugelangen. Aber Hitler war unerbittlich gewesen. Er sah nur noch Verrat und Betrug. Der »treue Heinrich«, den er für einen Fels an Treue hielt inmitten des Meeres von Schwachheit und Verrat, hatte ihn nun auch hintergangen. Plötzlich bekam Fegeleins Handlung ein anderes Gesicht: Er war Teilnehmer an einer Verschwörung geworden. Hitler hatte grauenvolle Vorstellungen von den Absichten Himmlers. Vielleicht wollte er ein Attentat gegen ihn unternehmen? Ihn lebend dem Feind ausliefern? Jetzt hegte er nicht nur Misstrauen gegen alle Personen, die aus der Umgebung Himmlers noch bei ihm waren, sondern sogar gegen das Gift, das ihm Himmler gegeben hatte. Dr. Stumpfegger, der bleich und mager mit im Bunker lebte, wurde noch schweigsamer als vorher. Auch gegen ihn richtete sich Hitlers Misstrauen.

Deshalb wurde Professor Haase aus dem Operationsbunker in der Neuen Reichskanzlei herübergeholt. Wir sahen, wie der Führer mit ihm sprach, ihm eine der Giftampullen gab und dann mit ihm in den kleinen Vorplatz bei den Toiletten ging, wo Blondi mit ihren Jungen untergebracht war. Der Arzt beugte sich über den Hund, eine kleine Welle von bittersüßem Mandelgeruch schlug uns entgegen, dann regte sich Blondi nicht mehr. Hitler kam zurück. Sein Gesicht sah aus wie seine eigene Totenmaske. Wortlos schloss er sich in sein Zimmer ein. Himmlers Gift war zuverlässig!

Hanna Reitsch und General Greim rüsteten zum Abflug. [...] Nach einer langen Besprechung mit Hitler verließen sie den Bunker.

Wir Frauen flüchteten uns mit den Kindern und Hunden in Eva Brauns Zimmer. Jetzt hing die Entscheidung in der Luft. Unsere Nerven waren zum Zerreißen gespannt. Eva sagte zu Frau Christian und mir: »Ich wette, heute Abend werdet ihr noch weinen.« Wir blickten sie erschrocken an: »Ist es jetzt so weit?« Nein, etwas anderes, Rührendes würden wir erleben, aber sie könne noch nichts verraten, antwortete sie.

Ich weiß nicht mehr, wie wir all die vielen Stunden verbrachten, es war wie ein böser Traum. Ich erinnere mich an keine Gespräche, keine Einzelheiten mehr. Was gab es auch noch zu reden. Jetzt sprach nur noch der Höllenlärm, den Bomben, Granaten, Artillerie und Panzer verursachten. Bald würden die Russen den Potsdamer Platz erreicht haben, vielleicht schon in wenigen Stunden und dann war es nur noch ein Katzensprung, bis sie unsere Tür stürmten. Im Bunker geschah nichts. Untätig saßen die Führer der Nation beisammen und harrten der Entscheidung, des letzten Entschlusses Hitlers. Selbst für Bormann, den immer Eifrigen, für Goebbels, den Fleißigen, gab es nichts mehr zu tun. Axmann, Hewel, Voss, die Diener und Adjutanten, Ordonnanzen und Personal, alles wartete auf eine Entscheidung. Auf den Sieg wartete niemand mehr. Nur aus diesem Bunker wollten alle endlich heraus.

Es scheint mir fast unwahrscheinlich, dass wir noch essen und trinken, schlafen und sprechen konnten. Wir taten es mechanisch, und ich habe keine Erinnerung daran behalten.

Goebbels hielt lange Reden über die Treulosigkeit seiner Kollegen. Er war besonders empört über Görings Verhalten. »Dieser Mann war nie ein Nationalsozialist«, behauptete er. »Er sonnte sich nur im Glanz des Führers, aber nie hat er nationalsozialistisch und idealistisch gelebt. Er ist schuld, dass die deutsche Luftwaffe versagt hat, ihm verdanken wir, dass wir jetzt hier sitzen und den Krieg verlieren müssen.« Jetzt merkte man plötzlich, dass die beiden Größen in einer erbitterten Feindschaft und Rivalität gelebt hatten. Auch Frau Goebbels stimmte mit ein in die Anklage gegen den Reichsmarschall.

Wir waren in diesen Stunden ganz gleichgültig geworden. Das Warten hatten wir aufgegeben. Müde schleppte sich die Zeit dahin, nur über uns brauste und dröhnte der Hexenkessel. Wir saßen herum, redeten, rauchten, vegetierten. Man wird müde dabei. Die Anspannung der letzten Tage lässt nach. Nur noch eine große Leere ist in mir. Irgendwo finde ich ein Feldbett und schlafe eine Stunde. Es muss mitten in der Nacht sein, als ich aufwache. Draußen im Korridor und in den Führer-Räumen herrscht ein geschäftiges Kommen und Gehen der Diener und Ordonnanzen. Ich wasche mich, ziehe mich um, es wird Zeit sein, den Tee mit dem Führer zu trinken. Immer noch trinken wir Tee mit ihm. Und immer ist der Tod unsichtbarer Gast. Aber heute empfängt mich ein unerwartetes Bild, als ich die Tür zu Hitlers Arbeitszimmer öffne. Der Führer tritt mir entgegen, gibt mir die Hand und fragt: »Haben Sie sich etwas ausgeruht, Kind?« Als ich verwundert bejahe, fügt er hinzu: »Ich möchte Ihnen nachher etwas diktieren.« Ich hatte vollkommen vergessen, dass diese müde, schwache Stimme mich manchmal durch so energische Diktate gejagt hatte, dass ich kaum folgen konnte. Was gab es jetzt noch zu schreiben? Mein Blick geht an Hitler vorbei und wird festgehalten von dem festlich gedeckten Tisch. Heute ist für acht Personen gedeckt und Sektgläser stehen dabei. Schon kommen die Gäste, das Ehepaar Goebbels, Axmann, Frau Christian, Fräulein Manziarly, auch General Burgdorf und General Krebs nähern sich. Ich bin gespannt, aus welchem Anlass sie alle zusammengerufen wurden. Will Hitler seinen Abschied feierlich begehen? Da winkt er mich zu sich. »Vielleicht können wir jetzt gleich schreiben, kommen Sie«, sagt er und verlässt das Zimmer. Wir gehen nebeneinander in das Konferenzzimmer. Ich will die Schreibmaschine aufdecken, aber der Führer sagt: »Nehmen Sie den Stenogrammblock.« Ich setze mich einsam an den großen Tisch und warte. Hitler steht an seinem gewohnten Platz an der Breitseite des Tisches, stützt beide Hände auf und starrt auf die leere Platte, die heute keine Landkarten, keine Stadtpläne mehr bedecken. Wenn nicht der Beton wie eine Membrane jeden Einschlag, jeden Schuss unbarmherzig und verstärkt erschallen ließe, könnte man sekundenlang nur das Atmen von zwei Menschen hören. Dann plötzlich wirft der Führer die ersten Worte in den Raum: »Mein politisches Testament.« Einen Augenblick zittert meine Hand. Plötzlich bin ich wieder gespannt bis zum Äußersten. Jetzt kommt endlich das, worauf wir seit Tagen warten: Die Erklärung für das, was geschah, ein Bekenntnis, ein Schuldbekenntnis sogar, vielleicht eine Rechtfertigung. In diesem letzten Dokument des »Tausendjährigen Reiches« müsste die Wahrheit stehen, bekannt von einem Menschen, der nichts mehr zu verlieren hat.

Aber meine Erwartung wird nicht erfüllt. Teilnahmslos, fast mechanisch spricht der Führer Erklärungen, Anklagen und Forderungen aus, die ich, die das deutsche Volk und die ganze Welt kennen. Ich hebe erstaunt mein Gesicht, als Hitler die Mitglieder der neuen Regierung aufzählt. Jetzt verstehe ich überhaupt nichts mehr. Wenn alles verloren ist, wenn Deutschland vernichtet, der Nationalsozialismus auf ewig tot ist, wenn der Führer selbst keinen anderen Ausweg mehr weiß als Selbstmord, was sollen dann die Männer, die er ernennt, noch tun? Ich kann es kaum fassen. Hitler spricht und schaut kaum auf dabei. Er schweigt einen kurzen Moment und beginnt dann, sein privates Testament zu diktieren. Und nun erfahre ich, dass er Eva Braun heiraten wird, ehe der Tod beide eint. Flüchtig erinnere ich mich an Evas Worte, dass wir heute noch weinen werden. Aber ich finde keine Träne. Der Führer verteilt seinen Besitz, aber hier erwähnt er plötzlich die Möglichkeit, dass nach seinem Tod kein Staat mehr bestehen könnte. Dann ist das Diktat zu Ende. Er löst sich los vom Tisch, an dem er die ganze Zeit wie Halt suchend gelehnt hat, und in seinen Augen ist plötzlich ein erschöpfter, gehetzter Ausdruck. »Schreiben Sie mir das gleich, in dreifacher Ausfertigung und kommen Sie dann zu mir herein.« Etwas Drängendes ist in seiner Stimme und verwundert erfasse ich, dass das letzte, wichtigste und entscheidendste Schriftstück Hitlers ohne Korrektur, ohne gründliche Überarbeitung in die Welt hinausgehen soll. Jeder Geburtstagsbrief an irgendeinen Gauleiter, einen Künstler usw. wurde ausgefeilt, verbessert, korrigiert, jetzt hat Hitler dazu keine Zeit mehr.

Der Führer kehrt zurück zu seiner Gesellschaft, die in kurzer Zeit eine Hochzeitsgesellschaft sein wird. Ich aber setze mich in den Aufenthaltsraum, der vor Goebbels' Zimmer liegt, wo ich allein und ungestört zu sein glaube, und schreibe das letzte Blatt der Geschichte des Dritten Reiches. Inzwischen ist das Konferenzzimmer zum Standesamt geworden, hat ein Standesbeamter, der von der nahen Front geholt wurde, das Ehepaar Hitler getraut, hat Eva bei der Unterschrift zum B angesetzt und musste erst darauf aufmerksam gemacht werden, dass ihr neuer Name mit H beginnt. Und in Hitlers Zimmer sitzt dann die Hochzeitsgesellschaft beisammen. Worauf werden sie ihre Sektgläser erheben? Um dem jungvermählten Paar Glück zu wünschen?

Der Führer ist ungeduldig, das Geschriebene zu sehen. Er kommt immer wieder in mein Zimmer, schaut, wie weit ich bin, sagt nichts, sondern wirft nur unruhige Blicke auf den Rest meines Stenogramms und geht wieder hinaus.

Plötzlich stürzt Goebbels herein. Ich blicke erstaunt in sein kalkweißes, erregtes Gesicht. Über seine Wangen laufen Tränen. Er spricht zu mir, weil gerade niemand sonst da ist, dem er sein Herz ausschütten kann. Die klare Stimme ist tränenerstickt und erschüttert: »Der Führer will mir befehlen, Berlin zu verlassen, Frau Junge! Ich soll in der neuen Regierung einen führenden Posten übernehmen. Aber ich kann doch Berlin nicht verlassen und nicht von der Seite des Führers weggehen! Ich bin Gauleiter von Berlin und hier ist mein Platz. Wenn der Führer tot ist, ist mein Leben sinnlos. Und er sagt mir: ›Goebbels, ich habe das nicht von Ihnen erwartet, dass auch Sie meinem letzten Befehl nicht mehr gehorchen ...‹ So viele Entschlüsse hat der Führer zu spät getroffen, warum diesen einen, letzten zu früh?«, fragt er verzweifelt.

Dann diktiert auch er mir sein Testament, das als Anhang dem des Führers beigegeben werden soll: Dass er zum ersten Mal in seinem Leben einen Befehl des Führers nicht ausführen wird, sondern seinen Platz in Berlin an des Führers Seite nicht verlassen kann. Für spätere Zeiten würde ein Vorbild der Treue wertvoller sein als ein erhaltenes Leben ... Und auch er erklärt der Welt, dass er mit seiner ganzen Familie den Tod dem Leben in einem Deutschland ohne Nationalsozialismus vorzieht.

Ich schreibe beide Schriftstücke so schnell ich kann. Meine Finger arbeiten mechanisch, und ich bin erstaunt, dass sie fast keine Tippfehler machen. Bormann, Goebbels und auch der Führer kommen alle Augenblicke herein, um zu sehen, ob ich fertig bin, sie machen mich nervös und verzögern die Arbeit. Schließlich reißen sie mir das letzte Blatt fast aus der Maschine, gehen zurück ins Konferenzzimmer, unterzeichnen die drei Exemplare, und noch in der gleichen Nacht gehen die Schriftstücke durch Kuriere in verschiedene Richtungen ab. Oberst von Below, Heinz Lorenz und Bormanns Mitarbeiter Zander tragen Hitlers letzten Willen hinaus aus Berlin.[110]

Damit ist Hitlers Leben eigentlich beendet. Nun will er nur noch die Bestätigung abwarten, dass wenigstens eines der Dokumente an den bestimmten Empfänger gelangt ist. Wir erwarten jeden Augenblick den Ansturm der Russen auf unseren Bunker, so nah scheinen die Kriegsgeräusche schon zu sein. Unsere Hunde leben alle nicht mehr. Der Hundeführer hat seine letzte Pflicht getan und unsere Lieblinge erschossen, ehe droben im Park eine feindliche Granate oder Bombe sie zerfetzt hätte.

Wer jetzt noch von den Posten und Soldaten hinaus muss ins Freie, spielt mit dem Leben. Schon gibt es Verwundete unter unseren Leuten. Der Führer des Kommandos hat einen Beinschuss und kann sich nicht mehr bewegen vor Schmerzen.

Fast niemand denkt mehr an die fünf kleinen blonden Mädchen und den dunklen Jungen, die droben in ihrem Zimmer immer noch spielen und sich ihres Lebens freuen. Die Mutter hat ihnen jetzt gesagt, es sei möglich, dass alle geimpft werden müssten. Wenn so viele Leute auf engem Raum zusammen wohnen, müsse man sich gegen Krankheiten schützen. Sie sehen das ein und ängstigen sich nicht.

29. April. Wir sitzen gefangen und warten.

Der 30. April beginnt wie die Tage, die ihm vorangingen. Langsam schleichen die Stunden dahin. Niemand weiß, wie er Eva Braun jetzt anreden soll. Die Adjutanten und Ordonnanzen stottern verlegen, wenn sie das »gnädige Fräulein« ansprechen müssen. »Sie können mich ruhig Frau Hitler nennen«, meint sie lächelnd.

Sie bittet mich in ihr Zimmer, weil sie nicht immer mit ihren Gedanken allein sein kann. Wir sprechen von irgendetwas, um uns abzulenken. Plötzlich macht sie ihren Schrank auf. Dort hängt der schöne Silberfuchsmantel, den sie so liebte. »Frau Junge, ich möchte Ihnen diesen Mantel zum Abschied schenken«, sagt sie. »Ich habe immer so gerne gut angezogene Damen um mich gehabt, jetzt sollen Sie ihn haben und sich daran freuen.« Ich danke ihr herzlich und gerührt. Ich freue mich sogar, obwohl ich nicht weiß, wie, wo und wann ich ihn tragen kann. Dann essen wir mit Hitler zu Mittag. Die gleiche Unterhaltung wie gestern, vorgestern, wie seit Tagen: Gastmahl des Todes unter der Maske heiterer Gelassenheit und Gefasstheit. Wir stehen vom Tisch auf, Eva Braun geht in ihr Zimmer, Frau Christian und ich suchen uns einen Platz, um in Ruhe eine Zigarette zu rauchen. Ich finde einen leeren Sessel im Dienerzimmer, neben der offenen Tür zu Hitlers Korridor. Hitler ist wohl in seinem Zimmer. Ich weiß nicht, wer bei ihm ist. Da tritt Günsche an mich heran: »Komm jetzt, der Führer will sich verabschieden.« Ich erhebe mich und gehe hinaus in den Korridor. Linge holt die anderen herbei, Fräulein Manziarly, Frau Christian, undeutlich nehme ich wahr, dass noch andere Leute dabeistehen. Ich sehe nur die Gestalt des Führers. Er kommt ganz langsam aus seinem Zimmer, gebeugter denn je, tritt in die offene Tür und reicht jedem die Hand. Ich fühle seine Rechte warm in der meinen, er schaut mich an, aber er sieht mich nicht. Ganz weit weg scheint er zu sein. Er sagt mir etwas, aber ich höre es nicht. Ich habe seine letzten Worte nicht verstanden. Jetzt ist der Moment gekommen, den wir erwartet hatten, und nun bin ich erstarrt und merke kaum, was um mich vorgeht. Erst als Eva Braun auf mich zukommt, löst sich der Bann etwas. Sie lächelt und umarmt mich. »Bitte, versuchen Sie doch, rauszukommen, vielleicht können Sie noch durch. Dann grüßen Sie mir Bayern«, sagt sie lächelnd und doch mit einem Schluchzen in der Stimme. Des Führers Lieblingskleid hat sie an, das schwarze mit den Rosen im Ausschnitt, ihr Haar ist gewaschen und schön frisiert. So folgt sie dem Führer in sein Zimmer – in den Tod. Die schwere Eisentür schließt sich.

Mich packt plötzlich ein wilder Drang, so weit wie möglich wegzukommen von hier. Fast fliehe ich die Treppen hinauf, die zum oberen Bunkerteil führen. Aber auf halber Höhe hocken verloren die Goebbels-Kinder. Sie kamen sich vergessen vor in ihrem Zimmer, niemand hatte ihnen heute ihr Mittagessen gegeben. Nun wollen sie auf die Suche gehen nach ihren Eltern, Tante Eva und Onkel Hitler. Ich führe sie an den runden Tisch. »Kommt zu mir, Kinder, ich gebe euch etwas zu essen. Die Erwachsenen haben heute so viel zu tun, dass sie gar keine Zeit haben für euch«, sage ich so leicht und gelassen, wie ich kann. Ich hole ein Glas Kirschen, mache schnell ein paar Butterbrote und füttere die Kleinen, rede und lenke sie ab. Sie sprechen von der Sicherheit des Bunkers. Fast macht es ihnen Spaß, die Explosionen zu hören, von denen sie wissen, dass sie ihnen nichts anhaben können. Plötzlich kracht ein Schuss, so laut, so nah, dass wir alle verstummen. Der Schall pflanzt sich fort durch alle Räume. »Aber das war ein Volltreffer«, ruft Helmut und ahnt nicht, wie Recht er hat. Jetzt ist der Führer tot.[111]

Ich will allein sein. Die Kinder ziehen sich befriedigt wieder zurück in ihr Zimmer. Ich bleibe einsam sitzen auf der schmalen Bank vor dem runden Tisch auf dem Treppenabsatz. Eine Flasche Steinhäger steht da, ein leeres Glas daneben. Mechanisch gieße ich ein und leere das scharfe Zeug hinunter. Meine Uhr zeigt ein paar Minuten nach drei Uhr Nachmittag. Jetzt ist es also geschehen.

Ich weiß nicht, wie lange ich so sitze. Männerstiefel sind an mir vorbeigegangen, ich habe es nicht bemerkt. Dann kommt die große breite Gestalt Otto Günsches die Treppe herauf und mit ihm eine Wolke von Benzingeruch. Sein Gesicht ist aschgrau, die jungen frischen Züge eingefallen. Er lässt sich schwer neben mir niederfallen, greift ebenfalls nach der Flasche, und seine große schwere Hand zittert. »Ich habe den letzten Befehl des Führers ausgeführt … seine Leiche ist verbrannt«, sagt er leise. Ich antworte nichts, ich frage nichts.

Er geht wieder hinunter, nachzusehen, ob die Leichen restlos verbrennen. Eine Weile bleibe ich noch sitzen und rühre mich nicht, versuche mir vorzustellen, was jetzt noch geschehen wird. Dann treibt es mich aber doch plötzlich hinunter zu den beiden leeren Räumen. Unten im letzten Stück des Korridors ist die Tür zu Hitlers Zimmer noch offen. Die Träger der Leichen hatten keine Hand frei, um sie zu schließen. Auf dem Tisch liegt Evas kleiner Revolver, daneben ein rosa Chiffontuch und auf dem Boden neben Frau Hitlers Stuhl sehe ich die Messinghülse der Giftampulle glänzen. Es sieht aus wie ein leerer Lippenstift. Auf der blau-weiß gemusterten Polsterung von Hitlers Sitzbank ist Blut: Hitlers Blut. Mir wird plötzlich übel. Der schwere Bittermandelgeruch widert mich an. Unwillkürlich greife ich nach meiner eigenen Ampulle. Am liebsten würde ich sie wegschmeißen, so weit ich kann, und diesen schrecklichen Bunker verlassen. Jetzt müsste man klare, frische Luft atmen können, Wind spüren und Bäume rauschen hören. Aber Freiheit, Ruhe und Frieden sind unerreichbar weit.

Plötzlich fühle ich etwas wie Hass und ohnmächtige Wut

gegen den toten Führer in mir aufsteigen. Ich bin selbst erstaunt darüber, denn ich wusste doch, dass er uns verlassen würde. Aber diese Leere und Ratlosigkeit, in der er uns zurückgelassen hat! Nun ist er einfach weggegangen und mit ihm ist auch der hypnotische Zwang verschwunden, unter dem wir gelebt haben.

Jetzt kommen Schritte auf die Eingangstür zu. Die letzten Stützen des Reiches, die an der Verbrennung teilgenommen hatten, kehren zurück. Goebbels, Bormann, Axmann, Hewel, Günsche, Kempka. Ich will jetzt niemanden sehen und gehe noch einmal hinüber durch den zerschossenen Gang in meinen Bunkerraum in der Neuen Reichskanzlei. Andere Frauen haben sich inzwischen hier einquartiert. Sekretärinnen der Adjutantur, die ich auch kenne. Sie wissen noch nicht, was drüben inzwischen geschehen ist, sprechen von Aushalten und Tapferkeit, lachen und arbeiten. Als ob sich das noch lohnte! Meine Koffer stehen alle da, sauber gepackt mit meinen Habseligkeiten, meinen Büchern und Hochzeitsgeschenken. Ich wollte sie in Sicherheit haben und immer in meiner Nähe. Nun gehören sie schon nicht mehr mir. Ich kann nichts mehr mitnehmen.

Nirgends in diesem schrecklichen großen Haus findet man einen Platz, wo man allein sein kann. Ich werfe mich auf mein Feldbett und suche nach einem vernünftigen Gedanken. Es ist hoffnungslos, und schließlich schlafe ich ein.

Spätnachts werde ich wach. Meine Kameradinnen im Bunker gehen gerade zu Bett, um ein paar Stunden zu schlafen. Sie wissen immer noch nicht, dass der Führer tot ist. Mit niemand kann man sprechen. Ich gehe wieder hinüber in den Führerbunker. Die ganze hinterbliebene Gesellschaft ist dort versammelt. Auf einmal sind es wieder selbständig handelnde und denkende Menschen geworden. Sie sitzen alle beisammen und beraten, auch Frau Christian und Fräulein Krüger sind dabei. Mit verweinten Augen sitzt das junge Fräulein Manziarly in einer Ecke. Sie musste an diesem 30. April ein Abendessen für den Führer kochen wie sonst auch, damit der Tod noch geheim gehalten werden konnte. Aber niemand hat die Spiegeleier und den Kartoffelbrei gegessen.

Es wird beraten, was jetzt noch zu tun sei. General Krebs soll als Parlamentär zum russischen Hauptquartier gehen und die restlose Kapitulation anbieten, unter der Bedingung, dass alle Bunkerinsassen freies Geleit bekommen. Spät in der Nacht bricht er mit einem Begleiter auf. Wir anderen warten, bei Kaffee, Schnaps, sinnlosen Gesprächen. Ich möchte heraus aus diesem Bunker, ich will nicht warten, bis die Russen kommen und in dieser Mausefalle meine Leiche finden! Ich höre, wie Otto Günsche mit General Mohnke spricht. Sie wollen eine Kampfgruppe anführen und aus der Reichskanzlei ausbrechen. Es besteht keine Hoffnung, dass dieses Unternehmen lebend zu überstehen ist, aber es ist besser als Selbstmord in dieser Falle. Fast ohne zu wissen, dass wir sprechen, bitten Frau Christian und ich wie aus einem Mund: »Nehmt uns mit!« Ein kurzer mitleidiger und verstehender Blick trifft uns, dann nicken die beiden Männer. Aber vorläufig warten wir darauf, was Krebs bringt.[112]

Es dauert lange, bis er zurückkommt. Der Erste Mai ist inzwischen angebrochen. Ein großer Feiertag! Hitler hatte ihn nicht erwarten können, hatte geglaubt, dies sei der Tag, den die Russen mit dem Sturm auf die Reichskanzlei feiern wollten. Aber die Schießerei ist an diesem Tag nicht so schlimm wie an den Vortagen.

Ich nehme Otto Günsche zur Seite und suche einen stillen Winkel, wo man ungestört sprechen kann. Jetzt will ich doch wissen, wie der Führer starb. Und Günsche ist froh, reden zu können: »Wir haben den Führer noch einmal gegrüßt, dann ist er mit Eva in sein Zimmer gegangen und hat die Tür geschlossen. Goebbels, Bormann, Axmann, Hewel, Kempka und ich standen draußen im Korridor und warteten. Es dauerte vielleicht zehn Minuten, aber es erschien uns eine Ewigkeit, bis der Schuss die Stille zerriss. Nach ein paar Sekunden öffnete Goebbels die Tür, und wir traten ein. Der Führer hatte sich in den Mund geschossen und außerdem noch eine Ampulle zerbissen. Der Schädel war zersprungen und sah furchtbar aus. Eva Braun hat ihre Pistole nicht benutzt, sondern nur das Gift genommen. Wir hüllten des Führers Kopf in eine Decke und Goebbels, Axmann und Kempka trugen den Leichnam die vielen Treppen hinauf in den Park. Ich nahm Eva Brauns Körper. Sie war so schwer, wie ich es dieser zierlichen Gestalt nie zugetraut hätte. Oben im Park, ein paar Schritte vor dem Bunkereingang, legten wir beide Leichen nebeneinander. Weit konnten wir nicht gehen, so stark war der Beschuss, so wählten wir einen Bombenkrater ganz in der Nähe. Dann gossen Kempka und ich Benzin über die Körper, und ich warf vom Eingang aus einen brennenden Lappen darauf. Sofort standen beide Leichen in Flammen ...« Günsche schweigt, und ich denke darüber nach, wie vergänglich die Menschen sind. Vor ein paar Tagen noch der mächtigste Mann im Reich und jetzt ein Häufchen Asche, das in alle Winde verweht. Ich zweifelte keinen Augenblick an Günsches Worten. Seine Erschütterung kann man nicht spielen und er, der unkomplizierte, muskelstarke Junge, schon gar nicht. Wo hätte der Führer auch sonst sein sollen. Kein Fahrzeug, kein Flugzeug, nichts war mehr in erreichbarer Nähe, kein unterirdischer geheimer Gang führte aus diesem Bunker heraus in die Freiheit. Und Hitler konnte ja nicht einmal mehr richtig gehen, sein Körper hatte ihm nicht mehr gehorcht ...

Endlich erscheint Krebs. Abgekämpft und müde sieht er aus, und wir brauchen gar nicht zu fragen, welche Nachricht er bringt. Sein Angebot wurde abgelehnt. Nun also rüsten wir zum Aufbruch. Jetzt gibt Goebbels durch Funk bekannt, dass der Führer tot ist, »gefallen an der Spitze seiner Truppen«. Auch die anderen Insassen der Bunker im ganzen Haus wissen es jetzt. [...] Die großen Vorratslager, die der Hausintendant angelegt hatte, werden jetzt geleert. Es gibt kaum genügend Abnehmer für die vielen Konserven, Wein-, Sekt- und Schnapsflaschen und die Schokolade. Diese Dinge haben jetzt an Wert verloren. Aber jeder lässt sich vom Führer des Begleitkommandos Waffen geben. Auch wir Frauen bekommen jede eine Pistole. Wir sollen nicht schießen, wird uns gesagt, nur im äußersten Notfall. Dann lassen wir uns praktische Kleidung geben. Wir müssen in das Lager hinüber, weit hinten im Bunker an der Vossstraße. Dabei muss der Operationssaal durchquert werden. Ich habe noch nie vorher eine Leiche gesehen, und vor dem Anblick von Blut bin ich immer davongelaufen.

Jetzt sehe ich mit leeren Augen zwei tote Soldaten, schrecklich zugerichtet auf den Bahren liegen. Professor Haase schaut gar nicht auf, als wir eintreten. Schwitzend und konzentriert arbeitet er an einer Beinamputation. Überall stehen Eimer mit Blut und menschlichen Gliedern. Knirschend arbeitet sich die Säge durch die Knochen. Ich sehe und höre nichts, die Bilder dringen nicht mehr ein in mein Bewusstsein. Mechanisch lasse ich mir im Nebenraum einen Stahlhelm, eine lange Hose und eine kurze Jacke in die Hand drücken, probiere die Stiefel und kehre zurück in den anderen Bunker.

Die neue Kleidung hängt mir fremd am Körper. Jetzt sind auch die Herren feldmarschmäßig angezogen. Manche haben ihre Achselstücke und Auszeichnungen abgelegt. Flugkapitän Baur verstaut das Ölbild des »großen Friedrich«, das er aus dem Rahmen genommen hat, in einer Rolle. Er will es als Andenken mitnehmen. Hewel ist unschlüssig, was er tun soll. Er ist immer ein unschlüssiger Mensch gewesen. Jetzt weiß er nicht, wo er sterben soll, ob er sein Gift nehmen oder sich unserer Kampfgruppe anschließen soll. Er entschließt sich für letzteres, ebenso Admiral Voss. Auch Bormann, Naumann, Kempka, Baur, Schwägermann, Stumpfegger, alle wollen herauskommen.

Ich erinnere mich plötzlich an die Kinder. Frau Goebbels ließ sich nicht mehr sehen. Sie hat sich eingeschlossen in ihr Zimmer. Ob die Kinder noch bei ihr sind? Irgendein Mädchen aus der Küche oder ein Zimmermädchen hatte sich angeboten, die sechs Kinder mitzunehmen. Die Russen würden ihnen vielleicht nichts tun. Aber ich weiß nicht, ob Frau Goebbels von diesem Angebot Gebrauch gemacht hat.

Wir sitzen herum und warten auf den Abend. Nur Schädle[113], der verwundete Chef des Begleitkommandos, hat sich schon erschossen. Plötzlich öffnet sich die Tür zu den Räumen von Goebbels. Eine Krankenschwester und ein Mann im weißen Mantel tragen eine riesige schwere Kiste heraus. Eine zweite folgt. Einen Augenblick steht mein Herz still. Unwillkürlich denke ich an die Kinder. Die Größe der Kiste konnte stimmen. Mein stumpfes Herz kann doch noch fühlen, und in meiner Kehle sitzt ein dicker Kloß.

Krebs und Burgdorf stehen auf aus der Runde, ziehen ihre Uniformröcke glatt, reichen jedem die Hand zum Abschied. Sie wollen nicht fort, sondern sich hier erschießen. Dann gehen sie hinaus und sondern sich ab von denen, die noch länger warten wollen. Wir sollen noch den Einbruch der Dunkelheit abwarten. Goebbels geht rauchend und ruhelos umher wie ein Hotelbesitzer, der diskret und schweigend darauf wartet, dass die letzten Gäste das Lokal verlassen. Er klagt nicht mehr und schimpft nicht mehr. Dann endlich ist es so weit. Wir reichen ihm alle die Hand zum Abschied. Mir wünscht er mit einem verzerrten Lächeln alles Gute. »Vielleicht kommen Sie durch«, meint er leise und herzlich. Aber ich schüttle zweifelnd den Kopf. Wir sind schon vollständig vom Feind umringt, am Potsdamer Platz stehen russische Panzer …

Einer nach dem anderen verlässt diese Stätte des Grauens. Zum letzten Mal gehe ich an Hitlers Tür vorbei. Da, an dem eisernen Garderobenständer hängt wie immer Hitlers schlichter grauer Mantel, darüber seine große Mütze mit dem goldenen Hoheitszeichen und seine hellen Wildlederhandschuhe. Die Hundeleine baumelt daneben. Sieht aus wie ein Galgen. Ich möchte die Handschuhe mitnehmen als Andenken, oder wenigstens einen. Aber die ausgestreckte Hand sinkt mir wieder herunter, ich weiß nicht warum. Im Schrank in Evas Zimmer hängt mein Blaufuchsmantel. Sein Futter trägt das goldene Monogramm E.B. Ich kann ihn nicht brauchen, ich kann nichts mehr brauchen außer die Pistole und das Gift.

So gehen wir hinüber in den großen Kohlenkeller der Neuen Reichskanzlei. Otto Günsche führt uns durch das Gedränge hindurch; mit seinen breiten Schultern bahnt er uns vier Frauen (Frau Christian, Fräulein Krüger, Fräulein Manziarly und mir) den Weg durch die Soldaten, die hier zum Abmarsch bereitstehen. Mitten unter ihnen sehe ich die bekannten Gesichter von Bormann, Baur, Stumpfegger, Kempka, Rattenhuber, Linge, jetzt alle mit Stahlhelm. Wir nicken uns zu, und die meisten von ihnen habe ich niemals wiedergesehen.

Dann warten wir in unserem Bunkerraum, bis wir abgeholt werden. Unsere Papiere haben wir alle vernichtet. Ich nehme kein Geld mit, keinen Proviant, keine Kleidung, nur viele Zigaretten und ein paar Bilder, von denen ich mich nicht trennen kann. Alle anderen Frauen packen sich kleine Taschen und Beutel zurecht. Auch sie wollen den Weg durch die Hölle versuchen. Nur die Krankenschwestern bleiben zurück.

Es ist vielleicht halb neun Uhr abends. Wir sollen die erste Gruppe bilden, die den Bunker verlässt. Einige fremde Soldaten vom Wachbataillon, wir vier Frauen, Günsche, Mohnke, Hewel und Admiral Voss drängeln sich durch die vielen wartenden Menschen, unterirdische Gänge entlang. Wir steigen über halbverfallene Treppen, durch Mauerlöcher und Trümmer immer weiter hinauf und hinaus. Endlich leuchtet die Weite des Wilhelmplatzes im Mondlicht. Noch immer liegt das tote Pferd auf dem Pflaster. Aber jetzt sind es nur noch Reste. Hungrige Menschen aus den U-Bahn-Schächten haben sich Stücke Fleisch herausgeschnitten …

Lautlos überqueren wir den Platz. Vereinzelte Schüsse krachen, in der Ferne ist das Schießen stärker. Dann haben wir den U-Bahn-Schacht vor der Ruine des Kaiserhofes erreicht, steigen hinunter und schieben uns in dem dunklen Tunnel immer weiter, über Verwundete und Obdachlose hinweg, an ruhenden Soldaten vorbei bis zum Bahnhof Friedrichstraße. Dort ist der Schacht zu Ende, und dort beginnt die Hölle. Wir müssen hinüber, und es gelingt uns. Die ganze Kampfgruppe kommt unverletzt über den S-Bahn-Bogen hinüber. Hinter uns beginnt ein Inferno. Hunderte von Scharfschützen schießen auf die, die nach uns kommen.

Stundenlang kriechen wir durch Kellerlöcher, brennende Häuser, fremde, dunkle Straßen! Irgendwo in einem verlassenen Keller rasten wir, schlafen ein paar Stunden. Dann geht es weiter, bis russische Panzer den Weg versperren. Niemand von uns hat eine schwere Waffe. Nur Pistolen tragen wir bei uns. So vergeht die Nacht und am Morgen wird es still. Das Schießen hat aufgehört. Noch haben wir keinen russischen Soldaten gesehen. Schließlich landen wir in einem alten Bierkeller einer Brauerei, der jetzt als Bunker benutzt wird. Hier ist die letzte Station. Hier stehen russische Panzer, und es ist heller Tag. Noch kommen wir ungesehen in den Bunker. Unten setzen sich Mohnke und Günsche in einen Winkel und beginnen zu schreiben. Hewel legt sich auf eine der Pritschen, starrt an die Decke und schweigt. Er will nicht weiter. Zwei Soldaten bringen den verwundeten Rattenhuber herein. Er hat einen Schuss ins Bein bekommen, fiebert und phantasiert. Ein Arzt behandelt ihn, legt ihn auf ein Feldbett. Rattenhuber zieht die Pistole heraus, entsichert sie und legt sie neben sich.

Ein General kommt in den Bunker, findet den Verteidigungskommandanten Mohnke und spricht mit ihm. Wir erfahren, dass wir uns im letzten Widerstandsnest der Reichshauptstadt befinden. Jetzt haben die Russen den Komplex der Brauerei restlos umstellt und verlangen die Übergabe. Mohnke schreibt einen letzten Bericht. Es ist noch eine Stunde Zeit. Wir anderen sitzen und rauchen. Plötzlich hebt er den Kopf, sieht uns Frauen an und sagt: »Jetzt müsst Ihr helfen. Wir tragen alle Uniform, von uns kommt keiner mehr heraus. Ihr aber könnt versuchen, euch durchzuschlagen, zu Dönitz zu kommen und ihm diesen letzten Bericht zu übergeben.«

Ich will nicht mehr weiter, aber Frau Christian und die anderen beiden drängen mich, rütteln mich, und schließlich folge ich ihnen. Stahlhelme und Pistolen lassen wir da. Auch die militärischen Jacken ziehen wir aus. Dann reichen wir den Männern die Hand und gehen.

Im Hof der Brauerei steht eine Kompanie SS steinern und regungslos bei ihren Fahrzeugen und wartet auf den Befehl zum letzten Angriff. Volkssturm, OT-Leute und Soldaten werfen daneben ihre Waffen auf einen Haufen und gehen hinaus zu den Russen. Am anderen Ende des Hofes verteilen russische Soldaten schon Schnaps und Zigaretten an deutsche Soldaten, fordern zur Übergabe auf, feiern Verbrüderung. Wir gehen hindurch, als wären wir unsichtbar. Dann sind wir außerhalb des Ringes, mitten unter den wilden Horden russischer Sieger und endlich kann ich weinen.

Wohin sollten wir uns wenden? Wenn ich vorher noch nie Tote gesehen hatte, jetzt sah ich sie überall liegen. Niemand kümmerte sich darum. Vereinzelt wurde noch geschossen. Manchmal steckten die Russen Häuser in Brand und suchten nach versteckten Soldaten. An allen Ecken wurden wir bedroht. Noch am gleichen Tag verlor ich meine Kolleginnen.

Allein wanderte ich weiter, lang und hoffnungslos, bis ich endlich in einem russischen Gefängnis landete. Als sich die Zellentür hinter mir schloss, hatte ich nicht einmal mehr mein Gift, so schnell war es gegangen.[114] Und doch lebte ich noch. Es begann eine grauenvolle, schreckliche Zeit, aber ich hatte keine Lust mehr zu sterben. Ich war neugierig geworden, was der Mensch noch alles erleben konnte. Und das Schicksal war mir gütig. Wie durch ein Wunder entging ich dem Abtransport nach Osten. Die selbstlose, menschliche Güte eines einzelnen Mannes hat mich davor bewahrt. Nach langen Monaten konnte ich endlich wieder heimkehren und zurück in ein neues Leben.

ANMERKUNGEN

[1] Von den Nationalsozialisten praktizierte, staatliche Arbeitslenkung zur Verwirklichung der Ideen und Pläne von der »Neuordnung des deutschen Lebensraumes«: Arbeitseinsatz und Arbeitsplatzwechsel wurden überwacht und durch »Dienstverpflichtung« geregelt.

[2] Albert Bormann, * Halberstadt 2.9.1902, † Berlin Mai 1945 (vermutl. Freitod durch Zyankali); Beruf: Bankbeamter, seit 1931 in der Privatkanzlei des Führers tätig, 1933 Leiter der Privatkanzlei des Führers, 1938 Mitglied des Reichstages, 1943 NSKK-Gruppenführer und persönlicher Adjutant Adolf Hitlers.

[3] Martin Bormann, * Halberstadt 17.6.1900, † vermutl. Berlin 2. Mai 1945 (Freitod durch Zyankali); Beruf: Landwirt, 1924 Eintritt in die NSDAP, 1933–1941 Stabsleiter im Amt des Stellvertreters des Führers, 1933 Ernennung zum Reichsleiter der NSDAP, ab 1938 im persönl. Stab Hitlers, 12.5.1941 Leiter der Parteikanzlei, 12.4.1943 Sekretär des Führers, 1944 Ernennung zum Minister, 1946 in Nürnberg als Kriegsverbrecher in Abwesenheit zum Tode verurteilt.

[4] Gerda Christian, geb. Daranowski (»Dara«), * Berlin 13.12.1913; Kontoristin bei Elisabeth Arden in Berlin, 1937 Sekretärin in der »Persönlichen Adjutantur« Hitlers, ab 1939 mit Hitler in den verschiedenen Führerhauptquartieren, 2.2.1943 Heirat mit Eckhard Christian, Major der Luftwaffe, Adjutant des Chefs des Wehrmachtsführungsstabes im Führerhauptquartier. Unterbricht ihre Arbeit bei Hitler bis Mitte 1943, anschließend bis 1945 im Führerhauptquartier, 1. Mai 1945 erfolgreiche Flucht aus der Reichskanzlei nach Westdeutschland.

[5] Johanna Wolf, * München 1.6.1900, † München 5.6.1985; seit 1929 Schreibkraft in der Privatkanzlei Hitlers und NSDAP-Mitglied, nach der Machtübernahme 1933 Sekretärin in der Kanzlei Hitlers und später in der »Persönlichen Adjutantur« in Berlin, während des Krieges mit Hitler in den verschiedenen Führerhauptquartieren.

Hitler verabschiedete sie und Christa Schroeder in der Nacht vom 21. auf den 22. April 1945 und wies sie an, Berlin zu verlassen. Interniert bis 14.1.1948.

[6] Christa Schroeder, * Hannoversch Münden 19.3.1908, † München

28.6.1984; 1930-1933 Sekretärin bei der Reichsleitung der NSDAP in München, 1933-1939 Sekretärin in der »Persönlichen Adjutantur« des Führers. Während des Krieges bis 22. April 1945 auf allen Reisen und in allen Führerhauptquartieren als Sekretärin Hitlers dabei. Interniert bis 12.5.1948.

7 Heinz Linge, * Bremen 23.3.1913, † Bremen 1980; Beruf: Maurer, 1933 Eintritt in die Leibstandarte-SS Adolf Hitler (LSSAH), 1935-1945 Diener Adolf Hitlers, 2.5.1945 von der Roten Armee festgenommen und in Russland interniert, 1950 zu 25 Jahren Strafarbeit verurteilt, 1955 aus der Haft entlassen.

8 Walther Hewel, * Köln 2.1.1904, † Berlin 2.5.1945 (vermutl. Selbstmord); 1923 Fahnenträger des »Stoßtrupps Hitler« beim Putschversuch in München, nach Festungshaft bis 1936 als Kaufmann im Ausland, 1933 Eintritt in die NSDAP, 1938 Eintritt ins Auswärtige Amt als Legationsrat 1. Klasse, Leiter des persönlichen Stabs des Reichsaußenministers, 1940 Ernennung zum Gesandten 1. Klasse und zum Ministerialdirigenten als ständiger Beauftragter des Reichsaußenministers bei Adolf Hitler. Zusammen mit Martin Bormann verließ er am 2. Mai 1945 die Reichskanzlei.

9 Joachim von Ribbentrop, * Wesel 30.4.1893, † Nürnberg 16.10.1946 (hingerichtet); Banklehre in Montreal, 1915 Leutnant im Ersten Weltkrieg, 1920 Heirat mit Annelies Henkel, im Anschluss Vertreter der Firma Henkel (Sektproduktion) in Berlin, 1930 Eintritt in die NSDAP, ab 1933 außenpolitischer Mitarbeiter Hitlers, 1934 Beauftragter für Abrüstungsfragen, 1936 Botschafter in London, ab 1938 Reichsminister des Auswärtigen, Mai 1945 von der britischen Armee verhaftet, 1946 in Nürnberg zum Tode verurteilt.

10 Hans Hermann Junge, * Wilster/Holstein 11.2.1914, † Dreux/ Normandie 13.8.1944; Beruf: Angestellter, 1933 Eintritt in die SS, 1934 als Freiwilliger zur LSSAH, 1936 SS-Begleitkommando »Der Führer«, 1940 Diener und Ordonnanz Adolf Hitlers, 19.6.1943 Hochzeit mit Traudl Humps, 14.7.1943 zur Waffen-SS, bei der Invasion der Alliierten in der Normandie am 6.6.1944 Fronteinsatz bei der 12. SS-Panzer-Div. Hitlerjugend. (Der »Volksbund Deutsche Kriegsgräberfürsorge e.V.«, Kassel, gibt als Todesdatum den 18.8.1944 an. Das gleiche Datum ist auf Junges Grabstein auf dem Deutschen Soldatenfriedhof »Champigny St. André«/Normandie zu lesen (Block 6, Grab Nr. 1816).

11 Julius Gregor Schaub, * München 20.8.1898, † München 27.12.1967; Beruf: Drogist, Mitglied der SS, Mitgliedsnummer 7, NSDAP-Parteimitgliedsnummer 81, SS-Obergruppenführer und persönlicher Adjutant Hitlers, 1936 Mitglied des Reichstags, Hitlers Fahrer, vernichtete 1945 Hitlers Geheimakten in München und Berchtesgaden. Bis 1949 in verschiedenen Lagern interniert.

12 Gemeint ist Christian Weber, * Polsingen 25.8.1883, † München 1945; Gastwirt, Buchmacher und Politiker, eines der ersten Mitglieder des »Stoßtrupp Hitler«, 1926-1934 Stadtrat der NSDAP in München, 1935 Ratsherr, Inspektor der SS-Reitschulen und zahlreiche weitere Ämter, von bayerischen Aufständischen 1945 ermordet.

13 Die Rede ist vom Koch Otto Günther. Er war ursprünglich Angestellter der Mitropa und kam 1937 in Hitlers Sonderzug und im Anschluss ins Führerhauptquartier »Wolfsschanze«.

14 Alfred Jodl, * Würzburg 10.5.1890, † Nürnberg 16.10.1946 (hingerichtet);

1912 Leutnant im Artillerieregiment, 1918 Hauptmann und Adjutant beim Artilleriekommandeur, 1933 Oberstleutnant und Kommando bei der türkischen Armee, 1935 Oberst i. G./Cheffunktion im Wehrmachtführungsamt des OKW, 1939 Generalmajor und bis Kriegsende Chef des Wehrmachtsführungsstabes im OKW und verantwortlicher operativer Militärberater Hitlers, 1940 Beförderung zum General der Artillerie – 1944 zum Generaloberst. Am 7.5.1945 Unterzeichnung der bedingungslosen Kapitulation Deutschlands, 1.10.1946 vor dem Militärtribunal in Nürnberg zum Tode verurteilt. Träger des 865. Eichenlaubs zum Ritterkreuz des Eisernen Kreuzes.

[15] Hitler war ursprünglich ein begeisterter Zuschauer von Filmen und Theateraufführungen. Seit Kriegsbeginn versagte er sich jedoch diese Form der Unterhaltung.

[16] Theodor Morell, * Trais-Münzenberg 22.6.1886, † Tegernsee 26.5.1948; 1913 Promotion, 1914 Schiffsarzt, Kriegsfreiwilliger, 1918 Praxis in Berlin, 1933 Eintritt in die NSDAP, 1936–1945 Leibarzt Hitlers, verlässt am 23.4.1945 Berlin Richtung Berghof, 1945 bis zu seinem Tod in verschiedenen Lagern und Krankenhäusern.

[17] Karl Brandt, * Mühlhausen/Elsass 8.1.1904, † Landsberg 2.6.1948 (hingerichtet); 1932 NSDAP-Mitglied, 1934 Begleitarzt von Hitler, 1937 erster Arzt an der Chirurgischen Klinik Berlin, bis 1944 im Stab der Reichskanzlei und damit in Hitlers Nähe auch in den Führerhauptquartieren sowie im engeren privaten Kreis Hitlers am Berghof. Nach dem Attentat auf Hitler am 20.7.1944 aller seiner Aufgaben als Hitlers Begleitarzt enthoben. Am 16.4.1945 auf persönlichen Befehl Hitlers von der SS verhaftet. Grund: mangelnder Glaube an den Endsieg. 1947 von amerikanischem Militärgericht zum Tode verurteilt.

[18] Otto Dietrich, * Essen 31.8.1897, † Düsseldorf 22.11.1952; Studium der Philosophie und Staatswissenschaften, Zeitungsredakteur, 1929 Mitglied der NSDAP, 1932 Eintritt in die SS, 1930/31 stv. Chefredakteur der *Nationalzeitung*, 1931 Leiter der Pressestelle der Partei, 1933 Reichspressechef, 1949 zu sieben Jahren Haft verurteilt, 1950 entlassen.

[19] Heinz Lorenz, * Schwerin 7.8.1913; Studium der Rechts- und Volkswissenschaft, 1932 Pressestenograph beim Deutschen Telegraphenbüro, 1936 zuständig für außenpolitische Berichte beim Reichspressechef Dietrich, Ende 1942 Hauptschriftleiter beim Deutschen Nachrichtenbüro und im Führerhauptquartier bis zum 29.4.1945. Bis 1947 in britischer Gefangenschaft.

[20] Johann Rattenhuber, * Oberhaching/München 30.4.1897, † München 30.6.1957; 1920 Eintritt in die Ordnungspolizei Bayreuth, 1933 Adjutant des Polizeipräsidenten Himmler, 1933 Auftrag zur Aufstellung des »Kommando zur besonderen Verwendung« für Hitler in Berlin, 1935 Leiter der selbständigen Dienststelle »Reichssicherheitsdienst« (RSD), Aufbau verschiedener RSD-Dienststellen, bis 1945 Führung des RSD, 2.5.1945 von der Roten Armee gefangen genommen, bis 16.11.1951 Kriegsgefangener in Russland.

[21] Peter Högl, * Poxau/Dingolfing 19.8.1897, † Berlin 2.5.1945 (Kopfschuss); Beruf: Müller, 1919 Polizeischule in München, 1920 Schutzmann, 1932 Kriminalpolizei, 1933 beim »Führerschutz«, 1934 SS-Obersturmführer, 1935 Leiter der Dienststelle 1 im Reichssicherheitsdienst, 1944 Kriminaldirektor des Reichssicherheitsdiensts, 1945 Zeuge von Hitlers Selbstmord.

[22] Die Aufgabe von Traudl Junge war es unter anderem, Reisepläne und

Schadensmeldungen abzutippen und Adolf Hitlers öffentliche Reden und Grußworte im Diktat aufzunehmen. Militärische Befehle wurden von den Sekretärinnen der jeweils verantwortlichen Dienststellen getippt.

[23] Wilhelm Keitel, Helmscherode/Harz 22.9.1882, † Nürnberg 16.10.1946 (hingerichtet); 1901 Beginn der Soldatenlaufbahn, 1914–1918 Teilnahme am Ersten Weltkrieg als Hauptmann und Generalstabsoffizier, 1923 Major, 1929 Oberstleutnant im Reichswehrministerium, 1931 Oberst, 1934 Generalmajor und Infanterieführer VI in Bremen, 1935 Chef des Wehrmachtsamtes im Reichswehrministerium, 1936 Generalleutnant, 1937 General der Artillerie, 1938 Generaloberst und Berufung zum Chef des OKW, seitdem engster militärischer Berater Hitlers. Nach dem Frankreichfeldzug und den von ihm geführten deutsch-französischen Waffenstillstandsverhandlungen am 19.7.1940 zum Generalfeldmarschall befördert. Am 8.5.1945 Unterzeichner der bedingungslosen Kapitulation der deutschen Wehrmacht in Berlin-Karlshorst. 1.10.1946 vom Militärtribunal in Nürnberg als Kriegsverbrecher zum Tode verurteilt. Träger des Ritterkreuzes des Eisernen Kreuzes.

[24] Friedrich »Fritz« Darges, * Dülseberg 8.2.1913; 1933 Eintritt in die SS, 1934 Junkerschule Bad Tölz, ab 1935 SS-Untersturmführer, Verwendung im Truppen- und Stabsdienst, 1940 SS-Hauptsturmführer, abkommandiert zur Adjutantur im Führerhauptquartier, 1942 Kp.-Chef in der SS-Panzerabteilung »Wiking«/Verwundung, 1943 SS-Sturmbannführer und persönlicher Adjutant Hitlers im Führerhauptquartier, 1944–1945 SS-Obersturmbannführer/Abt. Kdr. und Rgt. Kdr. im SS-Panzerregiment»Wiking«/Ostfront. Ab 8.5.1945 in amerikanischer Kriegsgefangenschaft, 1948 aus der Internierung entlassen. Träger des Ritterkreuzes des Eisernen Kreuzes.

[25] Otto Günsche, * Jena 24.9.1917; 1934 Eintritt in die Leibstandarte-SS Adolf Hitler (LSSAH), 1941/1942 SS-Junkerschule in Bad Tölz, Kriegseinsatz, Januar bis August 1943 persönlicher Adjutant Adolf Hitlers in der Wolfsschanze, anschließend Frontdienst, ab Februar 1944 wieder Hitlers persönlicher Adjutant, 1944 SS-Sturmbannführer, 2. Mai 1945 russische Gefangenschaft, Arbeitslager in Russland, Mai 1956 entlassen aus DDR-Zuchthaus Bautzen.

[26] Traudl Junge meinte mit ihrer Beschreibung die in Deutschland verkehrenden regulären Passagierzüge. Für den heutigen Leser muss der Eindruck entstehen, sie habe auf die Deportationszüge Bezug genommen, die jüdische Gefangene unter unmenschlichen Bedingungen Richtung Osten brachten. Diese Assoziation hatte sie beim Schreiben dieses Manuskripts 1947 nicht.

[27] Das Hausmeister-Ehepaar Willi und Gretl Mittlstrasser kümmerte sich bis zum Zusammenbruch des Dritten Reichs um den Berghof.

[28] Die Rede ist von Paula Hitler, * Hafeld/Österreich 26.1.1896, † Schönau/Berchtesgaden 1.6.1960; kaufmännische Lehre, Kanzleikraft in Wien, 1930 angeblich wegen ihres Bruders entlassen, 1933 bis 1945 monatliche Rente von Adolf Hitler, 26.5.1945 von der britischen Armee in der Dietrich-Eckart-Hütte in Berchtesgaden aufgespürt und verhört. Kämpfte bis zu ihrem Tod um ihren Anteil aus Hitlers Nachlass.

[29] Rudolf Schmundt, * Metz 13.8.1896, † Rastenburg/Ostpreußen 1.10.1944; 1938 »Chefadjutant der Wehrmacht beim Führer«, in der Folge Beförderung zum Generalleutnant, 20.7.1944 beim Attentat auf Hitler schwer verletzt. Starb einige Wochen später im Lazarett Rastenburg.

[30] Karl-Jesko von Puttkamer, * Frankfurt/Oder 24.3.1900, † Neuried

4.3.1981; 1917 Eintritt in die Reichsmarine, 1930 Kapitänleutnant, 1933 bis 1935 Verbindungsoffizier der Marine zum Oberkommando des Heeres in Berlin, 1935 2. Adjutant und Verbindungsoffizier der Marine bei Hitler, 1939 Verbindungsoffizier der Marine im Führerhauptquartier, 21.4.1945 über Salzburg zum Berghof, 10.5.1945 von US-Armee verhaftet, 1947 freigelassen.

[31] Walter Frentz, * Heilbronn 21.8.1907; Studium der Elektrotechnik in München und Berlin, Kameramann bei der UFA, Regiekameramann von Leni Riefenstahl, 1939 als Filmberichterstatter in das Führerhauptquartier, 1942 Leutnant bei der Luftwaffe, war auf allen Reisen Hitlers sowie in den verschiedenen Führerhauptquartieren dabei, um zu filmen und photographieren. 24.4.1945 aus Berlin ausgeflogen, Mai 1945 von der amerikanischen Armee gefangen genommen, Ende 1946 aus amerikanischer Gefangenschaft entlassen.

[32] Hugo Blaschke, * Neustadt 14.11.1881, † Nürnberg 6.12.1959; Studium der Zahnmedizin in Philadelphia und London, 1911 Zahnarztpraxis in Berlin, Zahnarzt von Hermann Göring, 1931 Mitglied der NSDAP, seit Ende 1933 bis 1945 Hitlers Zahnarzt, 1946 interniert, 1948 entlassen, bis zu seiner Pensionierung Zahnarzt in Nürnberg.

[33] Gemeint ist der Gasthof »Zum Türken«, der bis heute existiert.

[34] Der »Platterhof« war ein Gäste- und Volkshotel mit Friseurladen, zu dessen Kundinnen u.a. Eva Braun und Traudl Junge gehörten. Er wurde im Jahr 2000 abgerissen.

[35] Hans-Karl von Hasselbach, * Berlin 2.11.1903; Studium der Medizin, 1936 chirurgische Fachausbildung an der Universitätsklinik München, 1933 Eintritt in die NSDAP, 1934 in die SS, 1936 als Vertreter von Dr. Brandt Begleitarzt im Stab des Führers, 1942-1944 ständiger Begleitarzt Hitlers im Führerhauptquartier, Oktober 1944 wegen Auseinandersetzung über Prof. Morell entlassen, bis Kriegsende Chefarzt eines Feldlazaretts an der Westfront, von US-Armee interniert, 1948 Entlassung aus der Haft.

[36] Herta Schneider, geb. Ostermeier, * Nürnberg 4.4.1913; Schulkameradin und engste Freundin von Eva Braun. 1933 lernte sie durch Eva Braun Hitler kennen und war bis April 1945 häufiger Gast auf dem Berghof.

[37] Fritz Todt, * Pforzheim 4.9.1891, † Rastenburg 8.2.1942; 1923 NSDAP-Mitglied, General-Inspektor für das deutsche Straßenwesen, leitete den Bau der Reichsautobahn und des Westwalls, gründete die »Organisation Todt« (OT), 1940 Reichsminister für Bewaffnung und Munition. Sein Nachfolger wurde Albert Speer.

[38] Heinrich Hoffmann, * Fürth 12.9.1885, † München 16.12.1957; Mitarbeit im Photogeschäft des Vaters, 1908 selbständiger Photograph in München, 1920 Mitglied der NSDAP, Mitgliedsnummer 425, 1933 Mitglied des deutschen Reichstags, 1938 Verleihung des Professorentitels durch Hitler, Mai 1945 von US-Armee interniert, Mai 1950 aus der Haft entlassen.

[39] Gemeint ist Margarete, genannt »Gretel« bzw. »Margret« Speer, seit 1928 Albert Speers Ehefrau.

[40] Nicolaus von Below, * Jargelin 20.9.1907, † Detmold 24.7.1983; bis 1929 Flugschüler an der Deutschen Verkehrsfliegerschule, 1933 Leutnant, 1933–1936 Reichsluftfahrtsministerium, 1936–1945 Adjutant der Luftwaffe bei Hitler. Mit seiner Frau im engeren Kreis Hitlers auf dem Berghof. 1946–1948 von der britischen Armee interniert.

[41] Wilhelm Brückner, * Baden-Baden 11.12.1884, † Herbstdorf/ Chiemgau

18.8.1954; bis 1919 Mitglied der Einwohnerwehr (Freikorps Epp), 1923 Mitglied der NSDAP, Regimentsführer der SA in München während des Hitlerputsches, 1930 Adjutant Adolf Hitlers, SA-Obergruppenführer, 1936 Mitglied des Reichstags, 1940 als Chefadjutant entlassen, 1941 Einberufung zur Wehrmacht als Oberstleutnant, 1945–1948 von der US-Armee interniert.

[42] Gemeint ist die Tänzerin und Schauspielerin Inga Ley, die 1942 Selbstmord beging. Sie war die Ehefrau von Robert Ley, * Niederbreidenbach/Rheinland 15.2.1890, † Nürnberg 25.10.1945 (Selbstmord); Studium der Chemie in Münster, 1914–1918 im Ersten Weltkrieg, 1923 Promotion, erste Anstellung bei der I.G. Farben, 1925 Gauleiter von Rheinland, 1930 Mitglied des Preußischen Landtags, 1932 Organisationsleiter der NSDAP, 10.5.1945 Verhaftung in Salzburg. Erhängte sich in seiner Zelle in Nürnberg.

[43] Hermann Esser, * Röhrmoos 29.7.1900, † Dietramszell 7.2.1981; 1919 DAP, 1920 Schriftleiter des *Völkischen Beobachters*, 1923 Propagandaleiter der NSDAP, berüchtigter antisemitischer Hetzredner; 1932 Abgeordneter des Bayerischen Landtages, wegen intriganter politischer Methoden politisches Abseits, 1935 Leiter der Fremdenverkehrsabteilung im Propagandaministerium, 1939 Hetzschrift *Die jüdische Weltpest*, 1945–1947 Gefangener der US-Armee, 1949 zu fünf Jahren Arbeitslager verurteilt, 1952 entlassen.

[44] Baldur von Schirach, * Berlin 9.5.1907, † Kröv/Mosel 8.8.1974; 1924 Eintritt in die NSDAP und SA, 1927 Leiter des NS-Studentenbundes, 1931 »Reichsjugendführer«, 1933–1940 »Jugendführer des Deutschen Reichs«, 1940–1945 Gauleiter und Reichsstatthalter von Wien, 1946 vom Internationalen Militärgericht in Nürnberg wegen Verbrechen gegen die Menschlichkeit zu 20 Jahren Haft verurteilt.

[45] Marion Schönmann, geb. Petzl, * Wien 19.12.1899, † München 17.3.1981; lernte durch die Bekanntschaft mit Heinrich Hoffmanns späterer Frau Erna Hitler kennen, 1935–1944 häufiger Gast auf dem Berghof.

[46] Albert Speer, * Mannheim 19.3.1905, † London 1.9.1981; Studium der Architektur in Karlsruhe, 1927–1932 Assistent von Heinrich Tessenow in Berlin, 1931 Mitglied der NSDAP, 1933 Gestaltung der Maifeier, 1936 Auftrag Hitlers zur Neugestaltung Berlins, 1937 »Beauftragter für Bauen im Stab des Führers« und »Generalbauinspektor für Berlin«, 1942 Reichsminister für Bewaffnung und Munition, 23.5.1945 Verhaftung in Flensburg mit der Regierung Dönitz, 1946 in Nürnberg zu 20 Jahren Haft verurteilt, 1966 aus der Haft entlassen.

[47] Henriette von Schirach, geb. Hoffmann, * München 3.2.1913; 1930 Eintritt in die NSDAP, 1932 Heirat mit Baldur von Schirach, 1945 Internierung, 1980 Veröffentlichung ihres Buchs *Anekdoten um Hitler. Geschichten aus einem halben Jahrhundert.*

[48] Frau von Schirach war gebürtige Münchnerin, lebte zu jener Zeit aber tatsächlich mit ihrem Mann, dem Gauleiter und Reichsstatthalter von Wien, in der Hauptstadt der damaligen »Ostmark«.

[49] Josef »Sepp« Dietrich, * Hawangen 25.5.1892, † Ludwigsburg 21.4.1966; ursprünglicher Beruf: Kutscher, 1910 Abschluss der Ausbildung zum Hotelkaufmann, 1911 Beginn der Soldatenlaufbahn, 1914–1918 Vizewachtmeister im Ersten Weltkrieg, 1919 Wachtmeister beim Wehrregiment 1 in München, 1920–1927 Dienst Bayerische Landespolizei u. Angehöriger des »Freikorps Oberland«, Teilnahme am Hitlerputsch in München, 1928 Aufnahme als Sturmbannführer in die neue Schutzstaffel (SS) und Eintritt in die NSDAP, 1929

Beförderung zum SS-Standartenführer, Führer SS-Brigade »Bayern«, 1930 SS-Oberführer, Abgeordneter des Deutschen Reichstages, 1933 Führer des SS-Sonderkommandos in Berlin und Aufstellung der »Leibstandarte SS Adolf Hitler« (LSSAH), 1934 SS-Obergruppenführer, 1935 Ratsherr der Stadt Berlin, 1939 Teilnahme am Polenfeldzug, 1940–1943 Teilnahme am West-, Ost- und Balkanfeldzug, General der Waffen-SS, 1944–1945 SS-Oberstgruppenführer und Generaloberst der Waffen-SS, weitere Fronteinsätze. Am 8.5.1945 von der US-Armee in Österreich gefangen genommen, 1946 Verurteilung zu lebenslanger Haft, 1955 entlassen. 1957–1959 Haft wegen Beihilfe zum Totschlag beim »Röhmputsch« 1934. Träger der 16. Brillanten zum Ritterkreuz des Eisernen Kreuzes mit dem Eichenlaub und den Schwertern.

[50] Jakob Werlin, * Andritz bei Graz 10.5.1886, † Salzburg 23.9.1965; Beruf: kaufmännischer Angestellter, 1921 Filialleiter der Firma Benz u. Cie in München, lernt in dieser Funktion Hitler kennen, dem er mehrere Autos verkaufte, persönlicher Freund Hitlers, 1932 Eintritt in die NSDAP und SS, 1942 SS-Obergruppenführer, »Generalinspektor für das Kraftfahrwesen«, 1945–1949 von US-Armee interniert.

[51] Die Rede ist von der Schauspielerin Emmy Sonnemann, die Hermann Göring am 10. April 1935 heiratete. Hitler war Trauzeuge.

[52] Gerda Christian trat Mitte 1943 wieder in den Dienst Adolf Hitlers.

[53] Die Rede ist von der »Großen Deutschen Kunstausstellung« (GDK), einer Verkaufsausstellung, die zwischen 1937 und 1944 jährlich im Haus der Deutschen Kunst abgehalten wurde, um die »neue deutsche Kunst« – konservative und am Realismus des 19. Jahrhunderts orientierte Werke – zu fördern.

[54] Gerhardine »Gerdy« Troost, geb. Andersen, * Stuttgart 3.3.1904, lernte mit 19 Jahren Paul Ludwig Troost in der Holzwerkstätte ihres Vaters kennen, 1925 Heirat, 1932 Eintritt in die NSDAP, leitet nach dem Tod ihres Mannes 1934 dessen Architekturatelier, 1935 in den Vorstandsstab des Haus der Deutschen Kunst, 1937 Verleihung des Professorentitels durch Hitler, 1938 künstlerischer Beirat der Bavaria-Filmkunst GmbH, nach 1945 in Schützing am Chiemsee ansässig. – Paul Ludwig Troost, * Elberfeld 17.8.1878, † München 21.1.1934; Studium der Architektur in Darmstadt, 1902 Habilitation und selbständiger Architekt in München, 1912 bis 1929 Innenausstatter des Norddeutschen Lloyd, 1929 Bekanntschaft mit Adolf Hitler, 1932 Planungen für das Haus der Deutschen Kunst, Gestaltung des Königlichen Platzes (heute Königsplatz) mit Parteibauten etc.

[55] Erich Kempka, * Oberhausen/Rheinland 16.9.1910, † Freiburg-Heutingsheim 24.1.1975; Beruf: Elektrotechniker, 1930 Eintritt in die NSDAP und SS, Kraftfahrer beim Gau Essen, 1932 Fahrer beim SS-Begleitkommando in München, 1936 ständiger Fahrer Hitlers und Führer des Kraftfahrzeugparks, 1. Mai 1945 Flucht aus dem Führerbunker, 20.6.1945 Verhaftung durch amerikanische Armee, bis 1947 in verschiedenen Lagern interniert.

[56] Traudl Junge war falsch informiert. Tatsächlich verübte Hitlers Nichte Angela Maria Raubal, genannt Geli, am 18.9.1931 nach einem Streit mit Hitler Selbstmord.

[57] Adolf Hitler war 1931 nicht nach Nürnberg, sondern zu Wahlveranstaltungen nach Hamburg unterwegs. Die Nachricht vom Tod der Nichte erreichte ihn jedoch tatsächlich in der Nähe von Nürnberg.

[58] SS-Obersturmführer Hans Pfeiffer wurde am 10.10.1939 als Ordonnanzoffizier zu Adolf Hitler abkommandiert.

[59] Ernst »Putzi« Hanfstaengl und seine Frau Erna zählten zu den wichtigsten frühen Weggefährten Hitlers Anfang der zwanziger Jahre.

[60] Helene Marie »Marlene« von Exner, * Wien 16.4.1917; Ausbildung an der Wiener Universität als Diätassistentin, Sept. 1942–Juli 1943 Diätköchin bei Marschall Antonescu in Bukarest, Juli 1943 bis zur ihrer Entlassung am 8. Mai 1944 Hitlers Diätköchin.

[61] Traudl Junge spricht von der Begegnung Adolf Hitlers mit Benito Mussolini am 19. Juli 1943 in Feltre bei Belluno.

[62] Hans Baur, * Ampfing 19.6.1897, † Neuwiddersberg 17.2.1993; Beruf: Kaufmann, 1916 Flugzeugführer bei der Bayerischen Fliegerabteilung 1, 1920 bei der bayerischen Luftpost, 1922 beim Bayerischen Luftlloyd, 1926 zur Lufthansa, fliegt Adolf Hitler 1932 zu seinen Wahlkämpfen, 1933 als Hitlers Flugzeugführer SS-Standartenführer im Stab Himmlers, 1944 SS-Brigadeführer, zuletzt Generalleutnant der Polizei, 1. Mai 1945 Ausbruch aus Führerbunker, 2. Mai 1945 russische Gefangenschaft, bis 1955 in verschiedenen Gefängnissen und Arbeitslagern interniert.

[63] Tatsächlich wurde Mussolini bereits eine Woche nach der Begegnung mit Hitler am 25.7.1943 gestürzt, gefangen genommen und seiner Ämter enthoben. Deutsche Fallschirmjäger befreiten ihn am 12.9.1943 aus der Haft auf dem Campo Imperatore (Gran Sasso d'Italia). Seither führte er in Norditalien ein Schattendasein in Abhängigkeit von Hitler.

[64] Wie Traudl Junge selbst schrieb, erinnerte sie sich nur noch an markante Punkte im ereignisreichen Jahr 1943, nicht an die Chronologie. Stalingrad »fiel« vor Hitlers Begegnung mit Mussolini. Am 31. Januar 1943 kapitulierte der südliche Kessel Stalingrads, am 2. Februar 1943 der nördliche. Offiziell gab das Oberkommando der Wehrmacht bekannt: »Der Kampf um Stalingrad ist zu Ende. Ihrem Fahneneid bis zum letzten Atemzug getreu, ist die Armee unter der vorbildlichen Führung des Generalfeldmarschalls Paulus der Übermacht des Feindes und der Ungunst der Verhältnisse erlegen. [...] Sie starben, damit Deutschland lebe.«

[65] SD-Sicherheitsdienst des Reichsleiters SS, seit 1936 offiziell der Nachrichten- und Abwehrdienst des Deutschen Reichs, der vor allem der Geheimen Staatspolizei mit Informationen über Gegner des Nationalsozialismus im In- und Ausland diente.

[66] Traudl Junge springt hier offensichtlich zu einem Ereignis im Frühjahr 1945. Am 6. April drangen sowjetische Truppen in Wien ein, am 13. April war die Stadt fest in der Hand der Roten Armee. Der nachfolgende Text handelt jedoch wieder vom Frühjahr 1944.

[67] Die SS-Nebelabteilung verfügte über 270 Fassnebelgeräte mit einem Fassungsvermögen von jeweils 200 Litern Nebelsäure. Drohte ein feindlicher Angriff, konnte das Berchtesgadener Land innerhalb von dreißig Minuten vernebelt werden.

[68] Eduard Dietl, * Bad Aibling 21.7.1890, † Flugzeugabsturz bei Waldbach am Semmering/NÖ 23.6.1944; anders als Traudl Junge schreibt, war Dietl Generaloberst (seit 1.6.1942) und zuletzt Oberbefehlshaber der 20. Gebirgsarmee. Bei seinem letzten Besuch bei Hitler auf dem Obersalzberg, einen Tag vor seinem Tod, wurde vereinbart, er solle in Helsinki gemeinsam mit Joachim von Ribbentrop an Verhandlungen mit führenden finnischen Politikern und Militärs wegen des sich abzeichnenden Ausbruchs der Finnen aus dem Staatenbündnis teilnehmen.

Ab 1.10.1909 Berufssoldat, Teilnahme am Ersten Weltkrieg (Hauptmann), 1918 im Freikorps Epp, 1920 Eintritt in die DAP, 1930 Major, 1933 Oberstleutnant, 1935 Oberst und am 15.10.1935 Kdr. des Gebirgsjägerregiment 99, 1938 Generalmajor, 1940 Generalleutnant, 19.7.1940 General der Infanterie, später Umbenennung in General der Gebirgstruppe, 1942 Oberbefehlshaber der 20. Gebirgsarmee und Generaloberst. 1.7.1944 Staatsakt der Trauerfeier mit Hitler auf Schloss Klessheim bei Salzburg, 2.7.1944 Beisetzung auf dem Münchner Nordfriedhof. Träger der 72. Schwerter zum Ritterkreuz des Eisernen Kreuzes mit dem Eichenlaub.

[69] Traudl Junge verwechselte den Besuch von Generaloberst Dietl offensichtlich mit dem des Generals der Panzertruppe Hans-Valentin Hube am 20.4.1944 (siehe Anm. 70)

Mit der Verleihung der Brillanten zum Ritterkreuz des Eisernen Kreuzes mit dem Eichenlaub und den Schwertern (insgesamt 27 Verleihungen) an den General der Panzertruppe Hube ist die 4. Verleihungsstufe zum Ritterkreuz des Eisernen Kreuzes gemeint.

Die Verleihung des Ordens des Eisernen Kreuzes geht auf Preußenkönig Friedrich Wilhelm III. und seine Stiftung des Eisernen Kreuzes vom 10.3.1813 zurück. Erneuerung des Ordens am 1.9.1939: Eisernes Kreuz zweiter und erster Klasse, das Ritterkreuz des Eisernen Kreuzes (7318 Verleihungen) sowie das Großkreuz des Eisernen Kreuzes (eine Verleihung) nebst den Änderungsverordnungen vom 3.6.1940: Ritterkreuz des Eisernen Kreuzes mit Eichenlaub (882 Verleihungen); vom 28.9.1941: Ritterkreuz des Eisernen Kreuzes mit dem Eichenlaub mit Schwertern und Brillanten (27 Verleihungen); vom 29.12.1944: Ritterkreuz des Eisernen Kreuzes mit dem Goldenen Eichenlaub mit Schwertern und Brillanten (eine Verleihung).

[70] Hans-Valentin Hube, * Naumburg/Schlesien 29.10.1890, † Flugzeugabsturz bei Salzburg 21.4.1944; 1909 Beginn der Soldatenlaufbahn, Teilnahme am Ersten Weltkrieg, 1914 Verlust des linken Arms, 1918 Hauptmann, 1931 Major, 1934 Oberstleutnant, 1936 Oberst, 1940 Generalmajor, Kdr. der 16. Infanteriedivision, umgebildet zur 16. Panzerdivision, 1942 Generalleutnant und kommandierender General des XIV. Panzerkorps, General der Panzertruppe, 1943 Oberbefehlshaber der 1. Panzerarmee, 1944 Beförderung zum Generaloberst, Staatsbegräbnis in Hitlers Anwesenheit auf dem Berliner Invalidenfriedhof.

Der Flugzeugabsturz von Generaloberst Hube und Botschafter Walther Hewel (schwer verletzt) in der Nähe von Salzburg fand also nicht »ein paar Wochen später« statt, wie Traudl Junge schreibt, sondern ein paar Wochen früher. Hube wurde zu Hitlers 55. Geburtstag am 20.4.1944 auf den Obersalzberg befohlen, um dort die Verleihung der Brillanten (Nr. 13) zum Ritterkreuz des Eisernen Kreuzes mit dem Eichenlaub und den Schwertern entgegenzunehmen und zum Gereraloberst befördert zu werden.

[71] Hermann Fegelein, * Ansbach 30.10.1906, † Berlin 28.4.1945 (hingerichtet); 1927–1929 Landespolizei München als Offiziers-Anwärter, 1931 Eintritt in die NSDAP, 1933 Eintritt in die SS, 1935 Gründung der SS-Hauptreitschule in München, 1936 SS-Sturmbannführer, einer der erfolgreichsten Turnierreiter seiner Zeit, bei Kriegsausbruch Übernahme als SS-Obersturmbannführer in die Waffen-SS als Kommandeur der SS-Kavalleriebrigade und SS-Standartenführer, 2.3.1942 Verleihung des Ritterkreuzes des Eisernen Kreuzes, 1.5.1942 Inspekteur des Reit- und Fahrwesens im SS-Führungshauptamt, anschließend

Beförderung zum SS-Oberführer, Ostfront, 22.12.1943 Eichenlaub zum Ritterkreuz des Eisernen Kreuzes, bis Ende 1943 Kdr. der 8. SS-Kavalleriedivision »Florian Geyer«. Am 30.7.1944 Auszeichnung mit den 83. Schwertern zum Ritterkreuz des Eisernen Kreuzes mit dem Eichenlaub. Ab 1.1.1944 Verbindungsoffizier der Waffen-SS bei Hitler, 3.6.1944 Heirat mit Eva Brauns Schwester Gretl, 21.6.1944 Gruppenführer und Generalleutnant der Waffen-SS, desertiert am 27.4.1945 aus dem Bunker der Reichskanzlei, wird als Zivilist in Berlin aufgegriffen und verhaftet, von Kriminaldirektor Peter Högl verhört, 28.4.1945 durch ein Standgericht zum Tode verurteilt und von einem Exekutionskommando der Waffen-SS im Garten des Auswärtigen Amtes erschossen.

[72] Benno von Arent, * Görlitz/Sachsen 19.6.1898, † Bonn 14.10.1956; Innenarchitekt und Bühnenbildner, 1916–1918 Militärdienst, dann Freikorps-Teilnehmer im Osten, 1931 Eintritt in die NSDAP, Gründer des »NS-Bühnenkünstlerbundes«, Vorstandsmitglied der »NS-Reichstheaterkammer«, 1945 von der russischen Armee interniert, 1953 aus russ. Gefangenschaft entlassen.

[73] Oberstleutnant Heinz Waizenegger war ein Adjutant von Generalfeldmarschall Wilhelm Keitel.

[74] OT – Organisation Todt, siehe Anmerkung 37.

[75] Die Rede ist von Major Ernst John von Freyend, einem von Wilhelm Keitels Adjutanten.

[76] Claus Graf Schenk von Stauffenberg, * Jettingen 15.11.1907, † Berlin 20.7.1944 (hingerichtet); Berufsoffizier bei der Reichswehr, 1927 Leutnant, 1934 Hauptmann, 1940 Major im Generalstab des Heeres, 1943 schwer verwundet, 1.7.1944 Chef des Stabes des Befehlshabers des Ersatzheeres. Zusammen mit Feldmarschall Witzleben und den Generalen Olbricht, Beck und Wagner plante Stauffenberg das Attentat vom 20. Juli 1944 auf Hitler.

[77] OKW = Oberkommando der Wehrmacht

[78] Gemeint ist der Hitler-treue Major und – anders als von Traudl Junge erinnert – Chef des Wachbatallions Otto Ernst Remer. Hitler hatte ihm telefonisch mitgeteilt, dass sein Vorgesetzter, Generalleutnant Paul von Hase, zu einer »kleinen Clique von Verrätern« gehöre und unverzüglich zu verhaften sei. Er, Remer, solle inzwischen den Oberbefehl über alle Wehrmacht-Truppen in Berlin übernehmen und Goebbels Anweisungen folgen.

Otto Ernst Remer, * Neubrandenburg 18.8.1912, † Marbella/ Spanien 4.10.1997; anders als Traudl Junge schilderte, holte Remer als Kdr. der »Führerbegleit-Brigade« in Berlin sich nicht am nächsten Tag bei Hitler das Ritterkreuz ab. Das hätte auch gegen die Verleihungvorschriften verstoßen, da es sich nicht um einen »Feindeinsatz«, sondern lediglich um die Herstellung der inneren Sicherheit in Berlin handelte. Das Ritterkreuz des Eisernen Kreuzes wurde Remer als Major bereits am 18.5.1943 und das 325. Eichenlaub zum Ritterkreuz des Eisernen Kreuzes am 12.11.1943 verliehen. Nach dem 20.7.1944 wurde Remer bei Überspringung des Dienstgrades Oberstleutnant rückwirkend zum 1.7.1944 zum Oberst befördert, am 31.1.1945 zum Generalmajor.

[79] In der Wolfsschanze gab es laut Traudl Junge kein eigenes Teehaus wie am Berghof. Sie meinte hier einen Anbau ans Kasino.

[80] Erwin Giesing, * Oberhausen/Rheinland 7.12.1907, † Krefeld 22.5.1977; Medizinstudium in Marburg, Düsseldorf und Köln, 1936 Facharzt für Hals-Nasen-Ohren-Heilkunde, 1932 Eintritt in die NSDAP, bis 1939 Facharzt am Virchow-Krankenhaus in Berlin. Am 20. Juli 1944 zur Behandlung von

Hitlers Ohrenverletzung ins Führerhauptquartier gerufen, im September wegen Zwistigkeiten über Theodor Morell entlassen. 1945 von der amerikanischen Armee interniert, 1947 entlassen.

[81] Erich von Manstein, * Berlin 24.11.1887, † Irschenhausen/Oberbayern 10.6.1973; eigentlich Fritz-Erich von Lewinski, 1896 von Georg von Manstein adoptiert, Eintritt in das Kadettenkorps Plön, 1907 Leutnant, 1914–1918 Oberleutnant und Hauptmann im Ersten Weltkrieg, 1921–1923 Kompaniechef in Angermünde, 1923–1927 Ausbildung zum Generalstäbler, 1933 Oberst, 1934 Chef des Stabs des Wehrkreiskommandos III in Berlin, 1936 1. Adjutant des Generalstabchefs Ludwig Beck, 1939 Chef des Generalstabs des Oberbefehlshabers Ost, 1940 General der Infanterie und Führung des XXXVIII. Armeekorps, 1941 Oberbefehlshaber der 11. Armee, 1942 Beförderung zum Generaloberst und später zum Generalfeldmarschall, 31. März 1944 entzieht Hitler dem in Ungnade gefallenen Manstein das Kommando, 1945 Internierung durch britische Armee, 1946 Freispruch bei den Nürnberger Prozessen, 1949 Verurteilung zu achtzehn Jahren Haft wegen Kriegsverbrechen vor dem britischen Militärgericht Hamburg, 1953 vorzeitige Haftentlassung, 1953 bis 1960 offizieller Berater der Bundesregierung in Fragen zum Aufbau der Bundeswehr. Träger der 59. Schwerter zum Ritterkreuz des Eisernen Kreuzes mit dem Eichenlaub.

[82] Hans Junge starb am 13.8.1944 als SS-Obersturmführer bei einem Tieffliegerangriff in Dreux/Normandie (siehe auch Anm. 10).

[83] Carl von Eicken, * Mülheim/Ruhr 31.12.1873, † Heilbronn 1960; 1922 Ordinarius der HNO-Heilkunde an der Charité in Berlin, 1926 Direktor der HNO-Klinik an der Charité, 1950 Emeritierung.

[84] Constanze Manziarly, * Innsbruck 14.4.1920, † Berlin 2.5.1945; Ausbildung als Diätassistentin, 13.9.1943 Diätköchin im Kurheim Zabel in Bischofswiesen, September 1944 Diätköchin Adolf Hitlers, vermutlich Selbstmord durch Einnahme von Blausäure.

[85] Wilhelm Burgdorf, * Fürstenwalde 14.2.1895, † Berlin 2.5.1945 (vermisst); 1914 Fahnenjunker, 1915 Leutnant, 1930 Hauptmann, 1935 Major, 1938 Oberstleutnant, 1940 Oberst, 1942 Generalmajor und Chef der 2. Abteilung des Heerespersonalamts, 1942 stv. Chef desselben, 1943 Generalleutnant, 1944 General der Infanterie, Chef des Heerespersonalamts und Chefadjutant der Wehrmacht, April 1945 im Führerbunker. Träger des Ritterkreuzes des Eisernen Kreuzes.

[86] Arthur und Freda Kannenberg arbeiteten von 1933 bis 1945 als Hausintendanten der Reichskanzlei. Arthur Kannenberg, * Berlin-Charlottenburg 23.2.1896, † Düsseldorf 26.1.1963; Ausbildung zum Koch, Kellner und Buchhalter, 1924 Übernahme des väterlichen Betriebs, 1930 Konkurs, im Anschluss Geschäftsführer der »Pfuhls Wein- und Bierstuben«, wo u.a. Göring und Goebbels verkehrten, 1931 Leitung des Kasinos im »Braunen Haus« in München. Mai 1945 bis Juli 1946 Internierung, 1957 Wirt der »Schneider-Wibbel-Stuben« in Düsseldorf.

[87] Ludwig Stumpfegger, * München 11.7.1910, † Berlin 2.5.1945 (Selbstmord); 1930 Studium der Medizin, 1933 Eintritt in die SS, 1935 Eintritt in die NSDAP, 1937 Promotion, 1938 bis 1944 Karriere in der SS und als Arzt, 1944 auf Himmlers Vorschlag als Begleitarzt Hitlers in das Führerhauptquartier Wolfsschanze kommandiert, bis 1.5.1945 in der Reichskanzlei in Berlin.

[88] Tatsächlich fand die Hochzeit zwischen Hermann Fegelein und Gretl Braun nur wenige Monate vorher, am 3.6.1944, statt.

[89] Karl Rudolf Gerd von Rundstedt, * Aschersleben 12.12.1875, † Schloss Oppershausen bei Celle 24.2.1953; Berufssoldat, 1893 Offizier bei der preußischen Infanterie, 1914–1918 im Generalstab, 1928 Kommandeur der 2. Kavalleriedivision, 1932–1938 Oberbefehlshaber des Gruppenkommandos 1 Berlin, 1939 Generaloberst, Oberbefehlshaber der Heeresgruppe Süd beim Einmarsch in Polen, 1940 Generalfeldmarschall, 1942–1945 Oberbefehlshaber West. Träger der 133. Schwerter zum Ritterkreuz des Eisernen Kreuzes mit dem Eichenlaub.

[90] Karl Dönitz, * Grünau/Berlin 16.9.1891, † Aumühle bei Hamburg 24.12.1980; 1910 zur Kriegsmarine, 1913 Leutnant zur See und Berufsoffizier, 1916 U-Boot-Waffe, 1934 Kommandant des Kreuzers »Emden«, 1935 Fregattenkapitän, 1936 Befehlshaber der U-Boot-Waffe, 1940 Vize-Admiral, 1942 Admiral, 1943 Großadmiral und Oberbefehlshaber der Kriegsmarine, 1944 Verleihung des Goldenen Parteiabzeichens, 30.4.1945 Ernennung zum Reichspräsidenten und Oberbefehlshaber der Wehrmacht durch Hitler, 23.5.1945 von englischer Armee verhaftet, 1946 als Kriegsverbrecher in Nürnberg zu 10 Jahren Haft verurteilt, 1956 aus Haft in Berlin-Spandau entlassen. Träger des 223. Eichenlaubs zum Ritterkreuz des Eisernen Kreuzes.

[91] Tatsächlich war Johanna Wolf von 1929 bis 1945 Mitarbeiterin von Adolf Hitler, also ca. 16 Jahre.

[92] Else Krüger, verh. James, * Hamburg-Altona 9.2.1915; 1942 Sekretärin von Martin Bormann, 1.5.1945 Ausbruch aus dem Führerbunker und Flucht in den Westen, Internierung durch englische Armee, Umzug nach England.

[93] Bei der hier ausgelassenen Passage handelt es sich um eine im Originalmanuskript zweimal und fast identisch vorkommende Passage, beginnend mit »22. April. Fieberhafte Unruhe im Bunker.« Das Ende der Passage variiert jedoch und lautet bei der gestrichenen Passage so: »[...] Es klingt unpersönlich und befehlend. In meinem Kopf dreht es sich wie ein Mühlenrad. Der Führer, der bisher nie einen Zweifel an seiner Zuversicht aufkommen ließ, er gibt auf, restlos und alles auf!«

[94] Hans Krebs, * Helmstedt 4.3.1898, † Berlin 1.5.1945 (Selbstmord durch Erschießen); 1914 Kriegsfreiwilliger, 1915 Leutnant, 1925 Oberleutnant, 1933–1944 militärische Karriere bis zum Chef des Generalstabes verschiedener Heeresgruppen, zuletzt General der Infanterie, 1.4.1945 Chef des Generalstabes des Heeres im Führerbunker. Träger des 749. Eichenlaubs zum Ritterkreuz des Eisernen Kreuzes.

[95] Hans-Erich Voss, * Angermünde 30.10.1897; 1915 Seekadett, 1917–1942 Karriere vom Leutnant zur See zum Kapitän zur See, 1943 Konteradmiral und ständiger Vertreter des Oberbefehlshaber der Marine im Führerhauptquartier, 1944 Vize-Admiral, 2. Mai 1945 von der Roten Armee verhaftet, 1955 aus Internierung entlassen.

[96] Werner Naumann, * Guhrau 16.6.1909, † 25.10.1982; 1928 Eintritt in die NSDAP, 1933 SA-Brigadeführer, 1937 Leiter des Reichspropagandaamts in Breslau, 1938 Chef des Ministeramts in Berlin, 1944 Staatssekretär im Propagandaministerium, April 1945 mit Goebbels bei Hitler im Führerbunker, Flucht in den Westen, Januar 1953 von der britischen Besatzungsmacht verhaftet, Juli 1953 aus der Haft entlassen.

[97] Günther Schwägermann, * Uelzen 24.7.1915; kaufmännische Lehre, 1937

Eintritt in die Leibstandarte SS Adolf Hitler, 1938 SS-Junkerschule, 1939 Schutzpolizei Berlin-Mitte, anschließend Adjutant von Joseph Goebbels, 1.5.1945 Flucht aus Führerbunker, 1947 Entlassung aus amerikanischer Gefangenschaft.

[98] Artur Axmann, * Hagen/Westfalen 18.2.1913, † Berlin 24.10.1996; Studium der Rechtswissenschaften, 1928 Gründung der ersten Hitlerjugendgruppe in Westfalen, 1933 Leiter des Sozialamtes der Reichsjugendführung, 1.8.1940 Reichsjugendführer der NSDAP, 1941 Ostfront, 15.12.1945 von der amerikanischen Armee inhaftiert, 1949 Entlassung aus amerikanischem Gefangenenlager.

[99] Heinrich Müller, * München 28.4.1900, † 29.4.1945 (vermisst); Flugzeugmonteur, 1919 zur bayerischen Polizei, 1933 Kriminalinspektor, 1937 Kriminalrat und SS-Obersturmbannführer, 1939 Mitglied der NSDAP, 1939 Chef des Amtes IV (Gestapo) im Reichssicherheitshauptamt in Berlin, 1941 SS-Gruppenführer, 29.4.1945 zum letzten Mal im Führerbunker gesehen.

[100] Walther Wenck, * Wittenberg 18.9.1900, † 1.5.1982 (Autounfall); Berufssoldat, 1942 Lehrer an der Kriegsakademie, Chef des Generalstabes des LVII. Panzerkorps, November 1942 der 3. rumänischen Armee, 1943 Generalmajor, Chef des Generalstabes der 1. Panzerarmee, 1944 Generalleutnant, Chef der Operationsabteilung im OKH, September 1944–Februar 1945 Chef der Führungsgruppe im OKH, April 1945 General der Panzertruppe und Oberbefehlshaber der 12. Armee, mit der Berlin entsetzt werden sollte und auf die Hitler bis zuletzt hoffte. Träger des Ritterkreuzes des Eisernen Kreuzes.

[101] Felix Martin Steiner, * Ebenrode 23.5.1896, † München 12.5.1966; 1914 Beginn der Soldatenlaufbahn, 1914–1918 Teilnahme am Ersten Weltkrieg, Oberleutnant und Kompanieführer, 1919 Eintritt in das ostpreußische Freiwilligenkorps, 1922 Kriegsakademie, 1927 Hauptmann in Königsberg u. Regimentsadjutant, 1932 Kompaniechef, 1933 Ausscheiden aus der Reichswehr, Ausbildungsleiter der Landespolizei-Inspektion West, Mitglied der NSDAP, 1935 Eintritt als SS-Sturmbannführer in die neu geschaffene SS-Verfügungstruppe, 1936 Kdr. der SS-Standarte »Deutschland«, 1940 SS-Brigadeführer und Generalmajor der Waffen-SS sowie Kdr. der SS-Panzer-Grenadier-Division »Wiking«, 1942 SS-Gruppenführer und General der Waffen-SS, 1943 kommandierender General des III. SS-Panzerkorps, 1944 SS-Obergruppenführer und Generalleutnant der Waffen-SS, Februar 1945 Oberbefehlshaber der 11. Panzerarmee (Armee »Steiner«), 3. Mai 1945 in amerikanische Kriegsgefangenschaft, 1948 aus der Internierung entlassen. Träger des 86. Schwerter zum Ritterkreuz des Eisernen Kreuzes mit dem Eichenlaub.

[102] Wilhelm Mohnke, * Lübeck 15.3.1911, † Hamburg 6.8.2001; Verkäufer und Lagerist, 1931 Eintritt in die SS, 1933 SS-Sonderkommando in Berlin, Leibstandarte SS Adolf Hitler, 1933 SS-Sturmführer, 1943 SS-Obersturmbannführer, Januar 1945 SS-Brigadeführer und Generalmajor der Waffen-SS, Februar 1945 Führerreserve der Waffen-SS in Berlin, 23.4.1945 von Hitler mit der Verteidigung der »Zitadelle« (Reichskanzlei und Umgebung) beauftragt und Hitler direkt unterstellt, 2.5.1945 russische Gefangenschaft, 1955 Entlassung aus der Haft. Träger des Ritterkreuzes des Eisernen Kreuzes.

[103] Adolf Hitler befahl am 21. April 1945 einen Gegenangriff auf den Vorstoß der sowjetischen Armee im Norden Berlins. SS-Obergruppenführer Felix Steiner, der die Armee »Steiner« kommandierte, sollte diesen Angriff durchführen.

[104] Hanna Reitsch, * Hirschberg 29.3.1912, † Frankfurt 28.8.1979; Studi-

um der Medizin ohne Abschluss, Ausbildung zur Segelfliegerin, 1932 Weltrekord im Langzeitfliegen für Frauen, 1934 Weltrekord im Höhenfliegen für Frauen, 1937 Flugkapitän, 1939 Testpilotin, 1942 Verleihung des Eisernen Kreuzes II. Klasse, 26.4.1945 zusammen mit Greim nach Berlin geflogen, 29.4.1945 von Berlin zu Großadmiral Dönitz geflogen, dann weiter nach Kitzbühel, bis 1946 in amerikanischer Haft.

[105] Robert Ritter von Greim, * Bayreuth 22.6.1892, † Salzburg 24.5.1945 (Selbstmord); 1913 Leutnant, 1916 Flugzeugführer und Oberleutnant, 1918 Staffelführer und Hauptmann, 1920–1922 Studium der Rechtswissenschaften, 1924–1927 Chinaaufenthalt, 1928–1934 Leiter der Fliegerschule in Würzburg, 1934 Major in der Reichswehr, 1938 Generalmajor, 1940 Generalleutnant und kommandierender General des V. Fliegerkorps, 1943–25.4.1945 Generaloberst und Oberbefehlshaber der Luftflotte 6, 26.4.1945 von Hitler als Görings Nachfolger zum Generalfeldmarschall und Oberbefehlshaber der Luftwaffe ernannt, Mai 1945 Gefangennahme durch amerikanische Armee. Träger des Ordens »Pour le Merité« und der 92. Schwerter zum Ritterkreuz des Eisernen Kreuzes mit Eichenlaub.

[106] Werner Haase, * Köthen/Anhalt 2.8.1900, † Moskau 1945; 1924 Promotion, Fachausbildung als Chirurg, 1927 Schiffsarzt, 1934 Eintritt in die SS, 1935 als Begleitarzt zum Stab des Führers, 1935 SS-Sturmführer, 1943 SS-Obersturmbannführer, Oberarzt in der Charité in Berlin, April 1945 Leiter der Krankenstation im Bunker der Reichskanzlei, 3.5.1945 von der Roten Armee im Führerbunker gefangen genommen.

[107] Benito Mussolini wurde am 28.4.1945 in Giulino di Mezzegra bei Dongo/Provinz Como gemeinsam mit seiner Geliebten Clara Petacci von italienischen Widerstandskämpfern erschossen. Die Leichen der beiden wurden an einem Gerüst auf der Mailänder Piazza Loreto aufgehängt.

[108] Adolf Hitler ging davon aus, dass Hermann Fegelein als Himmlers Verbindungsoffizier an dessen Verhandlungen mit dem schwedischen Diplomaten und Präsidenten des schwedischen Roten Kreuzes, Folke Graf Bernadotte, beteiligt war oder zumindest darüber Bescheid wusste.

[109] Heinrich Himmler hatte Graf Folke Bernadotte angeblich vier Mal getroffen, um über eine Kapitulation im Westen zu verhandeln.

[110] Hitlers Luftwaffenadjutant Oberst von Below sollte eine Abschrift des Testaments zu Wilhelm Keitel bringen, Heinz Lorenz die zweite nach München ins »Braune Haus« und Wilhelm Zander die dritte zu Karl Dönitz.

[111] Traudl Junge meint, den Schuss gehört zu haben. Sachverständige haben den Ablauf von Hitlers Selbstmord zu rekonstruieren versucht und kamen zu folgendem Schluss: »[…] Frau Junge war zu diesem Zeitpunkt weit entfernt auf der Treppe vom unteren zum oberen Teil des Bunkers. Diese angebliche ›Wahrnehmung‹ […] dürfte wohl eine Täuschung durch den laufenden Dieselmotor sowie den ständigen heftigen Beschuss der Reichskanzlei gewesen sein.«

[112] General der Infanterie Hans Krebs führte im Auftrag von Joseph Goebbels in der Nacht vom 30. April auf den 1. Mai 1945 Kapitulationsverhandlungen mit dem russischen General Wassili I. Tschuikow (Krebs, siehe auch Anm. 94).

[113] Franz Schädle war seit 20.12.1944 Chef des Begleitkommandos mit weit über 100 Männern.

[114] Wie sie im Gespräch mit Melissa Müller erzählt, wurde Traudl Junge das Gift erst bei einer Zellenvisitation in der Frauen- und Jugendstrafanstalt Lichtenberg abgenommen.

CHRONOLOGIE EINER SCHULDVERARBEITUNG – AUFGEZEICHNET 2001

Von Melissa Müller

Seit den fünfziger Jahren tauchen sie immer wieder auf, die »Ich war dabei«-Berichte früherer Funktionsträger des Dritten Reichs, Rechtfertigungen von Hitler-Freunden, Schönfärbereien seiner intellektuellen Unterstützer. Mehr oder weniger offene Bekenntnisse, die Kritiker als Hintertreppen-Memoiren verspotten.

»Hier spricht die alte Junge.« Traudl Junge ist am Telefon. Sie ruft an, um – wieder einmal – ihre Bedenken anzumelden. Wozu *noch* einen Titel über den Nationalsozialismus? Warum ihre persönliche Vergangenheitsbewältigung zur Schau stellen? Und warum gerade jetzt?

Sie hat Routine, über ihre Eindrücke von Adolf Hitler oder Eva Braun Auskunft zu geben. Seit den fünfziger Jahren ist sie Historikern und Journalisten wiederholt Rede und Antwort gestanden. Aber sie hat es bisher vermieden, ihr eigenes Leben öffentlich zu machen. Das liegt wohl daran, dass sie das Schlüsselereignis ihres Lebens – jene zweieinhalb Jahre in unmittelbarer Nähe Adolf Hitlers – und die damit einhergehenden Widersprüchlichkeiten selbst nicht abschließend verarbeitet hat.

Traudl Junge hat einem verbrecherischen Regime gedient, an den Mordaktionen der Nationalsozialisten war sie jedoch nicht beteiligt. Das entschuldigt sie zwar nicht, man muss es aber bedenken, wenn man das Gewesene verstehen will. Obwohl sie so nah am Geschehen war, passt sie nicht in das schwarz-weiße Denkmuster jener Menschen, die zwischen nationalsozialistischen Schurken und antifaschistischen Helden polarisieren.

Sie hat sich, so erzählt Traudl Junge, niemals bemitleidet, selbst in den chaotischen Stunden und Tagen des Zusammenbruchs des Dritten Reichs nicht. »Das wäre ja noch schöner«, mag der Leser denken. Es unterscheidet sie jedoch nicht nur von vielen ihrer engsten Kollegen jener Zeit, sondern von der breiten Masse der Zeitgenossen, die sich nachträglich zu »Opfern« stilisierten. »Es waren schwere Zeiten ...« – »Es war halt Krieg ...« – Wendungen, die es nach 1945 vielen erleichterten, die Tatsachen der Judenverfolgung, der Vernichtungslager und anderer nationalsozialistischer Gräueltaten zu verdrängen oder wenigstens zu verharmlosen. Sie hatten den »totalen Krieg« und seine materiellen und ideellen Zerstörungen als »totalen Zusammenbruch« erlebt und sich an der Fiktion einer »Stunde null« aufgerichtet. Sie sprachen vom »beseitigten Spuk« und vom »gebrochenen Bann«. An die neue Epoche »nach dem Krieg« knüpften sie ihre Hoffungen, Täter ebenso wie Verfolgte, passive Mitläufer oder Erfüllungsgehilfen, wie Traudl Junge einer war.

Sie hat sich nach dem Krieg nie unschuldig gefühlt. So quälend präsent aber ihre Scham und Trauer über die NS-Schandtaten sind, so schwer fiel es ihr bisher, ihre Mitverantwortung über eine diffuse, abstrakte Selbstbeschuldigung hinaus zu lokalisieren. Ihr persönliches Versagen läge darin, stellt sie schließlich fest, Albert Bormanns Hilfe in Anspruch genommen zu haben. Sie wollte 1941 unbedingt nach Berlin, war wütend über die Schwierigkeiten, die ihr Münchner Arbeitgeber ihr in den Weg gelegt hatte, trotzig und stur. Um ihr Ziel zu erreichen – Berlin, nicht etwa die Reichskanzlei oder gar Adolf Hitler –, brachte sie die warnende Stimme in sich zum Schweigen, die sehr wohl zu ihr gesprochen hatte: Lass dich nicht mit der Partei ein – das *kann* nicht gut gehen. Als sie schließlich nach einer Reihe von Zufällen vor Hitler stand, war es zu spät, um zu widerstehen, sagt sie. Heute weiß sie, dass sie sich von ihm blenden ließ – nicht von seinen ideologischen und politischen

Absichten, denn die interessierten sie nie sonderlich, sondern von Hitler als Mensch. Sie verharmlost nicht, dass sie ihm als Gesellschaftsdame diente, während er und seine Helfer die »Endlösung« betrieben. Sie gibt zu, dass sie vermutlich nur deshalb nichts über das Ausmaß der Judenverfolgung wusste, weil sie es nicht wissen wollte. Trotzdem drängen sich in ihr Bemühen, die mörderischen Geschehnisse nachträglich intellektuell zu verarbeiten oder gar mit ihrer Person in Verbindung zu bringen, immer ihre unmittelbar erlebten Eindrücke jener Zeit bei Hitler, die, wie ihrem Manuskript zu entnehmen ist, überwiegend positiv waren. Das muss nicht verwundern, hierin liegt schließlich Traudl Junges bis heute nicht ausgefochtener Kampf mit sich selbst: zu akzeptieren, dass dieser Mann ihr das Gefühl gab, ihr Wohlbefinden läge ihm am Herzen, und zugleich mit einem grenzenlosen Zerstörungswillen Millionen Menschen Leid zufügte.

»*Der totale Zusammenbruch, die Flüchtlinge, das Leid – ich habe natürlich Hitler dafür verantwortlich gemacht. Sein Testament, sein Selbstmord – damals habe ich ihn zu hassen begonnen. Zugleich habe ich rasendes Mitleid empfunden, auch für ihn. Aber wenn die Liebe zu einem Menschen, etwa dem Ehepartner, in Hass umschlägt, so versucht man in der Regel auch, sich die Erinnerungen an die schöne Anfangszeit zu bewahren. So ähnlich war es wohl mit meinem Verhältnis zu Hitler ... Er hatte auf mich keine erotische Ausstrahlung, aber ich wollte natürlich, dass er mich mag. Er war ein väterlicher Freund, er gab mir ein Gefühl der Sicherheit, Fürsorge, Geborgenheit. Ich habe mich dort im Führerhauptquartier, mitten im Wald, in dieser Gemeinschaft, mit dieser ›Vaterfigur‹ geborgen gefühlt. Daran kann ich immer noch mit Wärme zurückdenken. Dieses Gefühl, irgendwo hinzugehören, ist mir später nie mehr auf diese Weise begegnet.*«

In den turbulenten Monaten nach Hitlers Selbstmord und dem Kriegsende fühlt sie sich von »ihrem Führer« persönlich enttäuscht. »[...] *es geht mir gut und es gibt eben nichts anderes als siegen oder fallen*«, hatte sie ihm noch im Januar 1945 in einem Brief an Mutter und Schwester nachgeplappert. Dann hatte er sich feige aus der Affäre gezogen. Die sie beherrschenden Empfindungen sind im Sommer und Herbst 1945 freilich lebensbedrohender Natur: die Angst vor der Willkür der russischen Besatzer – und existenzielle Nöte, etwa Hunger. Selbstmord, den zahlreiche ihrer Kollegen in den Tagen um den 1. Mai 1945 als Ausweg gewählt hatten, ist für sie keine Lösung. Zwar hütet auch sie die Giftkapsel, die Hitler höchstselbst ihr als eine Art Abschiedsgeschenk überreicht hatte, wie einen Schatz, doch sie will leben.

»Ich gehörte nicht zu diesen Idealisten, die sich nicht vorstellen konnten, dass oder wie es ohne Führer weitergeht; Menschen wie Magda Goebbels, die offensichtlich die Konsequenz aus ihrer Weltanschauung zogen. Für mich war der Tod durch Selbstmord nur ein ganz vager Rettungsanker für den Fall, dass ich misshandelt – gefoltert oder vergewaltigt – würde. Es war eine Beruhigung, das Gift bei mir zu tragen.«

In der Nacht vom ersten auf den zweiten Mai 1945 beginnt der Auszug der überlebenden Bunkerbewohner aus den Katakomben der Reichskanzlei. Zehn Gruppen zu jeweils etwa zwanzig Personen begeben sich auf die Flucht vor den Russen, Traudl Junge ist, wie sie in ihrem Manuskript detailreich beschreibt, bei der ersten, von SS-Brigadeführer Mohnke geführten Gruppe dabei. Am zweiten Abend wird sie von ihren Begleiterinnen getrennt – ihrer Kollegin Gerda Christian, Martin Bormanns Sekretärin Else Krüger und Constanze Manziarly. Hitlers Köchin habe dem Idealbild der russischen Frau entsprochen, stattlich, mit runden Wangen, und sie habe unsinnigerweise eine Wehrmachtsjacke getragen. Sie will sich Zivilkleidung besorgen, Traudl Junge soll auf sie warten, während die beiden anderen Frauen an einer Wasserstelle um Trinkwasser anstehen und eine Schlafstätte für die folgende Nacht zu organisieren versuchen. Als Traudl Junge »die Manziarly« kurze Zeit später wieder sieht, führen zwei russische Soldaten sie in Richtung eines U-Bahn-Schachts. »Die wollen meine Papiere sehen«, kann Constanze Manziarly Traudl Junge noch zurufen, dann verschwindet sie an der Seite der Russen. Seither gilt sie als verschollen.

Traudl Junge verliert auch die beiden anderen Kolleginnen aus den Augen und marschiert allein weiter. Sie will nach Norden, weg von der russischen Zone in die englische, wo Hitlers Nachfolger Großadmiral Dönitz und seine Leute sich aufhalten sollen. Sie ist ohne Geld unterwegs, ohne Papiere, ohne Gepäck, nur mit einer Hose und einer karierten Bluse bekleidet. Abertausende Flüchtlinge sind auf der Straße, die einen fliehen aus der zerbombten Stadt, die anderen kommen aus den russisch besetzten Gebieten und suchen in der Stadt Zuflucht. Traudl Junge sucht Anschluss, sie hat keine Ortskenntnis, die Namen der Dörfer, durch die sie kommt, hat sie vorher nie gehört und vergisst sie gleich wieder. Eine Zeit lang marschiert sie neben einem ehemaligen KZ-Häftling her. Er trägt noch seine gestreifte Häftlingsuniform.

»Dieser Mann und ich waren in diesem Augenblick Schicksalsgenossen, wir hatten beide Angst vor den Russen und sind ein Stück Weg miteinander gegangen. Wir sprachen nicht über unsere unmittelbare Vergangenheit. Ich hatte damals noch keinen Sinn dafür, welche Zustände in den Konzentrationslagern tatsächlich geherrscht hatten. Ich hatte Himmlers Worte im Ohr, der von wohlorganisierten Arbeitslagern gesprochen hatte. Aus heutiger Sicht ist das kaum vorstellbar, aber ich habe diesem Häftling damals keine Fragen gestellt. Und ich habe vor allem mir selbst keine Fragen gestellt.«

Tagelang ist sie auf dem flachen Land unterwegs. Von der Kapitulation Deutschlands und dem offiziellen Kriegsende bekommt sie nichts mit. Die Diskrepanz zwischen der überschwänglichen Frühlingsnatur mit ihren lieblich blühenden Wiesen und Bäumen und dem Elend der Menschen, den zerstörten Häusern, dem Schmerzgebrüll der ungemolkenen Kühe prägt sich ihr ein. Nachts sucht sie Unterschlupf bei Fremden, sie schläft in Scheunen, manchmal sogar in einem Bett, hilfsbereite Menschen setzen ihr gekochte Kartoffeln vor, jemand schenkt ihr sogar einen alten Mantel. Der ist am milden Tag zwar eine Last, nachts aber eine willkommene Decke. Sie begegnet deutschen Soldaten, die im Chaos der letzten Kriegstage desertiert sind und sich in Räuberzivil nach Hause durchzuschlagen versuchen. Auf einem Bauernhof trifft sie ihren Trauzeugen Erich Kempka, den persönlichen Fahrer Hitlers, in abgerissenen Kleidern – auch er ist auf der Flucht. Er erzählt ihr, dass er über die Elbe schwimmen und sich in amerikanische Gefangenschaft begeben möchte. Es dürfte ihm schließlich gelungen sein, sich nach Süddeutschland durchzuschlagen, Mitte Juni fällt er in Berchtesgaden den Amerikanern in die Hände.

Die Flüchtlinge schließen sich zu kleinen Gruppen zusammen, das gibt ihnen Sicherheit. Mit Katja, verheiratet mit einem SS-Offizier und selbst »Parteigenossin«, die Berlin in Panik verließ, als die Russen kamen, verbindet Traudl Junge bald eine Freundschaft. Sie erzählt ihr, dass sie Hitlers Sekretärin war, aber das Tagesgeschehen beschäftigt beide mehr. Was essen wir heute Abend, wo werden wir schlafen? Gemeinsam versuchen sie, über die grüne Grenze in die englische Zone zu gelangen, als das misslingt, ziehen sie an der Elbe entlang bis Wittenberge, etwa auf halbem Weg nach Hamburg, weiter und suchen nach einer Möglichkeit, über den Fluss zu setzen. Am anderen Ufer beginnt die amerikanische Zone. Traudl Junge leidet an Krätze, seit dem Ausbruch hat sie keine Seife gesehen, geschweige denn benutzt. Der Arzt, den sie aufsucht, verordnet eine Salbe sowie Wannenbäder und tägliches Wäschewechseln. Für diese wohl gemeinten Ratschläge verlangt er fünf Mark, die sie schuldig bleiben muss.

Auf der Elbe verkehren keine Fähren, ans andere Ufer zu schwimmen, trauen Traudl und Katja sich nicht zu. Der Fluss ist zu breit und zu kalt. Stattdessen beschließen sie, nach Berlin zurückzukehren. Traudl Junge soll sich in der Wohnung der Freundin versteckt halten, bis der Zugverkehr nach München wieder aufgenommen wird. Nach etwa einem Monat und mehr als dreihundert Kilometer Fußmarsch ist sie als Gerda Alt wieder in Berlin. Sie hat sich diesen Decknamen unterwegs zugelegt, als sie sich in einem Dorf einen Ausweis ausstellen ließ, der sie zum Bezug von Essensrationen berechtigt – in der naiven Hoffnung, dass auf Traudl Junge kommt, wer nach ihr sucht und vielleicht den Namen Gerda Alt hört.

Eine Woche ist sie in Berlin. Katja muss tagsüber zum Schutträumen, sie selbst verlässt das Haus kaum. Kleine Glücksmomente: die erste Haarwäsche nach vielen Wochen, ein Säckchen Bohnenkaffee, das Katja im Küchenschrank findet. Erste Zuversicht: So etwas wie Normalität scheint in ihr Leben zurückzukehren. Am 9. Juni, dem Tag, an dem der Oberbefehlshaber der sowjetischen Besatzungstruppen, Marschall Georgij Schukow, die »Sowjetische Militäradministration in Deutschland« (SMAD) konstituiert, klopfen zwei Zivilisten, ein junger Mann und ein Mädchen, an Katjas Wohnungstür und geben mit deutlich russischem Akzent vor, Journalisten zu sein.

»Mir war sofort klar, dass ich gefangen genommen werden sollte. Wer mich verraten hat, weiß ich bis heute nicht. Meinen Ausweis mit falschem Namen nahm ich nicht mit, denn es hieß, wer sich beim Lügen erwischen ließe, käme in die russische Hölle. Es war in diesen Tagen ja normal, keine Papiere zu haben. Ich deponierte eine Nachricht für Katja bei der Hausmeisterin und ging mit. Natürlich stand ich fürchterliche Todesängste aus, aber ich fühlte mich nicht zu Unrecht verhaftet. Das Beängstigende war die Unberechenbarkeit der Russen.«

Traudl Junges Odyssee durch verschiedene provisorische Gefängnisse beginnt. Erste Station ihrer Haft ist eine russische Kommandantur in der Nußbaumallee, wo sie eine Nacht lang festgehalten wird. Von dort bringt man sie in die ehemalige Frauen- und Jugendhaftanstalt Lichtenberg. Vierzehn Wochen sitzt sie in der Einzelzelle fest – anfangs tatsächlich allein, später mit sieben weiteren Frauen –, erst dann zeigt man Interesse an ihr und führt sie zum ersten Verhör, um sie vor allem zu den Umständen von Hitlers Tod zu befragen. Immer wieder bekommt sie persönliche Tragödien der russischen Soldaten zu hören, die als Aufseher Dienst tun müssen: Ihre Kinder wären von deutschen Soldaten erschossen, die Frauen veschleppt, ganze Dörfer ausgerottet worden. Erstmals und mit wachsendem Entsetzen nimmt Traudl Junge zur Kenntnis, dass die Massaker in Ostpreußen ein nicht minder brutales Vorspiel in Russland hatten – und dass sie sich von der nationalsozialistischen Propaganda hatte trügen lassen.

Eines Nachts holt man sie ohne Vorankündigung ab und überstellt sie in das Untergeschoss des Rudolf-Virchow-Instituts. In einer großen Sammelzelle werden »Spezialfälle«, angebliche Spione etwa, festgehalten. Man schläft auf dem Boden, irgendjemand nimmt Traudl Junge den Ehering ab, ihren letzten Besitz.

Schon in Lichtenberg ist ihr das Gift endgültig abhanden gekommen: Bereits in der Kommandantur Nußbaumallee ordnete die Dienst habende Kommissarin eine Leibesvisitation an. Traudl Junge nahm die aus hauchdünnem Glas gefertigte Giftkapsel aus der schützenden Messinghülle, ließ sie in ein Taschentuch gleiten und führte sie während des Naseputzens unter ihre Zunge. Erst dann zog sie sich aus. Nach der Kontrolle gelang es ihr, die Kapsel ohne den Messingschutz in ihrer Jackentasche verschwinden zu lassen und heil in die Strafanstalt Lichtenberg zu bringen.

»Meine Zellenkameradin wusste von der Kapsel. Ich hatte ihr gesagt, dass ich im Notfall immer noch das Gift hätte und dass meine Angst sich deshalb in Grenzen hielte. Ich glaube, sie hat mich verraten. Jedenfalls wurde mir die Kapsel nach einer Zellenvisitation weggenommen. Da war ich vollkommen verzweifelt. Ich hörte doch jede Nacht die Schreie der Gefolterten und die Appelle im Hof, als die Transporte Richtung Russland zusammengestellt wurden. Plötzlich fühlte ich mich ausgeliefert, denn mir war die letzte Entscheidung genommen.«

Traudl Junge wird nicht nach Russland gebracht. Ob sie als »Edelzeugin« gehalten wird? Oder ob die Besatzer sie für zu harmlos halten, um sie ernsthaft zu bestrafen? Fragen, die nachträglich nicht eindeutig zu klären sind. Das Schicksal meint es jedenfalls gut mit ihr, vor allem dann, als es ihr einen Armenier schickt, der sich Arkadi nennt. Der in Zivil gekleidete Mann arbeitet als Dolmetscher für die russische Besatzungsmacht, holt sie eines Nachts im Oktober 1945 aus dem Keller des Rudolf-Virchow-Instituts und bringt sie in die russische Kommandantur Marienstraße in ein weiteres Kellerverlies. Auf dem Weg dorthin spricht er kaum ein Wort, trotzdem fallen ihr seine vorzüglichen Manieren und seine gewählte Ausdrucksweise auf. So unheimlich ihr der Mann anfangs ist, so viel hat sie ihm schließlich zu verdanken. Er ist für die nächsten Monate ihr Schutzengel, besorgt ihr Kleidung, ein Zimmer, Papiere und in der Folge sogar Arbeit. Die einzige Einschränkung: Sie muss in der russischen Zone bleiben. Als er ihr einmal eine Tomate schenkt, hat die poetische Bezeichnung Paradiesapfel für sie mit einem Mal einen wörtlichen Sinn.

»Arkadi hat mich in der Kommandantur ein einziges Mal verhört, während in der anderen Ecke des Zimmers ein Offizier in Uniform saß. Ich sollte einfach erzählen, was in den letzten Tagen im Führerbunker geschah. Danach musste ich eine Vereinbarung unterschreiben, wonach ich mich bereit erklärte, der Roten Armee die Namen von Überlebenden aus dem Umfeld des Führerhauptquartiers zu nennen.«

Etwa eine Woche verbringt sie in einem zur Zelle zweckentfremdeten Kellerabteil der Kommandantur Marienstraße, dann beschließt Arkadi: »Sie müssen hier raus« – und beschlagnahmt im nächstbesten Haus eine kleine Kammer, in der sie von nun an wohnt. Ihre erst unfreiwillige, später über Traudls Gesellschaft erfreute Zimmerwirtin ist Fräulein Koch, eine Klavierlehrerin. Als Arkadi im Zuge der »Zimmerbesetzung« ausprobiert, ob das Bett bequem ist, ahnt Traudl Junge Böses. Doch Arkadi belästigt sie weder in diesem Moment noch später. Stattdessen sorgt er dafür, dass sie in den folgenden Wochen als Mitarbeiterin der Kommandantur geführt wird, denn so kann er sie jeden Mittag in der dortigen Kantine verköstigen. Am 5. Oktober erhält sie eine »Ersatzkarte für das Arbeitsbuch«, derzufolge sie täglich zehn bis zwölf Stunden als »Arbeiterin« der Kommandantur im Einsatz sei. Wie sie ihre Zeit tatsächlich verbringt, schreibt sie am 4. Dezember 1945 in einem ausführlichen

Brief an ihre Mutter in Bayern, mit der sie nach fast einem Jahr der Ungewissheit endlich wieder in Kontakt ist. Weder in diesem noch in den folgenden Briefen geht sie auf ihre Flucht, die Gefängniserfahrungen oder Arkadi ein – sie weiß schließlich, dass die Post nach wie vor zensiert wird, nun von den Besatzern.

»[...] *Du wirst wissen wollen, wie ich lebe: Nun ich lebe! Viel kann ich Dir darüber nicht sagen, aber ich habe ausreichend zu essen und werde dick dabei. Meine Hauptbeschäftigung ist Betätigung im Haushalt und im übrigen stricke ich Handschuhe und Pullover, arbeite Puppen und Stofftiere und verwende halt meine vielseitigen Dilettantentalente. Falls ich einmal heimkehre, findet sich vielleicht ein offener Posten als Klo- oder Garderobenfrau für mich. Meine Erinnerung führt mich meist in die Münchener Jahre zurück und klammert sich nicht an die jüngste Vergangenheit. Des Menschen köstlichste Gabe ist das Vergessen.*

Ich wohne bei einem ältlichen Mädchen, einer alten Jungfer auf gut deutsch. Sie ist herzensgut und mindestens ebenso dumm. Aber kolossal bigott. Dennoch hat sie mich ins Herz geschlossen, denn ich ersetze ihr manchen Handwerker, nagle Fenster und Türen, hacke Holz und bin eben nützlich. [...] Ich habe ein schweres Leben, aber ich fühle mich wie neugeboren, seit ich weiss, daß Ihr auf mich wartet, auch wenn es noch so lange dauern mag. [...]«

Zwar bemüht sie sich um eine humorige Sichtweise ihrer Lage, trotzdem versagen im Verlauf des Novembers ihre Nerven: Sie würde lieber wieder in den Keller gesperrt, als untätig herumzusitzen, bis man von ihr verlangt, jemanden zu denunzieren, klagt sie. Sie fühlt sich Arkadi ausgeliefert und hat nach wie vor Angst vor ihm. Doch abermals überrascht er sie. »Sie brauchen Arbeit«, setzt er nun den nächsten Schritt. Dann lässt er ein Passbild von ihr anfertigen und einen Ausweis auf ihren Namen ausstellen. Ab 10. Dezember 1945 arbeitet sie auf seine Vermittlung als Verwaltungsangestellte, später am Empfang und schließlich am Kassenschalter der Charité-Poliklinik.

»Dieser Mann hat mich ganz systematisch gerettet und hatte dabei offenbar keine persönlichen Absichten. Er sagte ganz merkwürdige Dinge, sprach von Vorsehung. Und als ich ihn fragte, warum er sich so für mich einsetze, antwortete er nur: ›Ich bin nicht Ihr Feind. Und vielleicht können Sie mir auch einmal helfen.‹«

Erstmals seit dem Zusammenbruch des Dritten Reichs kann sie sich wieder notdürftig selbst versorgen, der Erlös aus den selbst gebastelten Puppen hat kaum die Miete gedeckt. Sie verdient nun 100 Reichsmark monatlich und abgezählte Lebensmittelmarken. Als Hitlers Sekretärin hat sie zuletzt 450 Reichsmark bezogen, bei freier Kost und Logis. Ein Laib Brot kostet in diesen Tagen auf dem Schwarzmarkt etwa vierzig, ein Kilogramm Zucker etwa neunzig, eine Stange Zigaretten der Marke Chesterfield bis zu 1500 Reichsmark. Die Raucherin Traudl Junge hat keine Schwarzmarktbeziehungen, dazu fehlen ihr Geld und Tauschgüter.

In ihrer Einsamkeit zielt ihr gesamtes Liebespotential auf die Mutter. Die Beziehung zur ihr ist in diesen Monaten der äußeren und inneren Unsicherheiten die einzige Konstante, an die sie sich mit geradezu kindlicher Kraft klammert. Am 11. Dezember schreibt sie einen ihrer zahlreichen Briefe dieser Zeit nach Breitbrunn am Ammersee, wo die Mutter seit ihrer Ausbombung in München wohnt.

»Ich selbst bin ja auch immer aus aller Not noch verhältnismässig gut davongekommen [...] und bin wieder beruflich tätig. [...] ich bin zufrieden, wenigstens Beschäftigung zu haben, damit meine Gedanken nicht zuviel Zeit zum Wandern haben. Sie sind sowieso meist bei Euch [...] Ich habe richtig Angst vor den Feiertagen. Wahrscheinlich bleibe ich im Bett und verschlafe diese erinnerungsschweren Tage. [...] Nicht einmal eine Kerze kann man sich hier leisten, und ein Tannenzweig kostet soviel, dass ich ihn nicht erschwingen kann. [...] Liebe Mutter, macht es Euch so nett wie nur irgendmöglich und seid glücklich, dass Ihr gemeinsam die Tage verbringen könnt. Das ist das Schönste was es gibt, wenn man nicht allein

*sein muss unter fremden Menschen. Es ginge ja noch, wenn
ich mich in mein Zimmerchen einschliessen könnte und dann
wirklich mit mir und meinen Erinnerungen allein wäre. Ich
wüsste mich schon zu beschäftigen. So aber sind wir infolge
der grossen Kälte gezwungen, alle zusammen in einer finstern
Küche, die ausserdem nie aufgeräumt und nie warmzukriegen
ist, unsere Freizeit zu verbringen. Noch schlimmer sind die
Leute daran, die [kalte] Zentralheizung haben und gar keine
andere Heizmöglichkeit besitzen. [...]«*

In den folgenden Wochen drehen Traudl Junges Denken und
Tun sich um einen Neubeginn in München. Mit gemischten
Gefühlen sucht sie Anschluss an ihre alte Welt, ihr Leben vor
der großen Fehlentscheidung. *»Unablässig bewegt mein Hirn
nur der eine Gedanke: Heimkehr«*, schreibt sie am 30. Dezember. Ein paar Zeilen weiter folgt die Erläuterung für ihre
Anhänglichkeit: *»Ich habe nur Sehnsucht nach Dir und Inge,
denn ich fürchte mich vor dem Mitleid und der Schadenfreu-
de anderer.«* Silvester 1945 verbringt sie bei Freunden ihres verstorbenen Mannes im von den Engländern besetzten Stadtteil
Wilmersdorf. Sie hat sich schon vorher mehrfach heimlich in
die verbotene Zone begeben, diesmal bleibt sie fast zwei Monate, denn am Neujahrstag 1946 liegt sie mit 41 Grad Fieber und
Halsschmerzen darnieder. Noch am selben Tag wird sie mit
Diphtherie ins Robert-Koch-Krankenhaus eingeliefert. Dass
man sie in der russischen Zone offenbar nicht vermisst,
bestärkt sie in ihrer Absicht, möglichst bald nach Bayern zu
flüchten. *»Die meiste Zeit versuche ich zu schlafen, um meine
Gedanken von den bitteren Erinnerungen der Vergangenheit
und den Sorgen um die Zukunft abzulenken. Oder ich träume
von schönen Zeiten bei Euch zu Hause und baue die schönsten Luftschlösser.«* (15. Januar 1946) Zusammen mit ihrer
Bettnachbarin, die es auch nach München zieht, schmiedet sie
konkrete Fluchtpläne.

*»Seit gestern arbeite ich wieder in der Charité, aber mein
Posten wird mich nicht hindern, trotzdem meine Heimreise
anzutreten, wenn es soweit ist«*, schreibt sie am letzten Febru-
artag 1946. *»Du kannst aber ruhig die Krautköpfe aufessen,*

ehe sie verschimmeln, ich werde dann die ersten Radieschen und Radis genießen.« Und am 1. März an die Schwester: *»Du fragst, ob ich ganz frei bin und Entlassungspapiere habe. Leider weder-noch, sonst wäre ich längst auf und davon, wenn es so einfach wäre.«*

In Breitbrunn bemüht sich derweil die Mutter um Traudls Aufenthaltsgenehmigung für Bayern und eine Zuzugsberechtigung für Breitbrunn. Beide Papiere sind die Voraussetzung für die Flucht aus Berlin, denn von ihnen hängt ab, ob sie eine Arbeitsbewilligung, Lebensmittelmarken et cetera in der Heimat bekommt. Am 2. April erreicht Traudl Junge das ersehnte Dokument: *»Hurra! Sie ist da, die Aufenthaltsgenehmigung!«* Bereits am 15. März, dem Tag vor ihrem 26. Geburtstag, hat sie, die einmonatige Frist bedenkend, ihre Kündigung bei der Charité eingereicht. Eine flüchtige letzte Begegnung mit Arkadi bestärkt sie zusätzlich, die Flucht zu wagen. Sie trifft ihn auf der Straße, begrüßt ihn schon von ferne, er reagiert nicht. Erst als er auf ihrer Höhe ist, teilt er ihr in wenigen Worten mit, dass der Kommandant gewechselt habe und Traudl Junges Akten verschwunden seien. Dann eilt er weiter.

Der 15. April 1946 ist als »Tag der Beendigung der Beschäftigung« in ihrer »Ersatzkarte für das Arbeitsbuch« vermerkt. Unmittelbar danach begibt sie sich auf eine neuerliche, abenteuerliche Flucht. Gemeinsam mit Erika, so heißt ihre Bekannte aus der Klinik, nimmt sie die S-Bahn an die Zonengrenze, dort vertrauen die beiden sich einem Schlepper an. Der führt sie, wissentlich oder unwissentlich, in die Hände eines russischen Grenzpostens, doch die Frauen haben Glück, denn er tut ihnen nichts, schickt sie aber wieder zurück in die russische Zone. Ein zweiter Versuch ist erfolgreicher. In einem Dorf lernen sie einen Bauern kennen, dessen Feld an der Grenze zwischen russischer und englischer Zone liegt. Bei ihm übernachten sie, am nächsten Morgen fährt er mit dem Traktor zum Mistbreiten aufs Feld. Traudl und Erika verstecken sich auf dem Anhänger, an der Grenze springen sie auf Anweisung des hilfsbereiten Bauern ab und laufen im Hasen-Zickzack in die Büsche.

»*Das muss in der Nähe von Göttingen und Hannoversch Münden gewesen sein. Dort habe ich in den frühen Morgenstunden das erste Mal in meinem Leben eine Nachtigall gehört. Die Menschen waren damals so hilfsbereit. Wir sind dann zu einem Haus gekommen, dort hat man uns einen großen Topf voller Kartoffeln geschenkt. Mit Salz. Das war mein erster Schritt hinaus aus der russischen Zone. Dann haben wir endlich einen Zug erwischt – die Züge verkehrten ja noch sehr unregelmäßig – und sind über Kassel nach Bayern gefahren. Weder die Engländer noch die Amerikaner haben uns kontrolliert. Ich bin von München gleich weiter nach Herrsching am Ammersee gefahren, von dort per Autostopp weiter nach Breitbrunn. Am Ostersonntag war ich wieder daheim.*«

＊

Wiedersehensfreude. Zeit des Vergessens? Traudl ist heil wieder da – Mutter und Schwester Inge stellen kaum Fragen über ihre Berliner Vergangenheit. Einerseits haben sie selbst einiges mitgemacht: die Ausbombung – fast das gesamte Hab und Gut der Mutter ist verloren; das Ende von Inges Tanzkarriere nach einer Sehnenscheidenentzündung und die Rückkehr der Schwester nach München; die allgemeine Versorgungsnot. Andererseits, so scheint ihr, wollen sie Traudl schonen und fragen deshalb nicht.

»*Wir haben nie, weder unmittelbar nach meiner Rückkehr noch später, darüber gesprochen, was für eine Vorstellung sie von meinem Schicksal nach Hitlers Tod hatten. Sie ahnten ja auch nicht, dass im Führerbunker eine Selbstmord-Epidemie ausgebrochen war. Ich fühlte mich bei meiner Mutter jedoch in Sicherheit, weil ich wusste, dass sie immer zu mir stehen würde, was ich auch gemacht hatte. Und natürlich hatte ich nach diesen schrecklichen Ereignissen ein großes Mitteilungsbedürfnis. Sie hat mir zugehört, ohne mir jemals Vorwürfe zu machen.*«

Wovon die Familie, wovon die Bevölkerung überhaupt in der Nachkriegszeit gelebt hat, ist Traudl Junge heute ein Rätsel. Klar in Erinnerung ist ihr hingegen, dass es eine sehr menschliche, freudvolle Zeit ist, denn man hält zusammen. Immer wieder kommen Flüchtlinge vorbei, die bei der Familie unterschlüpfen. Mutter Hildegard hat nach ihrer Evakuierung ein Stückchen Wiese von der Gemeinde Breitbrunn gepachtet, auf der sie einen Gemüsegarten angelegt hat. »[...] *unser kleines Stückchen Acker beruhigt mich kollossal. Ich werde meine Kräfte sammeln, um später – irgendwann einmal – das Feld zu bestellen*«, schreibt Traudl Junge in einem ihrer Briefe (4. Dezember 1945). »*Ich habe mir immer gewünscht, wenn es einmal möglich wird, daß ich heimkehren darf, Ihr möchtet auf dem Land sein, und nicht in einer zertrümmerten Großstadt. Draussen in Wald und Wiese vergisst man leichter das Unheil und Elend des Krieges und des Friedens.*«

Noch muss sie ihr Gedächtnis allerdings um Einzelheiten aus ihrer Kriegsvergangenheit bemühen. Wenige Tage nach ihrer Rückkehr fährt sie nach München, um alte Freunde zu besuchen. Sie trifft auch einen ihrer griechischstämmigen Jugendfreunde wieder, dessen Lebensgefährtin als Sekretärin eines Officer der amerikanischen Militärregierung arbeitet. Der Grieche erzählt ihr von Traudls Rolle im Führerbunker, unmittelbar danach wird ihm klar, was seine Indiskretion für Traudl bedeuten könnte, und er warnt sie.

Tatsächlich wird ein Gendarm in Breitbrunn vorstellig, noch während Traudl Junge in München ist. Die Mutter schickt ihn mit dem Hinweis weg, dass die Tochter sich in der Stadt aufhält. Einige Tage später, es ist der Pfingstsonntag, fährt er allerdings wieder in Breitbrunn vor, diesmal ist sie zu Hause und stellt sich sofort. Die Mutter steckt ihr ein Stück Camembert und einen Apfel zu, dann bringt der bewaffnete Gendarm sie auf dem Soziussitz seines Motorrads nach Inning. Eine Nacht verbringt sie in der Zelle des dortigen Spritzenhauses, am Morgen des Pfingstmontags wird sie in eine große Gemeinschaftszelle des Starnberger Gefängnisses eingeschlossen. Die ist nach einer Wochenendrazzia der Amerikaner voll mit Prostituierten. Sie alle sollen am nächsten Tag medizinisch untersucht werden, auch Traudl Junge. Die Aufseher sehen nach längeren Diskussionen jedoch ein, dass sie eine politische Gefangene ist. Sie entkommt der Prozedur.

Etwa drei Wochen halten die Amerikaner sie in einer Doppelzelle fest. Ihre Mitgefangene stellt sich ihr als Nichte des Großadmirals Erich Raeder vor, sie steht unter dem Verdacht der Spionage. Die beiden jungen Frauen vertreiben sich die Wartezeit mit dem Nähen von Büstenhaltern, die in diesen Tagen wie so vieles ein rares, begehrtes Gut sind. Ein US-Offizier deutsch-jüdischer Abstammung führt ein einziges, mehrstündiges Verhör mit Traudl Junge, dann fordert er sie auf, ihre Erinnerungen an die letzten Tage im Führerbunker niederzuschreiben. Sie fasst das Erlebte auf drei Seiten zusammen, der Offizier ist von ihrem Text so angetan, dass er ihr 5000 Dollar für das Veröffentlichungsrecht bietet. Traudl lehnt jedoch entsetzt ab, aus Angst, die russischen Besatzer, deren Territorium sie illegal verlassen hat, könnten auf sie aufmerksam werden. Wider Erwarten wahrt der Offizier Diskretion. Gefangene wie Traudl Junge profitieren davon, dass die Besatzungsmächte bereits sehr unterschiedliche Interessen verfolgen.

»Bei den Amerikanern hatte ich keine Sekunde die Befürchtung, verschleppt oder gefoltert zu werden. Sie verhielten sich korrekt, es war kein Hass zu spüren, keine Feindschaft. Erstaunt hat mich, wie unbefangen sie waren – politisch unbeleckt, aber neugierig und sensationslüstern. Ich konnte ihnen auch nicht sehr viel sagen, 1946 hatte ich keine Ahnung, was aus Leuten wie Bormann, Göring oder Goebbels geworden war. Das Schicksal der Adjutanten, Diener, Chauffeure, Sekretärinnen interessierte damals noch niemanden, das kam erst viel später. Als ich schließlich entlassen wurde, luden die amerikanischen Offiziere mich zum Segeln nach Starnberg ein … ich war eine junge Frau, braun gebrannt von der Frühlingssonne … aber ich bin nicht auf das Angebot eingegangen. Ich stand dann noch eine Zeit lang in Breitbrunn unter Ortsarrest.«

München 1947. Alltag in der Trümmerstadt. Inge, die mittlerweile Schauspielunterricht genommen hat, ist unter ihrem Künstlernamen Ingeborg Zomann Mitglied einer Kabarettgruppe um Ralph Maria Siegel. Auch Traudl versucht im Lauf des Jahres, in ihrer Heimatstadt wieder Fuß zu fassen. Gemeinsam bewohnen die Schwestern die Dachkammer im Haus von Walter Oberholzer, jenes Bildhauers, dem Traudl als Fünfzehnjährige Modell gestanden war und mit dem seither die ganze Familie befreundet ist. Er vermittelt Traudl Junge eine erste Verdienstmöglichkeit bei einer Elektrofirma, die so genannte Kochkisten herstellt, mit Zinkblech ausgekleidete, elektrisch erhitzbare, wärmespeichernde Behälter, mit deren Hilfe man auch während der Stromsperren warme Mahlzeiten auf den Tisch bringen kann. Guten Absatz finden auch die »Wärmerollen« im Format eines kleinen Nudelholzes, die man eine Minute an den Strom anschließt und dann mit sich trägt, um die Hände daran zu wärmen. Sie tun Traudl Junge einen wichtigen Dienst, als sie als Sekretärin an Helge Peters-Pawlinins Ateliertheater wechselt, zu dessen Gründungsensemble auch ihre Schwester gehört. Dort ist es so kalt, dass sie die Schreibmaschine gar nicht bedienen kann, wenn sie ihre Finger nicht vorher an der Wärmerolle auftaut.

»Es war großartig für mich, unter den Amerikanern Demokratie zu erleben. Vorher war mir gar nicht bewusst, dass ich keine polnischen oder russischen Komponisten hören, keine jüdische Literatur lesen durfte ... dass so vieles verboten oder verpönt war. Auf einmal war die geistige Welt wieder frei.

In München hat sich in dieser Zeit die Theater- und Kabarettwelt zusammengefunden ... Es hat sich tatsächlich ein neues Lebensgefühl eingestellt. Was Hitler prophezeit hatte, dass Deutschland am Boden liegen und wieder ein Agrarland werden würde, hat sich nicht bewahrheitet ... Die Amerikaner haben natürlich auch ihre moderne Musik mitgebracht ... und ihre Autoren ... Hemingway zum Beispiel. Wir haben uns durchgefrettet, aber unser Leben war sehr erfüllt.«

Traudl Junge fehlt es nicht an Arbeit, wenn sie auch schlecht bezahlt ist. In den Jahren 1947 bis 1950 verrichtet sie Sekretariatstätigkeiten unter anderem für die »Medizinisch-Technische Vertriebsgesellschaft Meto«, den iranischen Journalisten und Lehrbeauftragten an der Universität München Davoud Monchi-Zadeh, die »Münchner Verlagsbuchhandlung« oder die Buchdruckerei »Majer & Finckh Geschäftsbücherfabrik«, meist halbtags und mehrere Stellen parallel. Keiner der Arbeitgeber hat offensichtlich Berührungsängste. Dass sie für den ersten Mann im Staat gearbeitet hat, spricht für ihre Qualifikationen, »[...] die sie in die Lage setzten, den früher stets ganztägig besetzten Posten in Halbtagsarbeit voll auszufüllen«, bescheinigen ihr »Majer & Finckh« im Arbeitszeugnis. »Frau Junge war uns eine außerordentlich wertvolle Mitarbeiterin, die wir nur ungern verloren haben«, schwärmt man bei der Münchner Verlagsbuchhandlung. »Durch ihre Leistungen genoss sie sowohl bei der Geschäftsleitung wie bei der Kollegenschaft ganz besondere Achtung. Durch ihr gegen jedermann liebenswürdiges Wesen war sie überall beliebt.«

Eine Zeit lang hilft sie auch Hans Raff mit Schreibarbeiten aus. Er ist Rechtsanwalt und mittlerweile der Ehemann ihrer engen Freundin Ulla, die sie seit 1942 nicht mehr gesehen hat. Hans habe Traudl sofort akzeptiert, erzählt Ulla Raff. Das ist auch deshalb nicht selbstverständlich, weil er als Halbjude im Dritten Reich verfolgt war. 1933 hatte man den ausgebildeten Maschinenbauingenieur und angehenden Juristen acht Wochen vor seinem Staatsexamen von der Universität vertrieben, 1941 wurde er als »wehrunwürdig« aus der Armee entlassen, bis 1944 leitete er eine Münchner Malerleinwandfabrik, die er von jüdischen Verwandten übernommen hatte, dann musste er als Häftling eines Arbeitslagers Arbeitsdienst in einem Salzbergwerk verrichten. 1946 holt er sein Examen nach, verwirft den ursprünglichen Berufswunsch, Patentanwalt zu werden, spezialisiert sich auf Wiedergutmachungsfälle und wird in kürzester Zeit einer der angesehensten Wiedergutmachungs- und Rückerstattungsanwälte des Landes.

Sie hätten jedes Gespräch mit Traudl über ihre Zeit bei Hitler vermieden, sagt Ulla Raff. Der Grund dafür ist aus heutiger Sicht erstaunlich: »Wir wollten sie schonen. Sie hat uns Leid getan, weil wir gesehen haben, wie sie innerlich leidet.« Statt sie zu konfrontieren, unterstützt Hans Raff sie finanziell. Und steckt auch ihrer Mutter, um deren materielle Not er weiß, immer wieder Geld zu.

»Als ich von Berlin zurückkam, fühlte ich mich klein und armselig und war dankbar für jede menschliche Zuneigung. Ich habe von meiner Umgebung nie persönliche Vorwürfe gehört. Alle haben gesagt: Schau, Du warst doch so jung. Du konntest doch nicht wissen, was passiert ist ... Ausführlicher hat niemand mit mir darüber gesprochen. Als ich dann meine Erinnerungen aufgeschrieben hatte, wollte sie niemand lesen. Das war für viele Jahre bequem, weil ich mit diesen Aufmunterungen mein Gewissen beruhigen konnte. Letztendlich lässt sich das eigene Unterbewusstsein jedoch nicht betrügen.«

Prägend ist für Traudl Junge vor allem die Arbeitsbeziehung zu Karl Ude, aus der sich bald eine herzliche Freundschaft zu ihm und seiner Familie entwickelt. Sie lernt den Schriftsteller 1948 kennen, als sie mit Mutter und Schwester in der Schwabinger Bauerstraße Unterschlupf findet. Das Haus Nummer 10, in das sie – illegal – ziehen, wurde während des Kriegs so stark zerbombt, dass es mit dem Vermerk »Totalschaden« aus den Akten des Wohnungsamts gelöscht wurde. Ein katholischer Pfarrer namens Berghofer, der ursprünglich im vierten Stock wohnte, hat das Erdgeschoss notdürftig repariert und überlässt den drei Frauen zwei Zimmer, die sie erst mit Dachpappe decken müssen, um das sprichwörtliche Dach über dem Kopf zu haben. »Vom Berghof zu Berghofer. Das ist eine Karriere«, scherzen Traudls Freunde. Im ersten Stock hat Karl Ude sich zwischen Mauerresten ein notdürftiges Büro eingerichtet; er gibt unter anderem die Literaturzeitschrift *Welt und Wort* heraus. Er sei ein mustergültig demokratischer, ansonsten aber unpolitischer Mensch gewesen, beschreibt ihn sein Sohn Christian, Münchens heutiger Oberbürgermeister, und habe im Dritten Reich still abgewartet, bis das Übel vorüber war. Zwar habe er sein Leben lang großes Interesse am Zeitgeschehen gezeigt, jedoch grundsätzlich keine Stellung bezogen. Dazu sei er viel zu diplomatisch gewesen. Außerdem sei er in der Rolle des Künstlers aufgegangen. Traudl Junge ist nachmittags Karl Udes Sekretärin, vormittags ist sie als Redaktionsassistentin im Verlag Rolf Kauka beschäftigt und redigiert ein Kriminalmagazin.

»Karl Ude war sehr liberal und demokratisch gesinnt und hat als Schriftsteller und kulturinteressierter Mann großen Einfluss auf mein Denken gehabt. Er wusste natürlich, dass ich Hitlers Sekretärin war – das habe ich den Menschen, mit denen ich näher zu tun hatte, immer gleich erzählt, denn ich wollte nicht, dass meine Vergangenheit unsere Beziehung belastet. Aber Ude hat mich nie nach Details oder meiner Motivation gefragt. Die unmittelbare Vergangenheit war kein Thema. Unsere Gedanken, Gefühle und alle Aktivitäten waren auf die Zukunft gerichtet. Wir waren damit beschäftigt, Steinchen um Steinchen wieder ein normales Leben aufzubauen ... Durch die Udes bin ich übrigens auch mit dem SPD-Kulturforum in Berührung gekommen. Dort bin ich nach wie vor Mitglied.«

Sohn Christian Ude ist erst ein Jahr alt, als Traudl Junge in das Leben der Familie tritt – er hat mit seinen Eltern und Schwester Karin im Haus gegenüber, Bauerstraße 9, Unterschlupf gefunden. Bereits im Volksschulalter beginnt er, sich für Geschichte und Politik zu interessieren und ihr Fragen nach ihrer Zeit bei Hitler zu stellen. In zahlreichen Gesprächen mit ihr, so erzählt er im Rückblick, habe sich sein Bewusstsein geprägt, dass »Adolf Hitler und der Zweite Weltkrieg nicht historische, übermächtige Ereignisse waren, sondern dass Politik sich in meiner Erreichbarkeit abspielte, sozusagen für mich greifbar war«. Als er später als ernst genommenes Diskussionsmitglied an den Tischgesprächen seiner Eltern und deren Bekannter teilnimmt, fällt ihm Traudl Junge als »wacher, kritischer Kopf« auf, »diskussionsfreudiger und engagierter als viele andere im Bekanntenkreis«.

»Das bewusste Leben hat für mich erst nach dem Krieg begonnen. Das Nachdenken über das Wesentliche. Das Hinterfra-

gen. Die Bedeutung menschlicher Beziehungen. Bis dahin habe
ich alles hingenommen, wie es auf mich zukam. Ich bin von
einer Stelle zur anderen geraten, ohne bewusst darauf Einfluss
zu nehmen. Wo ich hingestellt wurde, habe ich versucht, Inte-
resse für die Sache zu entwickeln und mein Bestes zu geben.«

Absolution – gar in doppelter Ausführung – wird Traudl Junge 1947 auch von offizieller Stelle erteilt. Wie alle Deutschen
über achtzehn muss sie den »Fragebogen« des Military
Government of Germany beantworten, ein 86 Zentimeter langes, beidseitig bedrucktes Formular mit 131 Fragen zur persönlichen NS-Vergangenheit. Sie füllt den Bogen zweimal aus,
einmal als Traudl Junge, ein zweites Mal als Traudl Humps –
warum, das weiß sie heute nicht mehr. Wahrheitsgemäß gibt
sie als ihren Beruf in jener Zeit »Sekretärin in der Reichskanzlei« an, denn als solche war sie angestellt und zum Führer »abkommandiert« worden. Sie erhält also zwei Entnazifi-
zierungsbescheide, einmal fällt sie – als »jugendlicher
Mitläufer« – unter die Ende August 1946 erlassene Jugend-
amnestie, von der alle nach 1919 Geborenen profitierten. Im
anderen Verfahren wird sie – wie übrigens 94 Prozent aller Bayern – »entlastet«. Dass die Entnazifizierung als bisher einma-
liger Versuch, nahezu ein ganzes Volk wegen seiner politischen
Haltung einer nationalen Säuberung zu unterziehen, zu einer
Rehabilitierungsfarce gerät, nimmt Traudl Junge nicht wahr.
Für sie ist das Ausfüllen des Fragebogens nicht viel mehr als
eine Formsache, mit einer Verurteilung hat sie ohnehin nicht
gerechnet – schließlich war sie nie Mitglied der NSDAP.
  Von den meisten Deutschen wird der Prozess als Endpunkt
verstanden, von dem an über die NS-Zeit kollektives Schweigen herrscht. Zum einen begünstigen die Eigeninteressen der
Alliierten diese Entwicklung: Die Deutschen werden im Kalten
Krieg als Bündnispartner gebraucht, in Ost und West. Zum
anderen buhlen die deutschen Politiker der Adenauer-Ära um
die Gunst der Wähler – und die erhält eher, wer der Forderung
nach einem »Schlussstrich« nachkommt. »Und so taucht denn
ein ununterdrückbarer Verdacht im Rückblick auf jene Jahre
auf, nämlich als sei die Adenauer-Ära bis hinein in die sechzi-

ger Jahre so etwas gewesen wie ein gigantisches Bestechungs-angebot der konservativen Herrschaft an ein mehrheitlich aus-einandersetzungsunwilliges Wahlvolk«, wie es Ralph Giordano formuliert. »Eine Art Stillhalteangebot, das sich teils wortlos aus der allgemein konspirativen Atmosphäre, teils aber auch kräftig organisiert ergab.« Giordano nennt das den »großen Frieden« mit den Tätern. Erst die zweite Nachkriegsgeneration wird gegen Ende der sechziger Jahre versuchen, ihre Großel-tern zu Stellungnahmen zu zwingen – damit wird auch Traudl Junges Zeit des scheinbaren Friedens mit sich selbst ein jähes Ende finden. Bis dahin sind es jedoch noch annähernd zwan-zig Jahre, die sie ihre besten nennt.

Dass Traudl Junge zunehmend an Sicherheit gewinnt, ver-dankt sie in besonderem Maß Heinz Bald. Er ist »Mädchen für alles« – nach heutiger Auffassung »Manager« – von Ralph Maria Siegels Kabarettgruppe, bei der auch Traudl ein und aus geht. »Einen Alleskönner« nennt sie ihn, der zupacken kann und sich hingebungsvoll um sie kümmert. Er hat sich während des Dritten Reichs im Widerstand engagiert und akzeptiert sie trotz ihrer Vergangenheit – das gibt ihr Halt. Als er nach Ame-rika auswandert, ist es für ihn beschlossene Sache, dass sie nach-kommen soll, sobald er Fuß gefasst hat. Er will sie heiraten.

✳

Hoffnungsvolle fünfziger Jahre. Die Vorbehalte der Welt gegen Deutschland lassen langsam nach, das Wirtschaftswunder kommt in Schwung. »Wir sind wieder wer«, fühlen viele Deut-sche. Traudl Junges Leben verläuft in Höhen und Tiefen, wie sie zu jeder Biographie gehören. 1951 verlässt Inge Deutsch-land in Richtung Australien, sie heiratet dort ihren polnischen Verlobten, der ein Jahr zuvor ausgewandert ist. Traudl hat sie in jungen Jahren oft beneidet, weil sie den Traum von der Künstlerkarriere verwirklichen konnte. Nun vermisst sie die Schwester. Sie selbst hat einen Visumantrag für die USA gestellt, Heinz Balds amerikanischer Chef hat sich bereit erklärt, das Affidavit zu unterzeichnen. Als 1954 die Ruine in der Bauerstraße abgerissen werden soll und deshalb geräumt werden muss, nimmt das die Mutter zum Anlass, ihre Tochter in Australien zu besuchen. Sie bleibt fast zwei Jahre. Weil Traudl Junge in der bisherigen Bleibe kein offizielles Wohnrecht hatte, muss sie froh sein, dass ihr eine einfache Sozialwohnung in München-Moosach zugewiesen wird – eine »grauenvolle Slumwohnung«, wie sie sagt. Sie zieht trotzdem ein, denn ihre einzige Alternative ist das »Lager Frauenholz«, ein Obdachlosenheim.

Beruflich bieten sich ihr unterdessen durchaus gute Chancen. Zwar hat sie auch als Dreißigjährige kein konkretes Berufsziel vor Augen, doch sie gerät immer wieder an Mentoren, die sie schätzen und fördern. Willi Brust, ein Bekannter, der als Graphiker bei *Quick* arbeitet, empfiehlt sie an die Illustrierte, zu jener Zeit ein angesehenes Reportagemagazin, das für aufwendige Recherchen und kritische Berichterstattung – immer wieder auch über Menschen mit NS-Vergangenheit – steht. Obwohl die Reporter und Redakteure der *Quick* vom Vorleben ihrer Kollegin wissen, wird sie kein einziges Mal zu ihren Erfahrungen im Dritten Reich befragt.

»Ich erinnere mich, dass die Redaktion an einem Faschingsdienstag an einem großen Bericht über diverse Kriegsverbrecherprozesse und Hinrichtungen in Landsberg arbeitete. Damals habe ich zum ersten Mal Details darüber erfahren, was im Dritten Reich hinter den Kulissen geschehen ist. Und vor allem hinter den Fassaden jener Menschen, die ich als nett und kultiviert kennen gelernt hatte. Dr. Karl Brandt etwa, einer von Hitlers Begleitärzten, den ich für einen gebildeten und humanen Mann gehalten hatte und der 1948 wegen seiner Teilnahme an medizinischen Versuchen an KZ-Häftlingen und an der Euthanasie gehängt wurde. Ich war fassungslos.«

Drei Jahre ist Traudl Junge die rechte Hand des Chefredakteurs, dann lässt sie sich zu seinem Missfallen von einem freiberuflichen Mitarbeiter des Wissenschaftsressorts als dessen Assistentin abwerben. Auf einer zweiwöchigen Recherchereise nach Italien kommen die beiden sich auch privat näher – der Beginn einer dreizehnjährigen Beziehung.

»*Ich war zum ersten Mal in Italien – der Gardasee, die Zypressen, Zitronen- und Orangenbäume … mein Herz quoll förmlich über vor Dankbarkeit und Freude, und da kam es auch zu einem heftigen Flirt. Als er mich dann fragte, ob ich für ihn arbeiten wollte, sagte ich der Quick ade …*«

Ganz so leicht, wie sie sich in ihrer Erinnerung darstellt, fällt ihre Entscheidung jedoch nicht. Schließlich ist sie verlobt und soll schon bald nach Amerika auswandern. »*[…] sollte Sie heute nicht nur Trennungsschmerz, sondern noch ein Zweifel an der Richtigkeit Ihrer Entscheidung überfallen, so spülen Sie beides […] hinunter. Vergessen Sie aber dabei nicht den wichtigsten – stillen – Schluck: den auf die Epoche, die am kommenden Montag beginnt*«, schreibt ihr der künftige Arbeitgeber Ende September 1953.

Eine Weile kann sie ihren Verlobten Heinz Bald hin- und eine endgültige Entscheidung offen halten. »*Heinz schreibt reizend, lieb und herzlich. Ich bin froh, dass ich seine Briefe habe*«, notiert sie am 16. Oktober 1954 in ihrem Tagebuch. Und exakt zwei Monate später: »*[…] Heinz hat einen vorwurfsvollen Brief geschrieben, der mich trotzdem beglückt hat. Seine Liebe zu mir ist immer spürbar.*« Ihr Herz gehört zwar längst dem Journalisten, doch der hat Frau und Kinder – die Briefe aus Amerika sind ein vager Rückhalt für Traudl Junge. »*Trotzdem kommen immer wieder […] Zweifel und Nachtgedanken, wie düstere Schatten, die mich unsicher machen, ob alles gut und richtig ist, so wie es ist. Die innere Zugehörigkeit, ja ausschließliche Hingabe an einen unerreichbaren Menschen stößt mich in eine äussere Einsamkeit, die manchesmal erdrückend und kaum zu ertragen ist. Ich sehne mich manchmal nach einer ganz banalen Alltagsliebe – aber am Morgen auf dem Weg ins Büro wird alles wieder von dem grossen Glück verscheucht*«, so ein Tagebucheintrag vom November 1954, einer von vielen mit ähnlich ambivalentem Tenor.

Im Lauf des Jahres 1955 erhält sie ihr Visum, doch sie hat sich bereits gegen ein Leben in Amerika entschieden – die Bindungen an Deutschland, an den Beruf, an ihre neue Liebe sind zu stark, das Verantwortungsgefühl für die Mutter, die ihre

Rückkehr aus Australien angekündigt hat, zu groß. Und Heinz Balds Anziehungskraft ist über die Jahre verblasst. Dass dieser schnell Trost findet, stimmt Traudl Junge nachdenklich: »*Zu Weihnachten* [1956] *kommt er* [Hans Bald], *um sich mit Manuela zu verloben und sie eventuell gleich zu heiraten. Es tut ein bisschen weh, weniger, weil ich es als einen persönlichen Verlust empfinde und eigene Hoffnungen begraben muss, sondern weil ich selber nicht das Glück geniesse, den Mut zu solcher Zweisamkeit zu haben und doch die Sehnsucht danach mit mir herumschleppe. Aber es ist doch eine kleine Genugtuung für mich, dass Heinz nun selber das ›komische Gefühl in der Magengegend‹ hat, das ich für die Liebe als Voraussetzung empfinde und immer vermisst habe. Wie gerne würde ich endlich einmal ein solches Glücksgefühl der Zusammengehörigkeit erleben*«, heißt es in ihrem Tagebuch. Ob sie nach dem Zweiten Weltkrieg jedoch jemals noch wirklich dazu bereit war, bezweifelt sie mittlerweile selbst.

»*Ich hatte offenbar eine starke Bindungsangst, gerade weil ich mich so unbedacht in meine erste Ehe gestürzt hatte. Hans Junge und ich hatten gar keine Gelegenheit, uns geistig nahe zu kommen. Ich habe nie tief schürfende Gespräche mit ihm geführt, ich wusste auch viel zu wenig, was ihn interessiert. Wir kamen nicht einmal dazu, Zukunftspläne zu schmieden. Sein Tod hat mich im Augenblick zwar tief erschüttert, aber ich habe mich ziemlich schnell damit abgefunden. Ich hatte ja noch kein Leben mit ihm geteilt. Nach seinem Tod im August 1944 haben sich die Ereignisse so zugespitzt, dass dieser Verlust in den Hintergrund gedrängt wurde. Als der Krieg dann zu Ende war, war das Kapitel sozusagen abgeschlossen … Es ist mir später nie mehr ein Mann begegnet, von dem ich mit Überzeugung hätte sagen können: Mit dem will ich mein Leben teilen.*«

Kaum ein Tagebucheintrag lässt ihre Uneinigkeit mit sich selbst so deutlich werden wie jener von Anfang Januar 1956: »[…] *Im Archiv fand ich heute einen Ausschnitt über Graphotherapie. Darin heisst es, da sich mit dem Wesen auch die Hand-*

schrift verändert, müsste es auch umgekehrt sein: Wenn man sich also bewusst zwingt, die Handschrift zu ändern, würde auch das Wesen die Änderung mitmachen. Den Versuch will ich machen. Vielleicht werde ich grösser und energischer, wenn meine Schrift es wird.« Tatsächlich ändert sie von diesem Tag an ihre Schrift, zumindest im Tagebuch. Sie ist ein nach außen hin heiterer, lebenslustiger Mensch. Der Berg- und Talfahrt der Gefühle entkommt sie allerdings auch weiterhin nicht. Sich von ihrem Arbeitgeber emotional zu lösen, gelingt ihr nicht, obwohl sie sich über ihre Situation als heimliche Geliebte nichts vormacht. Das liegt auch daran, dass die berufliche Seite der Partnerschaft sie trotz gelegentlicher Frustrationserlebnisse erfüllt. Sie arbeitet selbständig, schreibt Artikel, wenn auch selten unter eigenem Namen, und publiziert 1959 ein Buch: *Tiere mit Familienanschluss* erscheint im Münchner Franz Ehrenwirth Verlag und ist zwar kein kommerzieller Erfolg, lässt aber ihr Schreibtalent und viel Humor erkennen.

»Erstmals in meinem Leben hatte ich das Gefühl, dass ich nicht nur einen ›Job‹ machte, sondern dass mich der Inhalt meiner Arbeit sehr interessiert. Biologie wäre ein Studium für mich gewesen! Wahrscheinlich hätte ich auch eine gute Heilpraktikerin oder Krankengymnastin werden können, aber für die dreijährige Ausbildung fehlten mir die finanziellen Mittel.«

Traudl Junge ist in den fünfziger Jahren mit der Gegenwart beschäftigt – an ihre Zeit als Hitlers Privatsekretärin wird sie selten erinnert, den Kontakt zu ihren überlebenden Kollegen aus dem Führerhauptquartier vermeidet sie eher, als ihn zu suchen.

»Die anderen Sekretärinnen wollten oder konnten die Treue zum Führer nicht aufgeben. Das habe ich nicht verstanden. Christa Schroeder beispielsweise hat zwar kritisch die gesamte Literatur über Adolf Hitler geprüft, wirklich distanziert hat sie sich aber nicht. Nur mit Hitlers Köchin Frau von Exner blieb ich befreundet: Ich habe sie nach dem Krieg während meiner Ferienaufenthalte in Pörtschach am Wörther See ab und

zu getroffen. Und mit Hans-Bernd Lanze. Er war im Stab des Pressechefs Dietrich und hat nach dem Krieg eine Weile bei uns in Breitbrunn gewohnt. Otto Günsche hat sich 1955 wieder gemeldet, nachdem er aus der russischen Gefangenschaft entlassen wurde. In den letzten Jahren habe ich ihn aber selten gesehen.«

Es melden sich allerdings verschiedene Historiker und Journalisten, die an Büchern über Hitler arbeiten und an Traudl Junges Erinnerungen interessiert sind. 1954 kommt es auch zu wiederholten Begegnungen mit dem amerikanischen Marinehauptmann Michael A. Musmanno. Er war als Richter an den Nürnberger Prozessen beteiligt und befragte zwischen 1945 und 1948 etwa zweihundert Zeugen zu Hitler und dessen Ende im Führerbunker, darunter Traudl Junge. 1950 publizierte er sein Buch *Ten Days to Die*. Musmanno lässt den Kontakt zu ihr im Herbst 1954 wieder aufleben, als Georg Wilhelm Pabst den Stoff verfilmen will. Die Zeitzeugin Traudl Junge soll den österreichischen Regisseur beraten. Mehrfach trifft sie Pabst und Musmanno in München und nimmt nach längerem Zögern das Angebot an, Pabst bei den Dreharbeiten in Wien vierzehn Tage lang als Regieassistentin zur Seite zu stehen. Schließlich ist auch Österreich nach wie vor von den Alliierten besetzt, und sie muss fürchten, die Aufmerksamkeit der russischen Militärs, aus deren Berliner Besatzungszone sie ja illegal geflohen ist, auf sich zu lenken. Die 1500 Mark, die sie als Honorar erhält, sind die mit Abstand größte Summe Geld, die sie bis dahin jemals auf einen Schlag verdient hat, und ermöglichen ihr, aus der Sozialwohnung in Moosach in ein schmuckes Einzimmerappartement im vertrauten Schwabing zu ziehen.

Im April 1955 wird *Der letzte Akt* mit Albin Skoda und Oskar Werner in den Hauptrollen uraufgeführt und von der Kritik auch deshalb abgelehnt, weil G.W. Pabsts Verhalten im Dritten Reich höchst umstritten ist. Mit der *Freudlosen Gasse* und der Verfilmung der *Dreigroschenoper* war er in den zwanziger Jahren als sozialkritischster unter den deutschen Regisseuren zu Ruhm gelangt. 1933 hatte er als Gesinnungsemigrant sein Glück erst in Paris, dann in Hollywood versucht, war aber mangels Erfolg nach Deutschland zurückgekehrt und hatte bis Kriegsende *Komödianten* und *Paracelsus*, zwei Filme im Zeitgeist der Nationalsozialisten, gedreht.

»Pabst und ich sprachen damals überhaupt nicht über unsere eigenen Erfahrungen im Dritten Reich. Das Drehen ist eine so hektische Arbeit, man muss auf so vieles achten, dass mit einem ruhigen, tiefer gehenden Gespräch gar nicht zu rechnen war. Heute tut mir das natürlich Leid.«

Eine weitere Begegnung mit der Vergangenheit ist gegen Ende der fünfziger Jahre das Wiedersehen mit Erika Klopfer, die mittlerweile Stone heißt und als Photographin in New York lebt. Von Traudls Mutter – sie ist 1956 aus Australien nach München zurückgekehrt – erfährt Erika, dass die frühere Freundin »bis zum Schluss Hitlers Privatsekretärin war«. Sie habe es erst gar nicht glauben können, so die unfreiwillige Emigrantin, und deshalb zunächst keine Lust gehabt, mit ihr Kontakt aufzunehmen. Schließlich wird sie doch neugierig und besucht Traudl, ohne »die geringsten Vorbehalte zu spüren«, wie sie in dem Buch *Heimat wider Willen. Emigranten in New York* (Berg am See 1991) erzählt. Sie habe sich hervorragend mit ihr verstanden und sei im Übrigen überzeugt davon, dass es in dieser Zeit kein junges Mädchen gegeben hätte, das eine derartige Position ausgeschlagen hätte. »Das hätte mir auch passieren können«, sagt sie sogar. Ein weiterer Freispruch für Traudl Junge – er ist ihr jedoch nicht in Erinnerung. Ein glücklicher Mensch, schließt Erika Stone, sei Traudl Junge wohl nicht: »Die Zeit bei Hitler hat eigentlich ihr Leben verpatzt.«

∗

Die Sechziger – verlustreiche Jahre.

1962 stirbt Traudl Junges Vater. Sein Tod schmerzt sie nicht sehr, denn auch in seinen letzten Lebensjahren hat sie unverändert wenig Kontakt zu ihm. Geprägt von den Ereignissen im Führerbunker ging sie unmittelbar nach Kriegsende sogar davon aus, dass auch er Selbstmord verübt hatte. »[...] *Obwohl für manche der Tod leichter sein mag als das Leben, das einem bevorsteht. Auch für meinen Vater, der heute seinen Geburtstag hätte«*, schrieb sie am 4. Dezember 1945. Tatsächlich gehörte Max Humps als NSDAP- und SS-Mitglied sowie uk-gestellter, also vom Wehrdienst befreiter, Sicherheitsdirektor zu jenen mehr als 300000 Aktivisten des NS-Regimes, die von den alliierten Besatzungsmächten verhaftet und vorübergehend interniert werden. Er sieht sich, wie viele Schicksalsgenossen, eher als Opfer einer fehlgeleiteten und ungerechten Besatzungspolitik denn als Täter des NS-Regimes.

»Nach dem Krieg habe ich mir kaum Gedanken über das Schicksal meines Vaters gemacht, bis sich dann seine Frau bei uns meldete. ›Na, kümmert Ihr Euch überhaupt nicht um Euren Vater? Der arme Kerl ist im KZ. Die Franzosen haben ihn verhaftet und misshandelt.‹ Sie tat gerade so, als ob er unschuldig in einem Konzentrationslager festgehalten worden wäre. Diese Art der Verdrängung war wohl typisch für die Zeit. Mein Vater wurde recht bald entlassen, war aber schwer gezeichnet. Seine Frau musste dann allein Geld verdienen. Sie hat in Friedrichshafen erst ein kleines Lottogeschäft aufgemacht und über die Jahre einen eleganten Laden in der Bahnhofstraße daraus gemacht, in dem Zigaretten, Zeitschriften und Alkohol verkauft wurden. Mein Vater war ihr bester Kunde. Nach seinem Tod haben meine Schwester und ich eine herzliche Beziehung zu seiner Frau aufgebaut, unserer Tante Miezl. Sie war die ideale Frau für meinen Vater.«

Der Tod der Mutter im Jahr 1969 trifft Traudl Junge wesentlich härter, obwohl er für die alte Dame, die zuletzt an Parkinson leidet und in einem Pflegeheim wohnt, eine Erlösung ist.

»Sie saß jahrelang mit dem Blick auf die Tür gerichtet und wartete, dass ich hereinkomme. Sie hat es in ihrer Sanftmut fertig gebracht, mir ständig ein schlechtes Gewissen zu machen.

Wenn ich einmal an einem Wochenende wegfahren wollte, sagte sie leidend: ›Ach, geh nur, ich bin es ja gewohnt, allein zu sein.‹ Dann bin ich zwar trotzdem gefahren, konnte mich aber überhaupt nicht freuen. Trotzdem hat sie mir furchtbar Leid getan, denn sie hatte kein gelungenes Leben. Mit Fünfundsechzig hat sie ihr erstes eigenes Geld als Schneiderin verdient. Sie hat auch für meine Freundinnen genäht. Das war eine große Befriedigung für sie.«

Der Bruch in ihrem Leben kommt schon drei Jahre früher, als ihr Freund an Herzversagen stirbt. Sein plötzlicher Tod bringt sie zugleich um die private wie um ihre berufliche Bezugsperson. *»Ich habe Trauer immer ganz gut bewältigt«*, stellt sie fest. *»Allerdings habe ich immer das Bedürfnis gehabt, über meinen Schmerz zu reden.«*

Ihre wichtigste Anlaufstelle, nicht nur in schwierigen Zeiten, gleichsam ihre Ersatzfamilie, ist in diesen und allen weiteren Jahren die Familie Lanzenstiel. Luise Lanzenstiel ist eine Schwester von Heinz Bald und – unabhängig von Traudl Junges durchaus herzlicher Beziehung zu ihrem früheren Verlobten – eine überaus verständnisvolle Freundin, für viele Jahre ihre allerbeste.

»Luise war mit einem Pfarrer verheiratet und hat sechs Kinder zur Welt gebracht. Sie strahlte eine unglaubliche Fröhlichkeit und Sicherheit aus. Die Familie hat sich ungeheuer tapfer durch die Nazi-Zeit geschlagen, ohne ihre Ideale aufzugeben. Luise hat mir erzählt, dass sie während der ganzen Zeit nie ›Heil Hitler‹ gesagt hat. Die ganze Familie war auf eine weltoffene Weise in ihrem Glauben verankert – gar nicht bigott. Vor dem Essen wurde immer gebetet, damit habe ich mich anfangs richtig unwohl gefühlt, dann bin ich immer mehr in die Familie hineingewachsen. Ich verdanke Heinz Bald, dass ich heute eine Ersatzfamilie habe, denn auch mit den sechs Kindern und dreizehn Enkelkindern bin ich befreundet. Ich bin ihre ›Tante Traudl‹.

Bei den Lanzenstiels habe ich erstmals bewusst erlebt, wie es ist, wenn Menschen die Kraft des Glaubens besitzen. Um das ›Glauben können‹ habe ich sie ungeheuer beneidet, es ist mir nicht gegeben. Sie waren aber keine Missionare, sondern haben mich akzeptiert, wie ich bin. Zu Luise bin ich auch gegangen, wenn ich mich vor dem Rest der Welt versteckt habe. Bei ihr habe ich mich geborgen und verstanden gefühlt.«

Traudl Junge spricht von jenen Phasen der Depression, die sie seit etwa Mitte der sechziger Jahre bis heute plagen. Anfangs verspürt sie ein generelles Gefühl, versagt zu haben. »Keine Biographie ist so zwingend, dass nur eine Wahl möglich gewesen wäre«, schreibt der Politikwissenschaftler Claus Leggewie. Traudl Junge wirft sich vor, den falschen Lebensweg eingeschlagen zu haben, schlimmer noch, das Leben einfach auf sich einregnen haben zu lassen, statt es in entscheidenden Momenten selbst zu bestimmen.

Erst später bringt sie ihre Niedergeschlagenheit mit den Gräueltaten des NS-Regimes in Verbindung, die in so schmerzhaftem Gegensatz zu ihrer als harmlos empfundenen Rolle im Dritten Reich stehen. Immer konkretere Schuldgefühle belasten sie – mit einem Mal bricht auch das lange Zeit bequeme Alibi »Du warst doch noch so jung« zusammen.

»Ich muss damals schon oft an der Gedenktafel für Sophie Scholl in der Franz-Joseph-Straße vorbeigegangen sein, ohne sie zu bemerken. Eines Tages fiel sie mir auf und als ich mir vergegenwärtigte, dass sie 1943 hingerichtet wurde, als mein Leben bei Hitler erst so richtig begann, war ich zutiefst schockiert. Sophie Scholl war ursprünglich ja auch ein BDM-Mädchen, ein Jahr jünger als ich, und sie hatte sehr wohl erkannt, dass sie es mit einem Verbrecherregime zu tun hatte. Mit einem Mal kam mir die Entschuldigung abhanden.«

Jahre der Bewusstwerdung. Lange depressive Phasen, Klinikaufenthalte und Therapiegespräche, die keine Besserung bringen, Unlust im Beruf. Zwischen 1967 und 1971 ist Traudl Junge für die Kundenzeitschrift *Drogerie Journal* im Verlag »Wort und Bild« verantwortlich.

*»Plötzlich konnte ich nicht mehr schreiben. Selbst die harm-
loseste Zeile machte mir Schwierigkeiten. Beim Gedanken,
meinen Beruf nicht mehr ausüben zu können, verschlechterte
sich mein Zustand zusätzlich. Da wollte ich fliehen – nach Australien, Zuflucht bei meiner Schwester suchen. Ich kündigte
und vermietete meine Wohnung ...«*

Die australische Behörde verweigert Traudl Junge eine perma-
nente Aufenthaltsgenehmigung und begründet dies mit ihrer
Rolle im Dritten Reich. Nach mehr als 25 Jahren stößt sie zum
ersten Mal wegen ihrer Vergangenheit auf Ablehnung. Sie reist
schließlich als Touristin nach Sydney, bleibt mehrere Monate
und sagt sich, dass sie auf Dauer ohnehin lieber in Deutschland leben möchte. 1974 diagnostiziert man Unterleibskrebs,
der geheilt wird, 1981 tritt sie – 61jährig – nach mehreren weiteren Stellen im Journalismus in den Ruhestand.

Ruhe findet sie keine: Die öffentliche »Aufarbeitung der Vergangenheit« kommt in Deutschland langsam in Gang. Traudl
Junge wird als eine der letzten Zeitzeugen, die das Finale im Berliner Führerbunker miterlebt haben, mehrfach vor die Kamera
gebeten. Negative Begleiterscheinung: Immer wieder spüren sie
auch nationalsozialistische Fanatiker und Autogrammjäger auf
und wollen einmal die Hand schütteln, die schon »der Führer«
geschüttelt hat. Traudl Junge will keine »öffentliche Person«
sein. Sie lebt zurückgezogen, betreut eine alte blinde Freundin,
töpfert und nimmt für den Blindenverband Hörkassetten auf.
Dafür liest sie ganze Bücher ins Mikrophon.

So paradox das klingen mag: Traudl Junge hat eine radikale
Distanzierung vom Nationalsozialismus vollzogen, dem sie
sich nie zugehörig gefühlt hat und dessen System sie trotzdem
mitgetragen hat. Sie hat keine Scheinexistenz aufgebaut, sondern sich um Aufrichtigkeit gegenüber ihren Mitmenschen
bemüht. Die Jahre der quälenden Selbstkonfrontation hatten
einen Sinn: Sie ist daran reifer geworden.

*»Ich habe mich zurückgezogen und die Schuldgefühle, die
Trauer, den Kummer in mich hineingefressen. Plötzlich bin ich*

als Zeitzeugin interessant geworden – das brachte mich in einen schweren Konflikt mit meinen Schuldkomplexen. Denn in diesen Gesprächen ging es nie um die Schuldfrage, sondern nur um historische Tatsachen. Ich konnte also berichten, ohne mich rechtfertigen zu müssen. Dieser Umstand hat mich noch mehr belastet – und mir noch mehr zu denken gegeben. Heute trauere ich zweifach: um das Schicksal jener Millionen Menschen, die von den Nationalsozialisten ermordet wurden. Und um das Mädchen Traudl Humps, dem die Selbstsicherheit und Umsicht gefehlt hat, im rechten Moment zu widersprechen.«

DANK

Die Autorinnen danken ihrer Lektorin Ilka Heinemann sowie Jochen und Maria Maass. Ohne diese drei Menschen wäre dieses Projekt nicht zustande gekommen.

Melissa Müller dankt André Heller für seine weisen Ratschläge, Christian Ude und Ursula Raff für ihre aufschlussreichen Erinnerungen an Traudl Junge, Heinz-Werner Sondermann für sein Fachwissen sowie den kritischen Erstlesern Christian Brandstätter, Barbara Bierach und Rüdiger Salat für ihre wertvollen Hinweise und die richtigen Fragestellungen.

Traudl Junge bedankt sich von ganzem Herzen bei ihren Freunden, die ihr Familienersatz sind. Sie alle wissen, wer gemeint ist.

PERSONENREGISTER